全国普通高等院校"十三五"规划系列教材
——城市轨道交通运营管理类

城市轨道交通
运营组织与管理实习实践教程

主　　编 ○ 王志强
副主编 ○ 罗　钦
主　　审 ○ 徐瑞华

西南交通大学出版社
·成都·

内容简介

本书是为增强城市轨道交通专业实践动手能力,满足当前城市轨道交通运营管理部门的要求而编写的。全书以《城市轨道交通运营组织与管理》课程的理论知识为主线,结合了《列车牵引计算》《城市轨道交通信号基础》《城市轨道交通规划设计》等课程中与运营组织与管理密切相关的一些知识点,设计了有关的实习、实践和课程设计内容。全书共分为七章:客流调查与数据分析、列车开行计划、运输能力计算、列车运行组织与调度、车站作业组织与设计、网络运营组织优化和网络应急处置与可靠性。

本书可用于城市轨道交通专业本科、专科或成人教育类学生选作《城市轨道交通运营组织与管理》课程的配套实验教材使用,也可供城市轨道交通运营相关的从业人员参考。

图书在版编目(CIP)数据

城市轨道交通运营组织与管理实习实践教程 / 王志强主编. 一成都:西南交通大学出版社,2017.9
全国普通高等院校"十三五"规划系列教材. 城市轨道交通运营管理类
ISBN 978-7-5643-5817-4

Ⅰ. ①城… Ⅱ. ①王… Ⅲ. ①城市铁路 – 交通运输管理 – 高等学校 – 教材 Ⅳ. ①U239.5

中国版本图书馆 CIP 数据核字(2017)第 244848 号

全国普通高等院校"十三五"规划系列教材 ——城市轨道交通运营管理类
城市轨道交通运营组织与管理实习实践教程

主　编／王志强	责任编辑／周　杨
	封面设计／何东琳设计工作室

西南交通大学出版社出版发行
(四川省成都市二环路北一段 111 号西南交通大学创新大厦 21 楼　610031)
发行部电话:028-87600564　028-87600533
网址:http://www.xnjdcbs.com
印刷:四川煤田地质制图印刷厂

成品尺寸　185 mm×260 mm
印张　16.75　字数　396 千
版次　2017 年 9 月第 1 版　印次　2017 年 9 月第 1 次
书号　ISBN 978-7-5643-5817-4
定价　49.80 元

课件咨询电话:028-87600533

编委会

前　言

伴随着我国城市化进程的加快，城市交通问题日益加剧。鉴于轨道交通的安全、准点、节能、环保和大容量等特点，发展以轨道交通为骨干的城市公共交通系统已成为解决城市交通问题的共识。

城市轨道交通系统是一个综合复杂的大系统，它的正常运转需要运、机、车、工、电等多个部门、众多岗位的密切配合才能完成。因此，轨道交通的运营管理工作涉及面广、要求高、难度大，是运营企业的主要工作内容。而随着网络化运营的日益普及，运营企业将面临诸多新的管理课题。为了保证城市轨道交通高效运转、优质服务和安全运营，不仅需要优质高效的硬件设备，还要有与系统规模相适应的管理机构和管理人才。

"轨道交通运营组织与管理"这门课程讲述了与行车、客运组织和管理有关的各岗位、各部门的工作步骤、工作方法和工作要求，并通过时间轴线将其串联起来，形成一个紧密关联的联动系统，故而该门课程涉及了大量的实习、实践和操作类知识，需要通过大量的练习训练来深入理解和掌握。目前，虽然各层次的《城市轨道交通组织与管理》教材较多，但与该课程配套的实践教学类教材仍然较为缺乏。鉴于此，编者立足于城轨，结合多年来"城市轨道交通运营管理"课程的教学实践，将该门课程相关的实践、实验和训练内容进行整理，形成了这本《城市轨道交通运营组织与管理实习实践教程》，力求涵盖城市轨道交通运营管理实践实训的主要方面，辅助"城市轨道交通运营组织与管理"理论课程之外的实验教学工作，为学生全面深入地理解和掌握运营管理知识提供帮助。

在编写过程中，本书大量引用了有关城市轨道交通的文献和相关企业的产品技术资料，在此谨向有关专家及部门致以衷心的感谢。鉴于编写人员水平有限、资料难以收集齐全及实践经验的局限性，书中难免有不足之处，恳请读者批评指正。

编　者

2017 年 6 月

目　录

第一章　客流调查与数据分析 …………………………………………………… 1

　　第一节　乘客情况抽样调查实践 ……………………………………………… 1

　　第二节　轨道交通断面客流量调查实践 ……………………………………… 4

　　第三节　轨道交通站点客流量调查实践 ……………………………………… 7

　　第四节　网络客流指标及其计算 ……………………………………………… 8

第二章　列车开行计划 …………………………………………………………… 13

　　第一节　全日行车计划的编制 ………………………………………………… 13

　　第二节　列车开行方案设计 …………………………………………………… 18

　　第三节　列车运行图的编制 …………………………………………………… 22

　　第四节　车辆运用计划的编制 ………………………………………………… 26

　　第五节　乘务员排班计划的编制 ……………………………………………… 27

　　第六节　计算机编制列车运行图 ……………………………………………… 30

第三章　运输能力计算 …………………………………………………………… 45

　　第一节　轨道交通线路数据管理 ……………………………………………… 45

　　第二节　轨道交通车辆数据管理 ……………………………………………… 49

　　第三节　线路条件对列车运行的影响 ………………………………………… 52

　　第四节　牵引条件对列车运行的影响 ………………………………………… 54

　　第五节　闭塞条件对列车运行的影响 ………………………………………… 55

　　第六节　车站分布对列车运行的影响 ………………………………………… 57

　　第七节　线路通过能力计算 …………………………………………………… 59

　　第八节　列车折返能力计算 …………………………………………………… 63

　　第九节　线路通过能力的加强设计 …………………………………………… 70

　　第十节　车站折返能力的加强设计 …………………………………………… 74

　　第十一节　RailSys 系统认知实验 …………………………………………… 77

第四章　列车运行组织与调度——以西门子信号系统为例 …………………… 83

　　第一节　中心工作站（C-LOW）及本地工作站简介 ………………………… 83

　　第二节　中心工作站（C-LOW）的常用操作 ………………………………… 87

　　第三节　联锁功能描述及工作站常见故障 …………………………………… 99

第四节　人机接口 MMI 工作站的简介 ··························· 111

第五节　人机接口 MMI 工作站的常规操作 ····················· 113

第六节　人机接口（MMI）常见故障及处理方法 ··············· 153

第七节　西门子信号系统 C-LOW 和 MMI 的操作规定 ········· 154

第五章　车站作业组织与设计 ································· 158

第一节　客运服务礼仪简介 ································· 158

第二节　地铁售检票设备简介 ····························· 160

第三节　车站售检票作业 ································· 169

第四节　车站客运服务作业 ································· 175

第五节　突发事件的客流组织作业 ························· 179

第六节　突发事件的应急处置作业 ························· 185

第七节　车站接发车作业 ································· 193

第八节　车站列车折返作业 ································· 196

第九节　地铁 AFC 设备配置布局设计 ······················ 198

第十节　车站站台能力分析与评估 ························· 200

第十一节　地铁车站楼梯设计 ····························· 202

第十二节　地铁车站出入口设计 ··························· 205

第十三节　换乘站流线设计 ······························· 208

第十四节　车站设计图绘制 ······························· 211

第六章　网络运营组织优化 ··································· 215

第一节　网络乘客满意度调研与分析 ······················· 215

第二节　网络换乘协调方案设计 ··························· 219

第三节　末班车衔接方案设计 ····························· 224

第四节　网络可达性计算 ································· 228

第五节　网络客流分配与票务清分 ························· 233

第七章　网络应急处置与可靠性 ······························· 238

第一节　网络应急处置流程 ······························· 238

第二节　应急处置的辅助决策技术 ························· 243

第三节　网络拓扑结构可靠性分析 ························· 249

参考文献 ··· 260

第一章　客流调查与数据分析

第一节　乘客情况抽样调查实践

本节旨在系统地培养学员组织实施乘客问卷调查的能力，使学员能够根据调查目的设计调查问卷、调查方案，根据客观条件组织实施调查，调查完成后分析处理调查数据，得到最终结论。

一、准备知识

1. 确定调查目标

调查目标是本次调查的出发点和最终要求，在调查准备工作开始之前，首先要确定调查目标，即希望通过本次调查得到什么。调查目标是多样化的，同样是乘客情况调查，但不同的出发点会有不同的具体要求，进而导致调查在准备和实施上有所不同。调查目标的确定要明确两方面的问题：

（1）调查对象的群体是什么？

调查对象就是本次调查的样本总体，样本总体的界定是调查的基础，样本总体模糊不清必然导致调查偏离初衷，调查结果不可信。如：早高峰时段轨道交通乘客构成情况调查，一是要求时间段必须是早高峰，二是要求必须是轨道交通的乘客，只有同时满足这两个条件才属于本次调查的样本范围。

（2）要得到哪些调查数据？

调查的最终目标是要获得统计数据来反映样本总体某些方面的特征，而样本总体的特征有很多，哪些特征才是本次调查所关心的，每个所关心的特征又通过哪些指标值表现出来，这就涉及指标体系的设计问题。即确定所关心的样本特征，然后针对每一个样本特征设计一个或多个指标来定量化描述该特征的实际情况，最后设计每一个指标的具体计算公式及其取值含义。基于指标的计算公式，就可以开始后续调查问卷的设计了。

2. 设计调查问卷

第一步：设计调查问卷初稿。

根据前述步骤得出的指标计算公式，找出计算指标值所需要的参数，针对每一个参数，在调查问卷中设计一个（或多个）调查问题，从而形成调查问卷初稿。问卷中，问题和答案的描述要确保通俗易懂，不能过于专业化、学术化，使得调查对象能够容易理解所调查的内容及回答要求，不至于看不懂或者产生理解偏差。

第二步：整理问卷初稿。

上述步骤形成的调查问题在调查内容上可能会有交叉（甚至重复），因此需要对这些问题进行归纳整理。首先将调查内容重复的问题进行合并，确保每一个调查内容只涉及一个调查问题，然后将合并后的调查问题按照涉及问题的种类重新分类排序，形成一个便于乘客理解、阅读和回答的问卷版本。

第三步：问卷的审核定稿。

每一个小组成员仔细检查问卷初稿，就初稿中问题的分类、语言的描述、答案的设置、字体、排版、说明等所有信息进行校对，如有不同意见则提交给调查小组讨论。讨论一方面可以及时发现问卷初稿中的不足之处，及时完善；另一方面也能让调查小组的每一位成员熟悉和理解问卷中每一个问题的设计初衷和回答要求，这对后面正式开展调查是非常必要的，能够确保每一个成员能够正确解答调查实施过程中被调查对象的各种疑问，确保得到所需的数据。如有条件，最好将问卷初稿提交给有经验的专家学者进行审核修改，尽量避免因问卷设计缺陷而导致的后续工作问题。

第四步：确定无效问卷的判断标准。

为了防止被调查对象胡乱回答而影响本次调查结论的准确性，调查问卷设计好后，应根据各问题的内在联系，总结出无效调查问卷的判定标准，供后续调查数据录入时筛选所用。

3．设计调查方案

第一步：确定本次抽样调查的样本数量。

样本数量的确定受到调查成本和调查精度两方面的影响。样本数越多，所需要的人力物力就越大，成本就越高，而样本数减少可以节省成本，但太少的样本数无法真实反映样本总体的情况。因此，抽样数量的选择应该在成本允许的情况下尽可能地提高调查精度。关于各类抽样调查的抽样比例，在相关技术操作规范中都有要求，可以查询获得。

第二步：确定调查地点、调查时间、分工安排等具体事宜。

在城市交通网络中，找出符合要求的调查样本所聚集的所有地点，根据调查小组成员的数量尽可能多地选择调查地点进行调查。调查地点的选择要注意覆盖城市的各个区域，确保调查数据有代表性。然后根据调查内容的要求，在符合要求的时间段展开调查。

因为抽样样本数量较大，一般难以通过一次调查完成，为了调查工作能够安全、及时、顺利地完成，必须要做好全盘计划。内容包括：每个调查地点安排几位调查成员，每次调查持续多久，每位调查成员的工作安排表，谁负责统筹、巡视、应急以及遇到突发情况时的应急预案等。

4．调查的实施

在前述准备工作全部就绪后，就可以正式开展调查工作了。

第一步：调查人员的培训。

因为调查工作涉及面广、地点分散、持续时间较长，容易出现多种问题。为了最大限度地确保安全，顺利实施调查，在调查开始前需要对所有调查人员进行培训。培训内容包括：调查分工安排、问卷内容和含义、调查技巧、安全注意事项、应急办法等。

第二步：试调查。

按照前述准备，小范围、短时间、少数量的完成一次试调查工作。试调查的主要目的是及时发现前述准备工作中是否存在遗漏的问题和不足，及时对调查问卷和调查方案进行修正，确保正式调查工作能够顺利进行。若没有暴露大的问题或疏漏，则试调查所得的数据也可用。

第三步：正式开展调查。

按照前述所有准备，有计划、有条理地开展大范围、长时间、多数量的正式调查工作。若调查工作需要社会其他部门配合，则在调查开始前务必联系相关部门，得到对方的支持和理解后调查才能开始。

5．调查数据的分析处理

第一步：调查数据的入库。

鉴于调查样本数一般较大，所以调查数据的分析处理工作必须要依靠计算机。调查完成后首先要做的就是将调查数据录入数据库。为此，一方面需根据调查问卷的设计规则设计好库中的数据表，以便能够完整、准确地记录所有调查问卷信息；另一方面，问卷的信息要做好数据化编码工作，使得入库的都是数字化信息或代码，这样便于后期统计分析，而文字性的内容则尽量避免直接输入数据库中。录入过程中若遇到无效问卷，则不应输入，只要统计无效问卷的数量即可。

数据的录入工作量大且枯燥，为了防止录入出现差错，要安排录入数据的校验人员。确保每一批数据都有录入员、核对员，将人为失误减小到最低。

第二步：数据的分析处理。

按照确定调查目的阶段设计的指标计算公式，由数据库系统统计分析结果，计算得出指标值。

第三步：得出调查结论。

根据算得的指标值，对比指标取值含义，分析得出本次调查结论。

二、调查实践

调查分小组进行，每组要求 3 ~ 10 人，视调查工作量的大小决定。调查主题从以下主题中任取一个，确定详细的调查目标，按照前述工作步骤，实施一次乘客情况抽样调查。

备选主题：

（1）乘客构成情况调查；

（2）乘客换乘情况调查；

（3）乘客出行时间调查；

（4）乘客出行特征调查；

（5）乘客安全意识调查；

（6）节假日乘客情况调查；

（7）其他经指导老师批准的题目。

乘客抽样调查的各步骤紧密相关、环环相扣，前步骤若出现差错，会极大地影响后续步骤的正常进行，有的甚至会导致后续工作无法正常开展。因此在本次调查的完成过程中，务必要经常与指导老师汇报、讨论中间结果，防止后面出现大规模返工的情况。

三、实践要求

调查完成后，要求提交调查分析报告，报告的内容包括如下：

- 要求详细记录调查目的具体是什么？
- 调查对象是哪些群体？
- 关心群体的哪些属性特征？
- 反映这些特征的指标体系如何设计计算？
- 调查问卷是怎样设计出来的？
- 完整定稿版的调查问卷是什么？
- 无效问卷的判定标准是什么？
- 调查方案如何考虑？
- 具体的调查分工是怎样安排的？
- 数据库表怎样设计？
- 数据录入校核的分工怎样安排？
- 各指标的计算结果是什么？
- 最后得出的调查结论是什么？
- 本次调查的不足和心得体会。

第二节　轨道交通断面客流量调查实践

断面客流量调查是一种经常性的客流抽样调查，可选择一个或几个断面进行调查。一般是对最大客流断面进行调查，调查人员用直接观察法调查车辆内的乘客人数。本节要求学员组织实施一次实地轨道交通断面客流量调查，在理解断面客流量计算原理的基础上，通过实地操作了解和掌握高峰小时断面客流量调查的方法。

一、准备知识

1. 断面客流量的基本概念

客流是指在单位时间内，轨道交通线路上乘客流动人数和流动方向的总和。它表明了乘客在空间上的位移以及数量，也强调了这种位移具有方向性和起讫位置。

（1）断面客流量

在单位时间内，通过轨道交通线路某一地点的客流量称为断面客流量。通过某一断面的客流量就是通过该断面所在区间的客流量，分为上行断面客流量和下行断面客流量。其计算公式为：

$$p_{i+1} = p_i - p_下 + p_上 \qquad\qquad (1\text{-}2\text{-}1)$$

式中　p_{i+1}——第 $i+1$ 个断面的客流量（人）；

　　　p_i——第 i 个断面的客流量（人）；

　　　$p_下$——在车站下车人数（人）；

　　　$p_上$——在车站上车人数（人）。

（2）最大断面客流量

在单位时间内，通过轨道交通线路各个断面的客流量一般是不相等的，其中的峰值称为最大断面客流量。轨道交通线路上、下行方向的最大断面客流量一般不在同一个断面上。

（3）高峰小时最大断面客流量

在以小时为时间单位计算断面客流量的情况下，全日分时最大断面客流量一般是不相等的，其中的峰值称为高峰小时最大断面客流量，一般出现在早晨和傍晚。

高峰小时最大断面客流量是决策是否需要修建轨道交通，修建何种类型轨道交通，确定车辆型号、列车编组、行车密度、运用车配置数和站台长度等的基本依据。

2．断面客流量的调查方法

由于（公式 1-2-1）需要用到前一断面的客流量数据，所以必须从起点站开始，记录列车在各个车站的上下车人数，才能得到该线路所调查方向上各断面的客流量数据。很显然，这种方法虽然可行，但并不经济，原因是轨道交通线路一般较长，要在沿线十几个甚至几十个车站站台同时安排调查人员展开调查，耗费的资源必然巨大，因此一般不采用。

实际采用的调查方法一般为跟车调查法。即根据列车编组数，在站台每一节车厢的车门处安排一名（或多名，具体人数根据实际客流量大小决定）调查人员，当列车到站后立刻上车，车门关闭后开始人工计数本节车厢内的乘客人数，确保在列车抵达下一车站停车开门前计数完毕，做好数据的表格记录工作。将各车厢实际人数相加即得到该方向本次列车的实际乘客数量，调查时间段内，所有列车的实际乘客数量之和即为该时间段内的断面客流量。

3．所需调查人员的数量

为了继续调查后续列车，跟车调查人员在抵达下一车站后必须在站台乘坐反方向列车回到调查起始站，准备调查下一趟列车。调查起始站在前一组跟车调查人员返回之前，要准备足够组次的调查人员来调查后续到达列车的实际乘客数量，确保在指定时间内调查不中断。因此，断面客流量跟车调查法所需的调查人员组数取决于所调查线路与区间的上、下行方向的实际行车间隔，而每组所需的调查人员数量则取决于列车编组数和客流量的大小。

所需的调查人员组数为：

$$X = INT\left(\frac{t_运^正 + t_隔^反 + t_运^反}{t_隔^正} \times \alpha\right) \qquad\qquad (1\text{-}2\text{-}2)$$

式中　　$t_{运}^{正}$——与调查方向同向的所调查区间的区间运行时间（s）；

　　　　$t_{隔}^{反}$——与调查方向反向的所调查区间的行车间隔时间（s）；

　　　　$t_{运}^{反}$——与调查方向反向的所调查区间的区间运行时间（s）；

　　　　$t_{隔}^{正}$——与调查方向同向的所调查区间的行车间隔时间（s）；

　　　　α——备用系数（取大于 1 的值）。

每组所需的调查人员数为：

$$Y = m \times \beta \tag{1-2-3}$$

式中　　m——列车编组数（若遇到非固定编组情况要考虑调查人员的灵活安排）；

　　　　β——每节车厢安排的调查人员数量（根据客流量大小决定）。

则一个区间断面客流量调查所需的总人数为：

$$P = X \times Y \tag{1-2-4}$$

若有需要，可安排返程调查组同时调查反方向列车乘客数量，这样能同时得到一个区间断面两个方向的断面客流量，而不会增加所需的调查人员数量。

4. 调查的准备和实施

准备工作包括五个方面：

（1）获得轨道交通运营管理部门的同意，告知调查活动的具体时间地点等安排，便于运营管理部门理解和配合。

（2）收集所调查区段的运营时分数据、列车编组数据和客流量的规模情况，以此计算得出所需的调查人员总数和分组要求。

（3）按所需人数召集调查人员，将调查人员进行分组，确定每组的负责人，并做好每一位调查人员的具体分工安排。

（4）编制好调查数据记录表格，打印并分发给每一位调查人员。

（5）调查人员的培训工作，包括调查方法、调查要求、数据记录要求、安全注意事项等。

准备工作完成后，即可按照计划在指定的时间和地点展开断面客流量调查了。

二、调查实践

根据所能召集的人数和数量要求，安排学员调查一至两个轨道交通高峰小时断面客流量数据。

按照准备工作的要求，由指导老师联系好轨道交通运营管理部门，获得同意后，告知学员具体的调查时间和地点安排，剩余事项则交给学生自己来完成，指导老师只负责总体指导和安全管理。通过实际组织实施一次断面客流量调查，达到训练学员的调查组织实施能力效果。

三、实践要求

调查完成后，要求提交调查分析报告，报告的内容包括如下：

- 本次调查的最终结果；（由团队负责人计算得出后告知每一位调查人员）
- 本人所在的组；
- 所调查的列车编号及列车乘客总数；（由小组负责人计算得出后告知小组成员）
- 本人负责的车厢位置；
- 调查记录表格及数据；
- 参与本次调查的心得体会。

第三节　轨道交通站点客流量调查实践

站点客流量调查是指在车站的出入口处、进出站闸机处和换乘通道处，对所有进出站乘客、换乘乘客进行写实调查。通过站点客流量调查在了解车站客流量总体情况的同时，也可获得站内客流量分布情况的具体信息。本节要求学员在正常工作日和节假日时间段，各组织实施一次轨道交通车站站点客流量调查，通过实地操作了解和掌握站点客流量的调查方法，对比分析工作日和节假日车站客流量大小和分布的不同之处。

一、准备知识

1．车站客流量的含义

车站客流量包括全日、高峰小时和超高峰期在轨道交通车站上下车和换乘的客流量，以及经由不同出入口、收费区的进出站客流量和方向别的换乘客流量。

车站高峰小时和超高峰期客流量决定了车站设计规模，是确定站台、售检票设备、自动扶梯、楼梯、通道、出入口等车站设备容量或能力的基本依据。

2．车站站点客流量调查的准备工作

首先获得所要调查车站的平面布置图形，重点了解其出入口数量、进出站闸机分组数和站内换乘通道数量。实地踩点调查一下各位置的客流量规模，以便安排各处调查人员的数量。

根据前期了解的情况，在车站平面布置图上拟定各位置处安排的调查人员数量。安排人员数量时，注意人员分工宜按客流方向、闸机组或通道来分工，一个调查人员不宜同时承担多个方向、通道或闸机组的客流量调查工作。若某个方向、通道、闸机组的客流量非常大，也可安排多个人员调查。

制定调查计划包括具体的分工安排、调查时间段、数据记录方法，编制好调查记录表格并分发给每一位调查人员。调查记录表格要有调查人员、调查位置、调查时间段、调查客流量等信息，以便调查完成后进行车站客流量及其分布情况数据汇总。

调查开始前，指导老师要与轨道交通运营管理部门取得联系，获得车站运营管理部门的同意，告知调查活动的具体时间地点等安排，便于车站工作人员的理解和配合。

3．调查数据的整理和汇总

调查完成后，收集各位置调查人员所得到的分时间段客流量数据，加总后将数据标注

在车站平面布置图形上,同时根据客流量数据的大小用不同颜色和粗细的线条在车站平面布置图上描绘该客流方向,进而得到某一时间段的车站客流量及其分布情况详图。将各时间段的客流数据都绘制成详图后,即可清晰地看到车站及其各部位客流量随时间的变化情况。

二、调查实践

选择一个中等规模的轨道交通换乘车站,安排学员调查该车站的站点客流量数据。调查持续时间根据情况确定,但要求至少包含高峰小时及其前后半小时的时间,以便分析高峰小时车站客流量的变化趋势。如有条件,最好就同一车站同一时间段的工作日和节假日分别进行一次车站站点客流量调查,以便进行分析对比。

按照准备工作的要求,由指导老师联系好轨道交通运营管理部门,获得同意后,告知学员具体的调查时间和地点安排。剩余事项则交给学员自己来完成,指导老师只负责总体指导和安全管理。通过实际组织实施一次站点客流量调查,达到训练学员的调查组织实施能力效果。

三、实践要求

调查完成后,要求提交调查分析报告,报告的内容包括如下:
- 车站平面图形;
- 调查计划安排;
- 本人所负责的调查地点、方向;
- 调查记录表格及数据;
- 车站站点客流量时间空间分布图形;(汇总后,复印给每个成员)
- 车站站点客流量分布规律总结;
- 参与本次调查的心得体会。

第四节　网络客流指标及其计算

客流是轨道交通系统决策、设计、运营和统计的关键参数,通过 AFC 系统或调查等方式获取客流数据后,需将其用于各类统计指标的计算中,以此获得指标数值,进而掌握和评价轨道交通系统各方面的客流特征。本节要求学员学习掌握轨道交通系统客流指标的构成、定义和计算方法,并尝试根据前面调查获得的客流数据计算若干个指标值,得出相关的客流特征结论。

一、知识简介

1. 客运量

(1)线路日均客运量

定义：统计期内，线路日运送乘客总量的平均值。单位：万乘次/日。

计算方法：线路客运量由本线进且本线出客流、换入至本线客流、由本线换出客流、途经客流四部分组成。包含可采用统计分析或客流抽样调查等方法进行清分的公务票、老人票、纪念票等非付费客流。

$$线路日均客运量=\sum 线路日客运量/统计天数。$$

（2）线路最高日客运量

定义：统计期内，线路日客运量中最大的日客运量。单位：万乘次/日。

计算方法：线路最高日客运量=Max{线路日客运量}。

（3）线路客运量增长率

定义：本期线路日均客运量与上期线路日均客运量相比的增长比例。单位：%。

计算方法：线路客运量增长率=（本期线路日均客运量−上期线路日均客运量）×100/上期线路日均客运量。

（4）线路高峰小时最高断面客流量

定义：线路高峰小时单向最大断面客流量。单位：万人次/h。

计算方法：指正常运营状态（不包括由于城市大型公共活动或其他突发事件引起的持续影响期小于一周的突发客流情况），在使用自动售检票系统时由系统直接计算得出结果（或采用客流调查方式取得），每条线路取统计期内的最大值。

（5）列车高峰小时最大拥挤度

定义：线路高峰小时最高断面客流量与相应运力的比值，反映线路高峰小时最大断面的拥挤情况，每条线路取统计期内的最大值。单位：%。

计算方法：如定义所述。

备注：车厢空余面积定员数按国家设计标准 6 人/m² 计算。

（6）网络日均客运量

定义：统计期内，网络日客运总量的平均值。单位：万乘次/日。

计算方法：网络日均客运量=统计周期内网络总客运量/统计天数。

（7）网络最高日客运量

定义：统计期内，最大的网络日客运量。单位：万乘次/日。

计算方法：网络最高日客运量=Max{网络日客运量}。

（8）网络客运量增长率

定义：本期网络日均客运量与上期网络日均客运量相比的增长情况。单位：%。

计算方法：网络客运量增长率=（本期网络日均客运量−上期网络日均客运量）×100/上期网络日均客运量。

（9）网络客运量比重（网络客运量占公共交通客运量比重）

定义：网络日均客运量占全市日均公共交通客运总量的比率。单位：%。

计算方法：网络客运量比重=网络日均客运量/全市日均公共交通客运总量×100。以城市公共交通管理部门发布的数据为准。

说明：该指标按年度进行统计。

（10）网络日均出行量

定义：统计期内，平均每日利用轨道交通网络出行的乘客数量。乘客在网络中换乘一次或多次时，均视为一个出行人次。单位：万人次/日。

计算方法：各线进站客流量的总和，包含公务票、老人票、纪念票等非付费客流。

（11）网络出行量增长率

定义：本期网络日均出行量与上期网络日均出行量相比的增长比例。单位：%。

计算方法：网络出行量增长率=（本期网络日均出行量−上期网络日均出行量）×100/上期网络日均出行量。

（12）网络出行量比重（网络出行量占公共交通出行量比重）

定义：网络日均出行量占全市日均公共交通出行总量的比率。单位：%。

计算方法：网络出行量比重=网络日均出行量/全市日均公共交通出行总量×100。以城市公共交通管理部门发布的数据为准。

说明：该指标按年度进行统计。

（13）车站最高日客运量

定义：统计期内，轨道交通运营车站每日为乘客提供进站、换乘、出站服务的总次数称为车站日客运量。车站最高日客运量指统计期内所有车站日客运量中最大的车站日客运量。单位：万乘次/日。

计算方法：车站最高日客运量=Max{车站日客运量}=Max{车站日进站量＋车站日换乘量＋车站日出站量}。

说明：该指标反映所有车站客运工作中的日最大量。统计时需列出车站名、最高日客运量及对应的日期。换乘站作为一个车站进行统计，非换乘站的日换乘量以 0 计。

2. 周 转 量

客运周转量是指客运量与平均乘距的乘积，是轨道交通直接运输产品的产量，是反映运输效率的客运指标。

（1）线路日均客运周转量

定义：统计期内，线路日客运周转量的平均值。单位：万乘次公里/日。

计算方法：设有自动售检票系统的城市，根据票务系统统计客运周转量；没有自动售检票系统的城市，根据客流抽样调查方法估算平均运距，再计算得到客运周转量。

（2）网络日均客运周转量

定义：统计期内，网络每日客运周转量的平均值。单位：万乘次公里/日。

计算方法：网络日均客运周转量=统计周期内总客运周转量/统计天数。

3. 换 乘 量

（1）换乘站日均换乘客流量

定义：统计期内，某一换乘站各线路间每日换乘客流总和的平均值。单位：万人次/日。

计算方法：通过自动售检票系统连续计费的换乘客流可通过票务系统清分模型得到，其他情况可采用客流抽样调查的方法得到。

（2）网络日均换乘客流量

定义：统计期内，网络日换乘客流总和的平均值。单位：万人次/日。

计算方法：网络日均换乘客流量=统计周期内网络总换乘客流量/统计天数。

说明：一般情况下，网络日均换乘客流量=网络日均客运量-网络日均出行量。

（3）网络换乘系数

定义：衡量网络内部连通性的指标，为客运量与出行量的比值。单位：%。

计算方法：网络换乘系数=网络日均客运量/网络日均出行量。

4. 运距/乘距

（1）线路平均运距

定义：统计期内，在某一线路上乘客一次乘车的平均距离。单位：公里/乘次。

计算方法：设有自动售检票系统的城市，线路平均运距=线路日均客运周转量/线路日均客运量；没有自动售检票系统的城市，根据客流抽样调查方法估算平均运距。

（2）网络平均乘距

定义：统计期内，网络中乘客平均一次出行全程的总乘车距离。单位：公里/人次。

计算方法：网络平均乘距=网络日均客运周转量/网络日均出行量。

说明：一个城市有多家轨道交通运营企业时，乘客一次出行的乘车距离可能分布在多家运营企业所运营的网络中。此时直接套用公式可能有所偏差，需要从整个城市轨道交通运营网络的角度统筹清分。

5. 强度/负荷

（1）线路客运强度

定义：线路日均客运量与线路运营长度之比，反映线路单位长度上每日的载客量，在一定程度上体现线路的运营效率。单位：万乘次/公里·日。

计算方法：线路客运强度=线路日均客运量/线路运营长度。

（2）线路负荷强度（线路周转强度）

定义：线路日均客运周转量与线路运营长度之比，反映线路单位长度上每日承担的客运周转量。单位：万乘次公里/公里·日。

计算方法：线路负荷强度=线路日均客运周转量/线路运营长度。

（3）网络客运强度

定义：网络日均客运量与网络运营长度之比，反映全网单位长度上每日的载客量，在一定程度上体现网络的运营效率。单位：万乘次/公里·日。

计算方法：网络客运强度=网络日均客运量/网络运营长度。

（4）网络负荷强度（网络周转强度）

定义：网络日均客运周转量与网络运营长度之比，反映全网单位长度上每日承担的客运周转量。单位：万乘次公里/公里·日。

计算方法：网络负荷强度=网络日均客运周转量/网络运营长度。

（5）网络出行强度

定义：网络日均出行量与网络运营长度之比，反映全网单位长度上每日的出行量，在一定程度上体现网络的使用效率。单位：万人次/公里·日。

计算方法：网络出行强度=网络日均出行量/网络运营长度。

二、实践练习

认真学习各指标的定义和计算方法，仔细分析各指标计算所需的客流数据，根据前面调查得到的客流资料，尝试计算若干个指标值，以此评估所调查线路的客流特征。

三、实践要求

对每个所计算的指标，书面说明指标种类、计算方法、计算过程和计算结果，并依据计算结果对所调查线路的客流特征做出评估。

第二章　列车开行计划

第一节　全日行车计划的编制

全日行车计划是营业时间内各个小时开行的列车数计划，它是编制列车运行图和确定车辆运用的基础资料。全日行车计划根据营业时间内分时最大断面客流量、列车定员人数、车辆满载率以及希望达到的服务水平进行编制。本节要求学员根据提供的资料数据，计算编制出合理的全日行车计划，通过实际计算了解和掌握全日行车计划的基本理论和编制方法，注意编制细节中的注意事项。

一、准备知识

1. 全日行车计划的编制资料

（1）营业时间

营业时间的安排主要考虑两个因素：① 市民出行活动的特点，方便乘客；② 满足轨道交通各项设备检修施工的需要。大多数城市的轨道交通营业时间为 18～20 个小时，个别城市是 24 小时运营，如纽约。适当延长运营时间是轨道交通提高服务水平的体现。

（2）分时最大断面客流量

站间 OD 客流数据是计算最大断面客流量的原始资料。根据站间 OD 客流数据，首先计算出各站上下车人数，然后计算出断面客流量，最后得到最大断面客流量。

对于新投入运营的线路，站间 OD 客流数据来源于客流预测资料；对于既有运营线路，站间 OD 客流数据来源于客流统计或客流调查资料。

分时最大断面客流量有两种确定方法：① 在已知高峰小时最大断面客流量的基础上，根据分时客流占高峰小时客流的比例进行确定；② 或在已知全日最大断面客流量的基础上，根据分时客流占全日客流的比例进行确定。

（3）列车定员数

列车定员数是列车编组数和车辆定员数的乘积。

列车编组辆数的确定以高峰小时最大断面客流量作为基本依据。此外还取决于列车间隔、车辆选型、站台长度和轨道交通保有的运用车辆数等因素。

车辆定员数取决于车辆的尺寸、车厢内座位布置方式和车门设置数。一般来说，车辆长宽尺寸越大载客越多，车厢内座位纵向布置较横向布置载客要多。

（4）线路断面满载率

线路断面满载率指单位时间内特定断面上的车辆载客能力利用率。通常是指早高峰小时、单向最大客流断面的车辆载客能力利用率。反映了列车在最大客流断面的满载程度，也反映了乘客的舒适程度。为提高车辆利用率、降低运输成本，在编制全日行车计划时，高峰小时可适当超载。

2. 全日行车计划的编制步骤

第一步：计算分时最大断面客流量。

根据轨道交通线路站间到发 OD 客流量表，计算出全日最大断面客流量。然后根据各时间段客流量与最大断面客流量的比例关系，算得分时最大断面客流量数据。

例：已知某线路高峰小时站间到发 OD 客流量如表 2-1-1 所示。

表 2-1-1　站间到发 OD 客流量表

发/到	A	B	C	D	E	F	G	H	合 计
A	—	5 830	5 200	6 200	3 505	8 604	9 620	17 658	56 617
B	6 890	—	1 420	4 575	3 694	5 640	6 452	14 566	43 237
C	4 580	1 212	—	423	724	2 100	2 430	3 511	14 980
D	6 520	2 454	523	—	423	1 247	1 434	3 569	16 170
E	3 586	1 860	866	513	—	356	1 211	2 456	10 848
F	7 625	6 320	1 724	2 413	385	—	750	4 857	24 074
G	9 654	8 214	2 130	4 547	1 234	960	—	1 463	28 202
H	15 607	12 500	4 324	5 234	2 567	5 427	2401	—	48 060
合计	54 462	38 390	16 187	23 905	12 532	24 334	24 298	48 080	242 188

根据 OD 客流量表，首先计算得出各车站分方向别上下车人数，如表 2-1-2 所示。计算方法为：先规定好行车方向，如规定 A 至 H 为下行方向，则 OD 表中对角线的上三角部分数据为下行客流数据，而下三角部分数据为上行客流数据。某车站的下行方向的上客人数为该车站所在行中上三角数据部分除去合计之外的数据之和；而该车站下行方向的下客人数为该车站所在列中上三角数据部分的数据之和。反之，若是上行方向，则取下三角部分的数据即可，其他方法相同。

表 2-1-2　各车站分方向别上下车人数

下行上客数	下行下客数	车站	上行上客数	上行下客数
56 617	0	A	0	54 462
36 347	5 830	B	6 890	32 560
9 188	6 620	C	5 792	9 567
6 673	11 198	D	9 497	12 707
4 023	8 346	E	6 825	4 186
5 607	17 947	F	18 467	6 387
1 463	21 897	G	26 739	2 401
0	48 080	H	48 060	0

根据公式 1-2-1，从起始站开始，逐个推算上下行方向各断面的客流量数据。如上例，下行方向从 A 站开始推算，上行方向从 H 站开始推算，得到各断面分方向别客流量如表 2-1-3 所示。

表 2-1-3 各断面分方向别客流量

下行	区间	上行
56 617	A—B	54 462
87 134	B—C	80 132
89 702	C—D	83 907
85 177	D—E	87 117
80 854	E—F	84 478
68 514	F—G	72 398
48 080	G—H	48 060

从表 2-1-3 即可得到最大客流断面为 C-D 段下行区间，其客流量为 89 702 人。

若各时间段客流量与高峰小时客流量的比例如表 2-1-4 所示，则可计算出分时最大断面客流量（见表 2-1-4）。

表 2-1-4 分时客流量与高峰小时客流量比例

时间段	比例	客流量	开行列车数	时间段	比例	客流量	开行列车数
5:00—6:00	0.18	16 146	10	14:00—15:00	0.57	51 130	31
6:00—7:00	0.41	36 778	22	15:00—16:00	0.68	60 997	37
7:00—8:00	1	89 702	44	16:00—17:00	0.86	77 144	38
8:00—9:00	0.74	66 379	40	17:00—18:00	0.63	56 512	34
9:00—10:00	0.49	43 954	27	18:00—19:00	0.43	38 572	23
10:00—11:00	0.52	46 645	28	19:00—20:00	0.34	30 499	19
11:00—12:00	0.64	57 409	35	20:00—21:00	0.27	24 220	15
12:00—13:00	0.59	52 924	32	21:00—22:00	0.24	21 528	13
13:00—14:00	0.55	49 336	30	22:00—23:00	0.16	14 352	9

第二步：计算分时开行列车数。

计算公式为：

$$n_i = \frac{p_{\max}^i}{p_{列}\beta}$$

（2-1-1）

式中　n_i——分时开行列车数（列或对）；

$p_{\max}^i$——分时最大断面客流量（人）；

$p_{列}$——列车定员数（人）；

β——线路断面满载率。

上例中，设车辆定员为 310 人，列车编组为 6 辆，满载率早晚高峰小时为 1.1，其他时间段为 0.9，则高峰小时客流断面的开行列车数计算如下，同理算得各时间段的开行列车数如表 2-1-4 所示。

$$n = \frac{89\,702}{310 \times 6 \times 1.1} = 43.84 \approx 44 \text{（辆）}$$

由于列车数只能是整数，所以计算结果必须取整。由于轨道交通属于公共客运服务，正常的客运需求如无特殊情况必须满足，所以取整方法一般都是向上取整，即不论小数点后为多少一律进一。个别情况除外，即当满载率取值为小于 1 时，并且小数点后的值很小时，可以向下取整，如表 2-1-4 中 18：00—19：00 时间段所示。这是由于满载率取值小于 1，代表所提供的服务水平高于标准服务水平，列车还有一定的载客潜力，同时又因为多出的客流量不大，通过挖掘各趟列车的载客潜力即可完成客流量运输任务，从节约成本的角度出发，不用加开一列列车。

第三步：计算分时行车间隔。

$$t_{\text{间隔}}^{i} = \frac{3\,600}{n_i} \tag{2-1-2}$$

式中　$t_{\text{间隔}}^{i}$——分时行车间隔（s）

按照式 2-1-2 计算得出各时间段的分时行车间隔见表 2-1-5。

表 2-1-5　分时行车间隔计算结果

时间段	列车数	计算行车间隔（s）	最终行车间隔（s）
5:00—6:00	10	360	360
6:00—7:00	22	164	164
7:00—8:00	44	82	82
8:00—9:00	40	90	90
9:00—10:00	27	133	133
10:00—11:00	28	129	129
11:00—12:00	35	103	103
12:00—13:00	32	113	113
13:00—14:00	30	120	120
14:00—15:00	31	116	116
15:00—16:00	37	97	97
16:00—17:00	38	95	95
17:00—18:00	34	106	106
18:00—19:00	23	157	157
19:00—20:00	19	189	189
20:00—21:00	15	240	240
21:00—22:00	13	277	277
22:00—23:00	9	400	400

第四步：最终确定全日行车计划。

在计算得出分时开行列车数和行车间隔的基础上，应检查是否存在某段时间内行车间隔过长的情形。

为提高服务水平，轨道交通的行车间隔在非高峰运营时间的 9:00—21:00 一般不宜大于 6 min，在其他非高峰运营时间一般不宜大于 10 min。

高峰小时的行车间隔的确定应检验与列车折返能力是否相适应。

算例中，经检查，计算所得的行车间隔都满足服务水平要求，不用调整，因此作为最终行车间隔取用，如表 2-1-5 所示。

二、编制练习

已知某轨道交通线路站间到发 OD 客流量见表 2-1-6，其他数据与算例相同，试编制全日行车计划。

表 2-1-6　某轨道交通线路站间到发 OD 客流量

发/到	A	B	C	D	E	F	G	H	合计
A	—	7 019	6 098	7 554	4 878	9 313	12 736	23 798	71 396
B	6 942	—	1 725	4 620	3 962	6 848	7 811	16 538	48 446
C	5 661	1 572	—	560	842	2 285	2 879	4 762	18 561
D	7 725	4 128	597	—	458	1 987	2 822	4 914	22 631
E	4 668	3 759	966	473	—	429	1 279	3 121	14 695
F	9 302	7 012	1 988	2 074	487	—	840	5 685	27 382
G	12 573	9 327	2 450	2 868	1345	1 148	—	2 133	31 844
H	22 680	14 753	4 707	5 184	2902	5 258	2 015	—	57 499
合计	69 551	47 570	18 525	23 333	14874	2 7268	30 382	60 951	292 454

三、编制要求

编制完成后，要求提交完整的全日行车计划编制计算书，计算书的内容如下：

● OD 客流量表；
● 其他计算参数取值情况；
● 各车站分方向上下车人数表；
● 断面分方向客流量表；
● 分时客流量及开行列车数计算表；
● 分时行车间隔计算确定表；
● 计算取值过程中的一些细节事项。

第二节　列车开行方案设计

列车开行方案就是根据客流在线路上的具体分布特征，拟定符合客运需要且经济合理的列车开行组织计划。列车开行方案包括列车编组方案、列车交路方案和列车停站方案三部分：列车编组方案规定了列车是固定编组还是非固定编组，以及编组辆数；列车交路方案规定了列车的运行区段与折返车站；列车停站方案规定了列车是站站停车还是非站站停车，以及非站站停车的方式。本节要求学员根据提供的线路客流分布资料数据，编制合理的列车开行方案，并通过计算得出方案的评价指标值，从而了解所编开行方案的优劣，掌握方案编制过程中的细节事项。

一、准备知识

1. 列车开行方案的编制资料

（1）线路站间到发 OD 客流数据

站间 OD 客流特征是编制列车开行方案的基础。根据获得的 OD 客流矩阵，分析路段 OD 客流分布特征、车站乘降客流分布特征，找到线路的重点客运区段和重点客运车站，作为后期确定编组、交路和停站方案的基本依据。

（2）线路基础设施及其能力数据

线路基础设施及其能力数据包括线路站间距、折返站的设置位置、每个折返站的折返能力、站台长度、车站是否设置配线以及配线的数量等。这些数据在确定列车交路计划、编组计划和停站方案时都需要用到。

（3）车辆长度及定员数据

车辆长度及定员数据用于确定列车编组方案。

2. 列车开行方案的编制步骤

例：已知某线路高峰小时车站分方向别上下车人数如表 2-2-1 所示，该线路采用 A 型车辆，长度 22.8 m，定员 310 人，满载率 1.1，沿线各站站台有效长度均为 200 m，该线路 A、C、F、G、H 站均为折返站且折返能力充足，试编制经济合理的列车开行方案，并计算方案的运能利用率指标。

表 2-2-1　高峰小时各车站分方向别上下车人数

下行上客数	下行下客数	车站	上行上客数	上行下客数
15 617	0	A	0	24 462
13 347	1 830	B	7 890	8 560
5 188	2 620	C	8 792	7 567
6 673	11 198	D	4 497	7 707
1 023	15 346	E	16 825	4 186

下行上客数	下行下客数	车站	上行上客数	上行下客数
5 607	7 947	F	12 467	6 387
1 463	1 897	G	2 739	2 401
0	8 080	H	8 060	0

第一步：根据客流数据，找出重点客运区段和重点客运车站。

① 计算车站乘降量集中率。

各车站分方向乘降量从大到小排序如表 2-2-2 所示。

表 2-2-2　各车站分方向乘降量排序表（左边下行，右边上行）

序号	车站	下行乘降量	序号	车站	上行乘降量
1	D	17 871	1	A	24 462
2	E	16 369	2	E	21 011
3	A	15 617	3	F	18 854
4	B	15 177	4	B	16 450
5	F	13 554	5	C	16 359
6	H	8 080	6	D	12 204
7	C	7 808	7	H	8 060
8	G	3 360	8	G	5 140

由大到小累加各站的乘降量 Q_m，直至达到全线乘降量 Q 的 40%，求得 m 值。

$$D_m = \sum_{i=1}^{m} D_i, D_m \geq 0.4Q \tag{2-2-1}$$

求得上、下行方向 m 值均为 3。

$$G = 1 - \frac{m}{n} = 1 - \frac{3}{8} = 0.625 \tag{2-2-2}$$

由此可见，该线乘客乘降量并未过度集中于极少数车站，不需要采用非站站停车方案。

② 计算路段客运量比例。

由表 2-2-1 计算得出断面分方向客流量表如 2-2-3 所示。

表 2-2-3　各断面分方向别客流量

下行	区间	上行
15 617	A—B	24 462
27 134	B—C	25 132
29 702	C—D	23 907
25 177	D—E	27 117
10 854	E—F	14 478
8 514	F—G	8 398
8 080	G—H	8 060

观察表中数据可知，A—E 区段的客运量占总客运量的比例达到 75% 以上，因此可考虑采用非常规交路来满足客运需求。由于 E 站不是折返站，为完整覆盖大客流量区段，拟安排在 F 站进行小交路列车折返作业。

$$C_{\text{下}} = \frac{Q_{A-E}}{Q_{\text{总}}} = \frac{97\,630}{125\,078} \approx 0.78, \quad C_{\text{上}} = \frac{Q_{A-E}}{Q_{\text{总}}} = \frac{100\,618}{131\,554} \approx 0.76 \tag{2-2-3}$$

观察表 2-2-1 可以发现，两个方向的 G 站和 H 站上下车总人数都超过了 11 000 人，且大多数为跨区段出行，因此不适宜采用衔接交路方案。

综上分析，此例拟采用站站停车的大小交路套跑方案，大交路的运行区间为 A—H，小交路运行区间为 A—F。

第二步：确定列车开行计划。

根据题意，站台有效长度为 200 m，车辆长度为 22.8 m，则站台的允许最大编组数为 8。而断面最大客流量为上行方向 A—B 区间的 24 462 人，按定员 310、满载率 1.1 计算，所需的总车辆数为 72。

若取行车间隔为 5 min，则高峰小时共可开行 12 对列车。设大小交路开行比例设为 1 : 1，则 F—H 区段的实际行车间隔为 10 min，能够开行 6 对列车，得出 F—H 区段所需的最小编组数为 5，然后反算得到 A—F 区段小交路列车所需的编组数为 7。

因此，开行计划为：列车停站方案采用站站停车；列车交路方案为全线开行大小交路，大交路运行区段为 A—H，小交路运行区段为 A—F，大小交路开行比例为 1 : 1，行车间隔均为 10 min；列车编组方案为采用静态编组形式，大交路编组数为 5，小交路编组数为 7。

第三步：计算方案的运能利用率。

列车开行方案的评价指标有很多，具体涉及五个方面：

① 乘客服务水平：包括乘客乘车时间、候车时间、换乘时间、换乘次数和平均出行速度等。

② 车辆运用：包括列车周转时间、旅行速度、运用车数、日车走行公里和车辆满载率等。

③ 通过能力适应性：主要是评价列车开行方案实施后的能力损失，以及最终通过能力是否适应，包括线路通过能力利用率、列车折返能力利用率等。

④ 运营组织复杂性：运营组织很复杂的列车开行方案，实践中通常不为运营部门所接受。在列车开行方案选优时，可用等级或排序的方式来反映运营组织的复杂程度。

⑤ 运输成本：包括车辆购置费用、增设折返线费用、增设越行线费用、列车运行距离相关费用和乘务人员费用等。

具体的计算需要较多数据支持，这里仅以运能利用率指标为例，计算其值。

$$\text{运能利用率} = \frac{\text{客运量} \times \text{平均运距}}{\sum(\text{客运列车数} \times \text{列车定员} \times \text{列车运行距离})} \tag{2-2-4}$$

设线路间的站间距离如表 2-2-4 所示，根据式（2-2-4）即可完成计算。

表 2-2-4 区间长度表

区间	区间长度（m）
A—B	1 300
B—C	900
C—D	800
D—E	1 000
E—F	1 200
F—G	1 550
G—H	2 080

$$运能利用率 = \frac{284\ 506\ 500}{(12 \times 310 \times 1.1 \times 5 \times 8\ 830) + (12 \times 310 \times 1.1 \times 7 \times 5\ 200)} = 86.3\%$$

即本开行方案的运能利用率为 86.3%。

二、设计练习

已知某轨道交通线路站间到发 OD 客流量表如表 2-2-5 所示，其他数据与算例相同，试编制列车开行方案。

表 2-2-5 某轨道交通线路站间到发 OD 客流量表

发/到	A	B	C	D	E	F	G	H	合计
A	—	119	298	754	1 278	2 313	2 736	3 798	11 296
B	142	—	125	520	1 362	1 848	2 811	2 538	9 346
C	361	172	—	360	642	1 585	2 279	2 762	8 161
D	1 725	628	297	—	358	2 287	2 822	3 914	12 031
E	1 668	959	266	373	—	529	2 279	2 121	8 195
F	2 302	2 012	988	1 574	687	—	440	1 685	9 688
G	3 573	2 327	1 450	1 168	845	448	—	333	10 144
H	3 680	2 753	1 707	2 184	1 102	858	315	—	12 599
合计	13 451	8 970	5 131	6 933	6 274	9 868	13 682	17 151	81 460

三、设计要求

设计完成后，要求提交完整的列车开行方案编制计算书，计算书的内容如下：

● OD 客流量表；

● 其他计算参数取值情况；

● 各车站分方向上下车人数表；

● 断面分方向客流量表；

● 重点区段和重点车站分析计算结果；

● 具体的列车开行计划方案；

● 方案评价指标计算（仅计算"运能利用率"指标即可）。

第三节 列车运行图的编制

列车运行图是列车运行的时间与空间关系的图解，它规定了各次列车占用区间的次序、列车在区间的运行时分，在车站的到达、出发或通过时刻，在车站的停站时间和在折返站的折返时间，以及列车交路和列车出入车辆段时刻等。在运营企业内部，列车运行图不但规定了线路、车站、车辆等技术设备的运用，同时也规定了与列车运行有关各部门、各工种的工作要求。所有与列车运行有关的部门、工种均应根据列车运行图的要求，严格按照一定程序有条不紊的进行工作，因此，列车运行图是轨道交通运营组织的综合性计划。本节要求学员根据提供的编制资料数据，利用 CAD 软件绘制满足要求的线路全日运营时间段列车运行图，计算典型的指标值，并对所编运行图进行自我评价，了解图形的优劣。通过绘图训练，掌握图形编制方法，体会编制过程中的一些细节事项。

一、准备知识

1. 列车运行图的编制资料

（1）线路资料

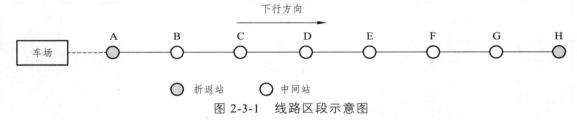

图 2-3-1　线路区段示意图

某线路如上图所示，有 A—H 共八个车站，其中 A、H 站为折返站，其他中间站均不能折返。车辆段在线路的左边末端，通过出入段线与正线 A 站相连。

（2）客运资料

● 地铁某号线早高峰小时（6:30—7:30）客流量为 39 000 人。

● 全日分时最大断面客流分布规律见表 2-3-1。

● 列车编组为 6 辆，车辆定员为 310 人。

● 线路断面满载率在高峰小时（早高峰为 6:30—7:30、晚高峰为 16:30—17:30）为 1.2，在其他运营时间为 0.9。

表 2-3-1　全日分时最大断面客流分布规律

时间段	客流量比例	时间段	客流量比例	时间段	客流量比例
5:00—5:30	0.08	11:30—12:30	0.47	18:30—19:30	0.38
5:30—6:30	0.43	12:30—13:30	0.56	19:30—20:30	0.27
6:30—7:30	1	13:30—14:30	0.56	20:30—21:30	0.26
7:30—8:30	0.65	14:30—15:30	0.64	21:30—22:30	0.2

时间段	客流量比例	时间段	客流量比例	时间段	客流量比例
8:30—9:30	0.5	15:30—16:30	0.68	22:30—23:00	0.08
9:30—10:30	0.39	16:30—17:30	0.87		
10:30—11:30	0.4	17:30—18:30	0.56		

（3）时分数据资料

表 2-3-2　区间运行时分和距离

区间运行时分	A—B	B—C	C—D	D—E	E—F	F—G	G—H
上行方向	3′42″	4′10″	3′52″	2′55″	3′30″	5′02″	4′25″
下行方向	3′35″	4′05″	4′00″	3′02″	3′32″	5′00″	4′10″
区间距离（km）	2.5	2.81	2.56	1.96	2.45	3.62	2.86

表 2-3-3　车站停站时分

停站时分	A	B	C	D	E	F	G	H
上行方向	40″	30″	50″	30″	30″	50″	30″	40″
下行方向	40″	30″	50″	30″	30″	50″	30″	40″

表 2-3-4　折返时间

	A	H
折返时间	3′20″	3′20″
折返出发间隔时间	1′30″	1′30″

表 2-3-5　进出车场时间

	列车进入车场时间	列车驶出车场时间
时间	4′20″	4′30″

（4）其他资料

① 列车编号规则。

列车编号由五位数组成：

1~2 位为线路号：01 表示 1 号线；12 表示 12 号线。

3~5 位为列车序号：如 001、012、102 等。

例：01001 表示 1 号线列车序号为 1 的列车；

02051 表示 2 号线列车序号为 51 的列车。

② 作业时间要求。

● 　每趟列车连续线上运行时间不得超过 4 h。

③ 其他相关信息。

● 　假设该线路号为二号线，即线路号为 02。

● 　出入段线连接车站 A，列车始发时一律从出段线出发进入正线，列车回库时一律从入段线驶回车场。

2. 列车运行图的铺画

列车运行图铺画分为两步进行。第一步编制列车运行方案，着重解决列车运行图的全面布局问题，包括列车运行交路、列车停站和编组方案、首末班车时刻、主要客运车站的列车到发时刻等。第二步铺画列车运行详图，即详细规定每一列车在各个车站上的到达、出发或通过时刻。

在铺画列车运行图前，首先应确定车站中心线的位置，如图 2-3-2 所示。

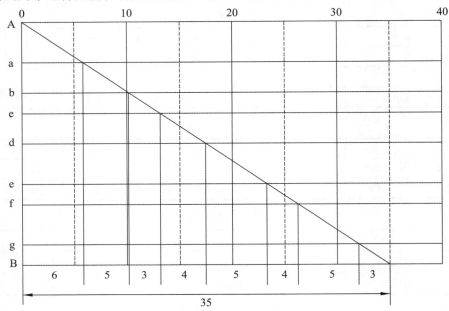

图 2-3-2　确定车站中心线的方法

接着，在一分格的列车运行图底图上详细精确地铺画每条列车运行线，具体规定列车在每个车站的到达、出发和通过时刻、在折返站的停留时间等，如图 2-3-3 和图 2-3-4 所示。

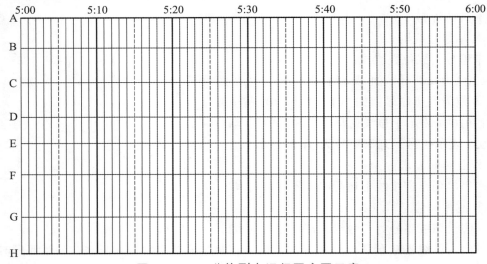

图 2-3-3　一分格列车运行图底图示意

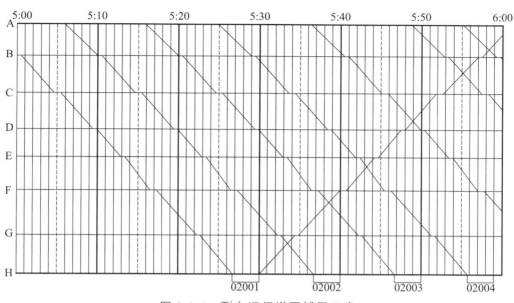

图 2-3-4 列车运行详图铺画示意

二、编图步骤

根据前面给出的编制资料，编制符合客运要求的全日列车运行图，工作步骤如下：

（1）根据全日行车计划编制资料，计算本线路的全日行车计划方案。

（2）根据全日行车计划方案的计算结果，铺画满足该要求的本线路全日运营时间段内的列车运行图。

（3）计算一至两个所编列车运行图的指标值（计算参数通过读图获取）。

（4）对本人编制的列车运行图进行自我评价，说明该图有哪些优缺点并解释原因。

三、实践要求

编图完成后，要求提交完整的列车运行图编制说明书，说明书的内容目录如下：

第一章　绪论

概述列车运行图的重要意义及本次课程设计的基础资料。

第二章　全日行车计划

全日行车计划的完整计算过程和结论。

第三章　列车运行图

（1）基于上述全日行车计划，铺画完整的全日运营时间段内的列车运行图。

（2）列车运行图指标计算。

（3）本人对该图的自我评价。

第四章　个人小结

此次课程设计的收获、体会，有哪些不足之处等。

第四节　车辆运用计划的编制

车辆运用包括列车的出入段、正线运行和列检等作业。在运行图编制完成后，车辆段应根据保有车的情况，结合车辆检修计划编制车辆运用计划，详细规定每辆车的使用安排，在运营过程中，每辆车的运用都应按计划执行。本节要求学员以前一实验各自绘制的列车运行图为基础，根据提供的车列保有状况信息，编制该日运营时间段内的车辆运用计划，并利用 CAD 软件绘出各车列的车辆周转图，对所编制的车辆运用计划进行自我评价，了解其优劣。通过计划编制训练，掌握车辆运用计划编制的重点和难点，体会计划编制过程中各环节的注意事项。

一、准备知识

1. 列车运用计划的编制资料

（1）列车运行图

车辆运用计划的编制目的是为了保证编好的运行图能够落实执行，因此在编制车辆运用计划前必须要获得拟执行的列车运行图资料。与不同的列车运行图匹配的车辆运用计划必定完全不同，每位学员需根据前一实验各自绘制的列车运行图，编制与之适应的车辆运用计划。

（2）车辆保有信息

车辆段保有的各类车辆数情况是车辆运用计划的安排对象。

（3）车辆检修计划

车辆检修计划是指根据车辆的修程修制，以保有车数为基础，均衡使用车辆段的检修设施设备，合理地安排各车辆组的检修计划。处于检修、测试中的车辆，在编制车辆运用计划时不能安排其上线运营。由于本节只编制一日内的车辆运用计划，故在本编制过程中暂时不考虑车辆检修计划的影响。

2. 列车运用计划的编制步骤

（1）计算车列平均走行公里数

为了在一日内均衡使用各车列，需要提前算出车列的日平均走行公里数，结合运行交路一个来回的里程数，合理安排各车列的使用计划。

① 读取运行图，根据图定列车运行线读取全日车列总走行公里数。

② 计算车列平均走行公里数。

将全日车列总走行公里数除以拟运用车列数（如本例中的 60 辆），得到当日车列平均走行公里数。

（2）按车号顺序逐个铺画车辆周转图

根据运行图的时刻安排，逐个拟定各运用车组承担相应车次的列车出车任务，编制车辆周转图如图 2-4-1 所示。为均衡利用各车列，每次分配出车任务前要统计图中本次列车从出段到回段的总走行公里数，根据统计结果将出车任务分配给合适的车列承担，确保该车当日总走行公里不至偏离车辆平均走行公里数太大。

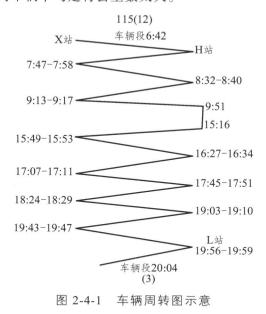

图 2-4-1　车辆周转图示意

二、编制练习

假设车辆段内共有技术状态良好的车列共 60 列，根据前一实验编制完成的列车运行图，铺画每一车列的车辆周转图，编制过程中要求 60 节车组一日内得到大致均衡的使用。

三、练习要求

计划编制完成后，要求提交完整的车辆运用计划编制说明书，计算书的内容包括如下：
- 平均车列走行公里数的计算；
- 各车列的车辆周转图；
- 对所编制的车辆周转图进行自我评价，说明该方案有哪些优缺点并解释原因。

第五节　乘务员排班计划的编制

乘务员排班计划即一段时间内乘务员的工作安排计划，包括乘务员的出勤时间、出勤地点、值乘车次、值乘时间、交班地点、接班人员、工间休息、退勤时间等。当列车运行图和车辆运用计划编制完成后，需要着手编制乘务员的排班计划，以便有序安排乘务员的正常工作。制定乘务员排班计划时要注意遵守劳动法中的有关规定，不能超劳，同时还要满足乘务员用餐安排、去洗手间等正常的生活需要。本节要求学员以编制的列车运行图和车辆运用计划为基础，根据乘务员的数量编制该日运营时间段内的乘务员排班计划，并利用 CAD 软件绘出乘务员排班计划图，对所编制的乘务员排班计划进行自我评价，了解其优劣。通过计划编制训练，掌握乘务员排班计划编制的重点和难点，体会计划编制过程中各环节的注意事项。

一、准备知识

1. 乘务员排班计划的编制资料

（1）车辆运用计划

车辆运用计划规定了车辆的交路计划、出发时间、折返时间等具体内容，而乘务员的出勤安排服务于车列的使用安排，因此，车辆运用计划是编制乘务员排班计划的重要基础资料。例如，由于乘务员一般不在运行交路的中间站进行换班，因此换班地点多选择在交路的折返站或者车辆段处。

（2）乘务员数量

乘务员数量即一段时间内所能安排的乘务员员工数量。在保证运输任务正常完成的前提下，在制定排班计划时，还要注意一定时间内各乘务员的工作时长和工作强度应大体均衡。

（3）相关时间要求

相关时间要求包括每日最长工作时间要求、每次最长连续工作时间要求、每周（每月）最长工作时间要求、最短工间休息时间要求、途中就餐时间要求等。其中，既包含劳动法中涉及的相关法律法规的规定，也有日常生活的正常需要。

2. 乘务员排班计划的编制步骤

（1）计算乘务员日均工作时长

为使乘务员的日均工作强度大体均衡，需要提前算得乘务员的日均工作时长，在排定计划时作为是否需要换班的重要参考。

① 读取车辆周转图，根据车辆周转图算得车列一日上线运行的总时长，将各车列的上线运行时长相加，即得该日所有乘务员值乘工作总时长。

② 计算乘务员日均工作时长。

将乘务员值乘工作总时长除以乘务员人数，得到当日乘务员的日均工作时长。

（2）按乘务员编号逐个编制其排班计划

由于城市轨道交通多采用"轮乘制"，故这里根据车辆周转图，为每一列车安排一位乘务员值乘即可。

选择乘务员时，若有当日还未安排的，则优先选择；若没有，则从满足工间休息时间和生活需求（如已就餐），并且已值乘时间远小于乘务员日均工作时长的乘务员中选择。在列车抵达可换班站判断是否需要安排乘务员换班时，主要从乘务员目前已连续工作时长、当日累计工作时长和生活需求等角度考虑，若在列车抵达下一个可换班车站时，上述要求都可满足，则本站的换班工作不是必须，否则必须要在本站提前安排好接班乘务员。编制好的乘务员排班计划如图 2-5-1 所示。

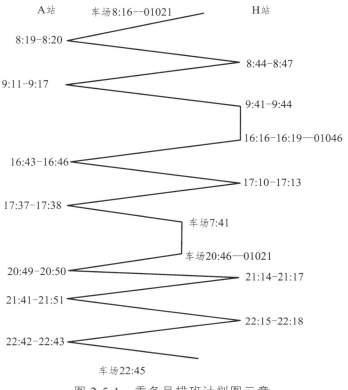

图 2-5-1　乘务员排班计划图示意

二、编制练习

本节假设当天配备有乘务员共 50 名，编号分别为"乘 1、乘 2、…、乘 50"。要求根据前一实验设计完成的列车周转图，编制每一乘务员的排班计划图，编制过程中要求 50 名乘务员一日内的工作时间大体均衡。一些具体规定如下：

（1）线路乘务制度为"轮乘制"，每趟列车实行单人值乘。乘务员可在车场、A 站和 H 站完成换班工作，其他车站不能换班。

（2）每位乘务员连续工作时间不得超过 2 h。

（3）乘务员的最短工间休息时间不低于 1 h。

三、练习要求

计划编制完成后，要求提交完整的车辆运用计划编制说明书，计算书的内容包括如下：

- 乘务员日均工作时长的计算；
- 各乘务员的排班计划图；
- 对所编制的排班计划进行自我评价，说明该方案有哪些优缺点并解释原因。

第六节　计算机编制列车运行图

列车运行图是轨道交通组织运输生产的基础，其编制周期的长短、编制质量的优劣，直接影响轨道交通企业的经济效益和社会效益。采用计算机编制列车运行图是适应市场需要的重要技术举措，本节通过上机操作使学员熟悉计算机编图的使用方法及相关技术，要求学生掌握列车运行图编制相关的概念、术语、步骤和方法，重点掌握计算机编制列车运行图的操作步骤及方法，培养学生的实践动手能力。

一、知识简介

1. 概述

编图系统可以实现基于不同列车运行方式条件，考虑全天不同时段开行间隔、车辆运用数量、高低峰时段列车运用、列车出入库及折返作业等约束条件，通过建立适应多种列车开行交路的列车运行图计算机智能化编制与调整模型，实现基于全日行车计划的列车运行图、车站线路使用计划、车辆运用计划的一体化综合编制，提供了基于多用途的列车运行图编制结果的多形式、多格式、多结果输出，并能实现列车运行图与其他系统数据的无缝衔接，大大提高了列车运行图编制、调整及执行的效率。

2. 系统总体功能说明

编图系统总体功能包括基础信息管理、运行图编制与调整以和结果输出三个部分，系统总体结构如图 2-6-1 所示。

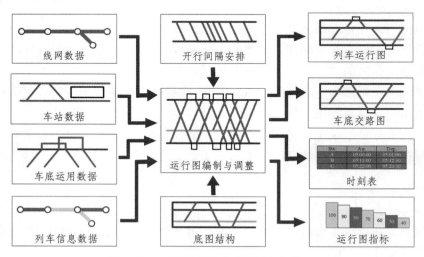

图 2-6-1　编图系统的总体结构图

3. 基础信息管理

（1）列车运行图基础信息管理

本功能实现对线路和车站的拓扑结构、车场的布置形式、车站平面图结构、车站与线路的基础信息等数据进行管理与维护。结合地理图形，能方便地进行线路和车站的设置。利用可视化编程方法，建立车站平面图 CAD 系统，根据需要以图形化界面方式方便地铺画车站的线路、道岔、渡线、信号机和其他设备。根据道岔间的连接关系，系统可自动生成各类列车进路。

车站与线路基础数据管理模块是在一条或多线路上，利用计算机的图形技术，采用人机交互方式，将线路和车站等基础设施和设备图形化表示，实现列车运行经路的自动搜索以及管理与编制运行图有关的基础数据，这个模块是列车运行图编制模块的基础。

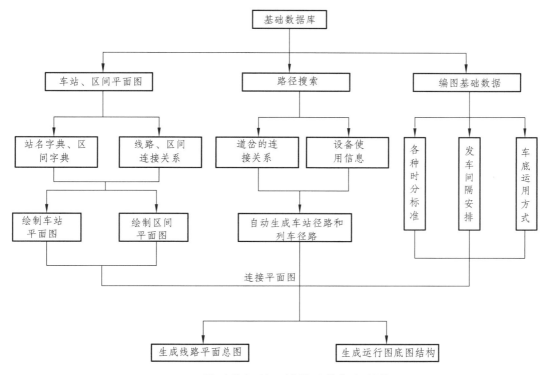

图 2-6-2　基础数据管理模块总体框架结构图

该模块能够实现线路的生成、添加与删除，车站的生成、添加与删除，车站站型平面图的绘制，列车径路、车站进路的自动搜索，全线车站图的生成等功能。具体如下：

① 数据智能化功能。

数据管理模块用于完成构造车站平面图、区间平面图、路径搜索功能中的数据输入与维护。其中车站站名字典模块完成车站的索引，车站上下行对应的下一个区间名和车站名的输入与维护；线路联接关系模块主要指该车站上下联接的线路和区间的相关信息的输入与输出；道岔的联接关系模块主要是指道岔的物理和逻辑位置的相互关系的输入与输出；车站设备的使用信息模块主要是指车站的线路、道岔等设备的数量和物理及逻辑位置等相关信息的输入与输出；区间站名字典是指区间上线路与设备的联接关系和上下行对应的下一个区间或车站的输入与维护。

② 车站设备的图形化管理。

对车站信息管理采用图形化操作界面，通过添加轨道交通线网背景图片，可直接在背景图片上进行线路及车站的添加、修改和删除操作，这样能方便地浏览车站设备的添置情况，也可在适当的视觉效果下方便地添加、删除、修改设备及相应的属性。相关操作界面如图 2-6-3 和图 2-6-4 所示。

图 2-6-3　线路、车站信息管理

图 2-6-4　车站信息录入界面

③ 标号功能。

为了方便查询和确定列车的运行情况，车站设备都应该有相应的编号，有的设备还有严格的标号方法（如道岔、线路、信号机等），因此，在程序设计时，尽可能根据车站设备的特点和其标号的原理，可自动进行编号，对于一些特殊的编号还可以采取可供选的下拉框进行选择或输入，一些设备的标号还可方便地显示在屏幕上。

④ 车站平面图的图形化管理

建立车站平面图 CAD 系统，根据需要以图形化界面方式方便地铺画车站的线路、道岔、渡线、信号机和其他设备。车站平面图录入完成后，系统可自动进行路径搜索。相关操作界面如图 2-6-5 和图 2-6-6 所示。

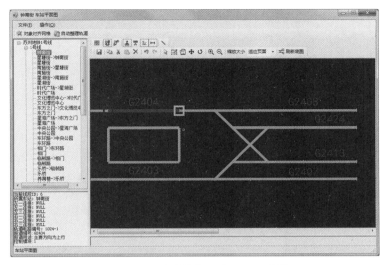

图 2-6-5　车站平面图 CAD 系统

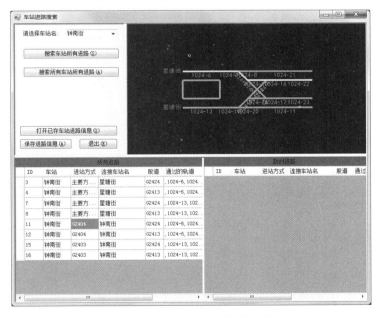

图 2-6-6　进路自动搜索功能

⑤ 列车运行时分参数管理。

实现对线路各类区间运行时分、停站时间信息的管理与维护等，支持多运行时间的列车运行时分管理。

⑥ 图层的图形显示功能。

为了更好地做到人机交互功能，在程序设计时，为了使程序使用者使用更方便，尽可能采用多图层的显示方式，用户可能自由地选择某个图层进行显示或操作。

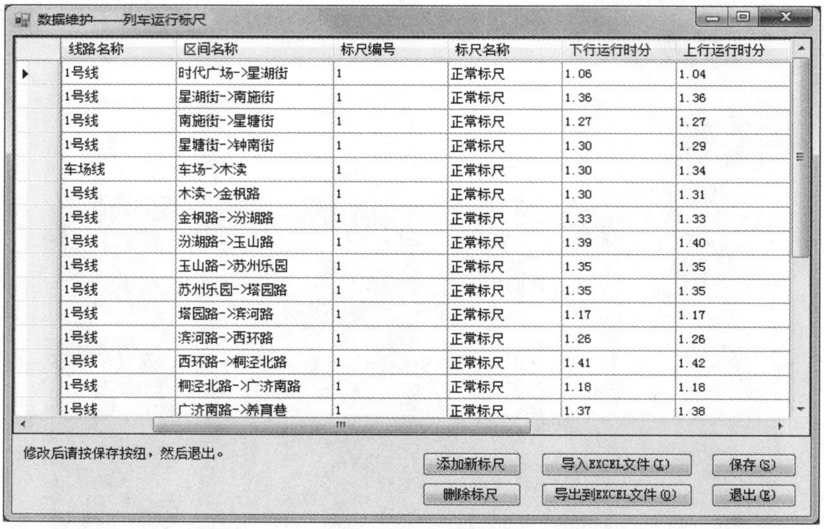

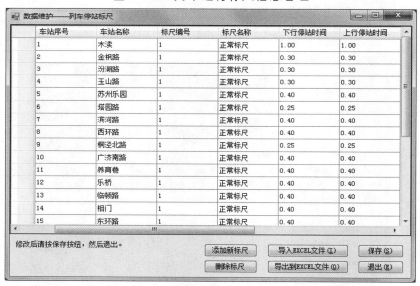

线路名称	区间名称	标尺编号	标尺名称	下行运行时分	上行运行时分
1号线	时代广场->星湖街	1	正常标尺	1.06	1.04
1号线	星湖街->南施街	1	正常标尺	1.36	1.36
1号线	南施街->星塘街	1	正常标尺	1.27	1.27
1号线	星塘街->钟南街	1	正常标尺	1.30	1.29
车场线	车场->木渎	1	正常标尺	1.30	1.34
1号线	木渎->金枫路	1	正常标尺	1.30	1.31
1号线	金枫路->汾湖路	1	正常标尺	1.33	1.33
1号线	汾湖路->玉山路	1	正常标尺	1.39	1.40
1号线	玉山路->苏州乐园	1	正常标尺	1.35	1.35
1号线	苏州乐园->塔园路	1	正常标尺	1.35	1.35
1号线	塔园路->滨河路	1	正常标尺	1.17	1.17
1号线	滨河路->西环路	1	正常标尺	1.26	1.26
1号线	西环路->桐泾北路	1	正常标尺	1.41	1.42
1号线	桐泾北路->广济南路	1	正常标尺	1.18	1.18
1号线	广济南路->养育巷	1	正常标尺	1.37	1.38

图 2-6-7　列车运行标尺信息管理

车站序号	车站名称	标尺编号	标尺名称	下行停站时间	上行停站时间
1	木渎	1	正常标尺	1.00	1.00
2	金枫路	1	正常标尺	0.30	0.30
3	汾湖路	1	正常标尺	0.30	0.30
4	玉山路	1	正常标尺	0.30	0.30
5	苏州乐园	1	正常标尺	0.40	0.40
6	塔园路	1	正常标尺	0.25	0.25
7	滨河路	1	正常标尺	0.40	0.40
8	西环路	1	正常标尺	0.40	0.40
9	桐泾北路	1	正常标尺	0.25	0.25
10	广济南路	1	正常标尺	0.40	0.40
11	养育巷	1	正常标尺	0.40	0.40
12	乐桥	1	正常标尺	0.40	0.40
13	临顿路	1	正常标尺	0.40	0.40
14	相门	1	正常标尺	0.40	0.40
15	东环路	1	正常标尺	0.40	0.40

图 2-6-8　列车停站标尺信息管理

⑦ 数据的链接功能。

在系统的数据库设计时，充分考虑到了系统数据的链接功能，一些数据在设计时不需要人工的输入但可通过系统自动生成或计算、转换、传递并可保存起来，如区间信息自动生成、列车径路信息自动生成等。

（2）车底信息管理

本功能模块主要实现对线路车组类型、车组运用方式、车组在折返站的折返方式、折返作业时间标准等信息的管理与维护。功能设计如下：

① 车底类型管理。

可对多种不同类型的车底进行管理，具有车底信息的添加、修改、删除以及批处理等功能。

数据维护——车底信息
ID
车底类型
车底ID
1
庞巴迪AC04
1
2
北京车底
2
3
上海车底
3
修改后请按保存按纽，然后退出。
从EXCEL文件导入(I)
导出到EXCEL文件(O)
保存(S)
退出(E)

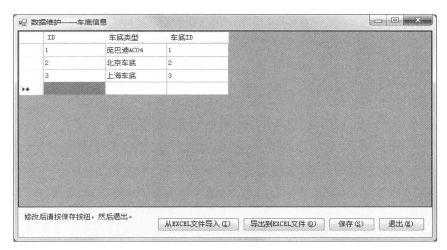

图 2-6-9　车底类型管理

② 车底折返信息管理。

对车底在折返站的折返方式、折返时间等信息进行管理，提供信息的添加、修改、删除以及批处理功能。

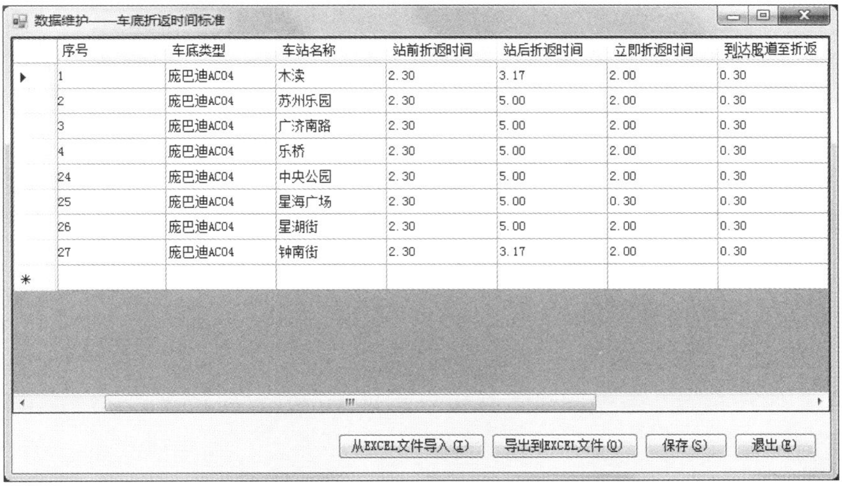

数据维护——车底折返时间标准
序号
车底类型
车站名称
站前折返时间
站后折返时间
立即折返时间
到达股道至折返
1 庞巴迪AC04 木渎 2.30 3.17 2.00 0.30
2 庞巴迪AC04 苏州乐园 2.30 5.00 2.00 0.30
3 庞巴迪AC04 广济南路 2.30 5.00 2.00 0.30
4 庞巴迪AC04 乐桥 2.30 5.00 2.00 0.30
24 庞巴迪AC04 中央公园 2.30 5.00 2.00 0.30
25 庞巴迪AC04 星海广场 2.30 5.00 0.30 0.30
26 庞巴迪AC04 星湖街 2.30 5.00 2.00 0.30
27 庞巴迪AC04 钟南街 2.30 3.17 2.00 0.30
从EXCEL文件导入(I)
导出到EXCEL文件(O)
保存(S)
退出(E)

图 2-6-10　车底折返信息管理

（3）列车交路信息管理

列车交路信息管理实现线路列车交路信息的管理与维护，这些信息包括：交路名称、交路类型、始发站、终到站、始发与终到的折返方式、车组类型、列车径路。列车交路包括大小交路、衔接交路、共线运行交路、出入车场交路等。功能设计如下：

① 列车交路信息的图形化设置。

在定义列车交路信息时，需要设定交路的起始站、交路的终点站、上下行等信息，采用交路信息的图形化显示方式来配合设置交路信息，可以帮助用户更加准确地输入交路信息。

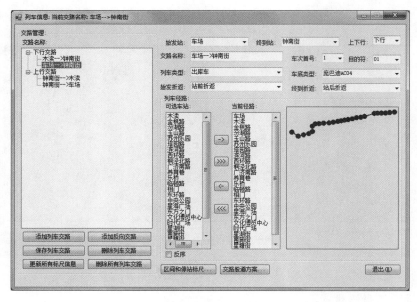

图 2-6-11　列车交路信息的图形化设置

② 快速添加交路。

由于列车交路添加需分上下行，当设置完上行交路后，需要设置与上行交路完全相反的下行交路，工作繁琐。本系统快速添加反向交路的功能设置，可以减少列车交路信息输入的工作量。

（4）开行方案信息管理

本功能模块实现线路列车开行方案信息的管理与维护，这些信息包括时间段的定义、每个时间段的运行周期定义、不同种类列车的运行时间和停站时间的定义、始发与终到的折返时间定义、开行间隔、所需要投运的车组数量等。功能设计如下：

① 开行方案的基础信息管理。

开行方案的基础信息包括：时间段、运行周期、运行与停战标尺、始发与终到折返时间、发车间隔、车底数量。系统提供可视化界面对开行方案的基础信息进行操作。

② 智能计算功能。

开行方案的基础信息中，运行周期、始发折返、终到折返信息存在一定的制约关系，因此当输入其中两项数据时，系统会自动计算第三个数据，这就是系统的智能计算功能。同理，在起始时间和终到时间既定的情况下，车底折返时间与发车间隔之间同样存在制约关系，系统亦提供智能计算功能。

（5）列车运行图底图结构管理

此功能实现对线路运行图底图结构的管理与维护，这些信息包括底图结构的形式、车站在底图上的显示顺序、车场在底图结构上的位置定义等。功能设计如下：

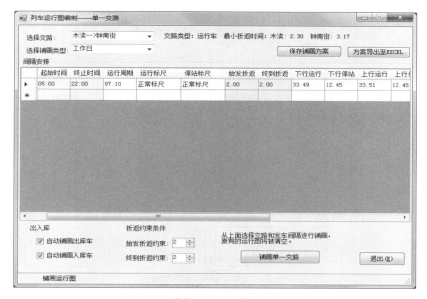

图 2-6-12　列车开行方案基础信息管理

① 运行图底图结构设置。

运行图底图结构设置指设置底图结构中需显示的车站、车站在底图上的显示顺序、车场在底图结构上的位置等。底图结构设置采用图形化实现,方便用户准确地定义底图结构。

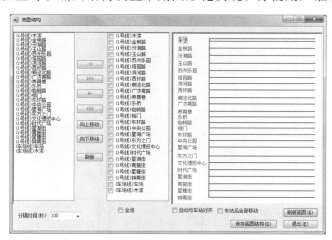

图 2-6-13　车站底图结构设置

② 运行图底图管理。

用户可根据自身偏好设置不同显示方式的底图结构,系统提供不同类型底图结构的管理功能,但需设置默认底图,默认底图在运行图编制时使用。

4. 运行图编制与调整

(1)列车运行图编制与调整

此部分功能是编图系统的核心功能,提供列车运行图的编制与调整功能。

Ⅰ结构设计

图 2-6-14　车站底图管理

该模块根据列车信息、线路和车站设置形式、列车运行相关参数和列车运行作业规则和车底运用方案编制列车运行详图，并可方便地对列车运行线进行调整。流程如图 2-6-15 所示。

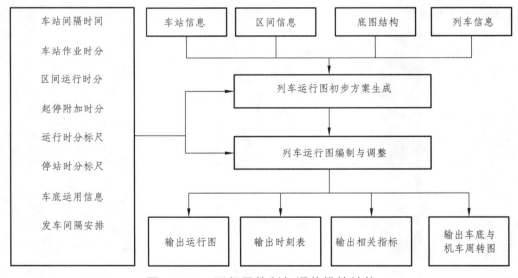

图 2-6-15　运行图编制与调整模块结构

① 生成运行图底图结构。

通过读入线路与车站信息、底图结构可以生成运行图底图，为了适应不同的需要，运行图底图可分为一分格、二分格，十分格与小时格四种，运行图底图是编制运行图的基础。其编制流程图如图 2-6-16 所示。

② 运行图初步方案的生成。

根据用户定义的开行方案（时间段定义、运行标尺、停站标尺，各折返站实际折返时间、开行间隔、车底运用数量等），系统自动生成初步方案的运行图。在初步运行图方案生成过程中，系统会自动生成列车出入库线、各时段高低峰过渡运行线。

③ 列车运行图调整。

在运行图初步方案生成后，用户可以根据实际需求手工调整列车运行图，主要调整的内容包括交路、出入库方式、运行与停站标尺、交路的连接方式、车次编号、车底编号等。其模块结构图如图 2-6-17 所示。

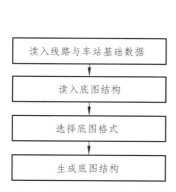

图 2-6-16　运行图底图生成流程

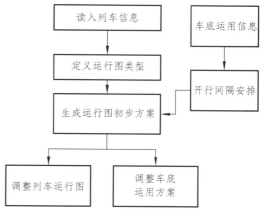

图 2-6-17　运行图调整流程图

Ⅱ 功能设计

为方便地进行运行图的编制与调整，系统应提供良好的人机界面和方便的操作方式。因此，本系统重点在以下几方面功能的开发：

① 运行图图形操作。

运行图不仅可以方便地设置时分格式（30 秒格、一分格、二分格、十分格、小时格）外，还应该具有放大与缩小的功能，这样可以方便地对运行图进行操作。

② 运行线和车底交路调整。

运行线的调整是指对线进行修改、删除和增加，其灵活、方便的程度是决定调整子系统功能是否强大的重要因素。这部分功能使用频率较高，所以将这些功能放在工具条上，方便用户选取。运行线的调整包括以下几个功能：平移运行线、添加与删除运行线、变更区间运行时分、变更停站时分、修改运行标尺、修改停站标尺、修改列车交路、修改车底交路等。

③ 编图参数修改。

由于编图因素经常发生变化，相关参数也应进行调整，例如，区间运行时分、停站时分、列车交路等。调图系统能提供相应的参数修改功能，并将修改结果返回数据库。

（2）车站线路使用方案的编制与调整

此部分功能是依据列车运行图的编制与调整的结果，安排车站线路的使用方案。功能设计如下：

① 车站线路使用方案编制。基于列车运行图编制的结果，根据列车在车站的作业要求，特别是列车折返作业要求，实现车站线路使用方案的编制，生成各种折返作业方式条件下的折返车站线路使用方案。

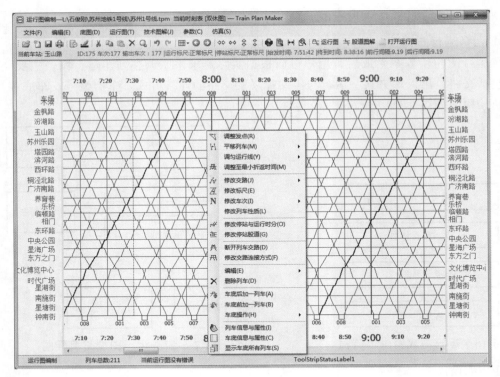

图 2-6-18　运行线调整

②车站线路使用方案调整。实现车站线路使用方案的快速调整和修改功能，这些功能包括修改停站或通过股道、修改股道停留时间、修改进出股道的时刻等。

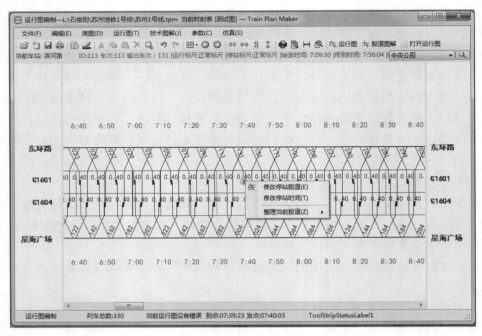

图 2-6-19　车站线路使用方案编制与调整

（3）列车运行图的检查

在对运行图进行调整时，可能由于疏忽造成间隔不够、运行线错位等错误。此类错误如果不能及时反馈，运行图实施时就会造成重大的行车事故。这就要求系统提供方便的查错功能，并且在错误得到检查后，能清晰地将出错的运行线及相关车站标识出来，以便用户修改。功能设计如下：

系统根据各类时分标准检查列车运行图是否满足要求。检查的内容包括：折返时间、各类间隔时间、各类进路交叉、车底周转圈数、车站各股道使用方案等。功能流程如图 2-6-20 所示。

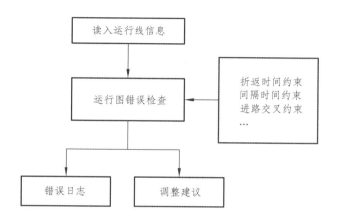

图 2-6-20　运行图检查流程图

序号	车次	列车ID	时刻	车站	出错信息
1	001	1	05:46:34	钟南街	折返时间不满足，规定折返时间为：197 秒，实际折返时间为：120秒
2	002	2	06:35:10	木渎	折返时间不满足，规定折返时间为：150 秒，实际折返时间为：120秒
3	021	3	07:23:44	钟南街	折返时间不满足，规定折返时间为：197 秒，实际折返时间为：120秒
4	004	4	08:12:20	木渎	折返时间不满足，规定折返时间为：150 秒，实际折返时间为：120秒
5	023	5	09:00:54	钟南街	折返时间不满足，规定折返时间为：197 秒，实际折返时间为：120秒
6	006	6	09:49:30	木渎	折返时间不满足，规定折返时间为：150 秒，实际折返时间为：120秒
7	025	7	10:38:04	钟南街	折返时间不满足，规定折返时间为：197 秒，实际折返时间为：120秒
8	008	8	11:26:40	木渎	折返时间不满足，规定折返时间为：150 秒，实际折返时间为：120秒
9	027	9	12:15:14	钟南街	折返时间不满足，规定折返时间为：197 秒，实际折返时间为：120秒
10	010	10	13:03:50	木渎	折返时间不满足，规定折返时间为：150 秒，实际折返时间为：120秒
11	029	11	13:52:24	钟南街	折返时间不满足，规定折返时间为：197 秒，实际折返时间为：120秒
12	012	12	14:41:00	木渎	折返时间不满足，规定折返时间为：150 秒，实际折返时间为：120秒
13	031	13	15:29:34	钟南街	折返时间不满足，规定折返时间为：197 秒，实际折返时间为：120秒
14	014	14	16:18:10	木渎	折返时间不满足，规定折返时间为：150 秒，实际折返时间为：120秒

图 2-6-21　运行线检查

（4）运行图指标计算

运行图指标计算能实现运行图指标快速计算。指标包括：车组出库次数、最大投运车组数量、每天开行列次、旅行速度、技术速度、走行公里、不同时间段的开行列次、各车站的首末班车时刻等。

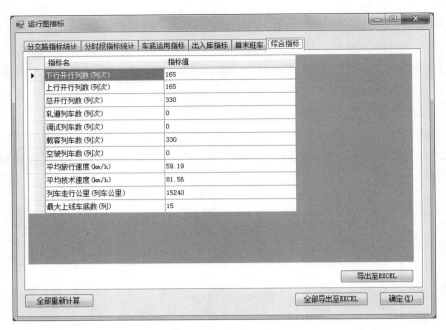

图 2-6-22 运行线指标计算

5. 结果输出

此部分功能实现列车运行图、车组周转图、线路与车站时刻表、车组运用方案表、车站首末班车时间表、运行图指标等图表的打印与输出。输出图表提供多形式、多格式（PDF/CAD/Excel 等）的文件输出。

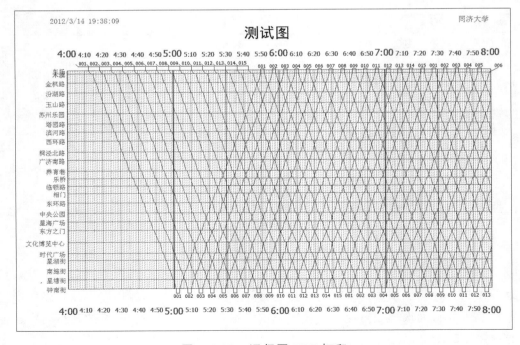

图 2-6-23 运行图 PDF 打印

	A	B	C	D	E	F	G	H	I	J
1	车底号	列次号	车次	车站名	到点	发点	运行时分	停站时分	运行标尺	停站标尺
2	001	1	329	车场	04:12:04	04:12:04		00:00:00		正常标尺
3	001			木渎	04:13:34	04:14:34	00:01:30	00:01:00	正常标尺	正常标尺
4	001			金枫路	04:16:04	04:16:34	00:01:30	00:00:30	正常标尺	正常标尺
5	001			汾湖路	04:18:07	04:18:37	00:01:33	00:00:30	正常标尺	正常标尺
6	001			玉山路	04:20:16	04:20:46	00:01:39	00:00:30	正常标尺	正常标尺
7	001			苏州乐园	04:22:21	04:23:01	00:01:35	00:00:40	正常标尺	正常标尺
8	001			塔园路	04:24:36	04:25:01	00:01:35	00:00:25	正常标尺	正常标尺
9	001			滨河路	04:26:18	04:26:58	00:01:17	00:00:40	正常标尺	正常标尺
10	001			西环路	04:28:24	04:29:04	00:01:26	00:00:40	正常标尺	正常标尺
11	001			桐泾北路	04:30:45	04:31:10	00:01:41	00:00:25	正常标尺	正常标尺
12	001			广济南路	04:32:28	04:33:08	00:01:18	00:00:40	正常标尺	正常标尺
13	001			养育巷	04:34:45	04:35:25	00:01:37	00:00:40	正常标尺	正常标尺
14	001			乐桥	04:36:37	04:37:17	00:01:12	00:00:40	正常标尺	正常标尺
15	001			临顿路	04:38:29	04:39:09	00:01:12	00:00:40	正常标尺	正常标尺
16	001			相门	04:40:20	04:41:00	00:01:11	00:00:40	正常标尺	正常标尺
17	001			东环路	04:42:28	04:43:08	00:01:28	00:00:40	正常标尺	正常标尺
18	001			中央公园	04:44:27	04:45:07	00:01:19	00:00:40	正常标尺	正常标尺
19	001			星海广场	04:46:33	04:47:03	00:01:26	00:00:30	正常标尺	正常标尺
20	001			东方之门	04:48:15	04:48:45	00:01:12	00:00:30	正常标尺	正常标尺
21	001			文化博览中心	04:51:29	04:52:09	00:02:44	00:00:40	正常标尺	正常标尺
22	001			时代广场	04:53:24	04:54:04	00:01:15	00:00:40	正常标尺	正常标尺
23	001			星湖街	04:55:10	04:55:40	00:01:06	00:00:30	正常标尺	正常标尺
24	001			南施街	04:57:16	04:57:46	00:01:36	00:00:30	正常标尺	正常标尺
25	001			星塘街	04:59:13	04:59:38	00:01:27	00:00:25	正常标尺	正常标尺
26	001			钟南街	05:01:08	05:01:08	00:01:30	00:00:00	正常标尺	正常标尺

图 2-6-24　车底时刻表输出

	A	B	C	D	E	F	G
1	车站名称	下行车次	始发站名	终到站名	到点	发点	停站时间
2	木渎	329	车场	钟南街	04:13:34	04:14:34	00:01:00
3	木渎	327	车场	钟南街	04:20:02	04:21:02	00:01:00
4	木渎	325	车场	钟南街	04:26:30	04:27:30	00:01:00
5	木渎	323	车场	钟南街	04:32:58	04:33:58	00:01:00
6	木渎	321	车场	钟南街	04:39:26	04:40:26	00:01:00
7	木渎	319	车场	钟南街	04:45:54	04:46:54	00:01:00
8	木渎	317	车场	钟南街	04:52:22	04:53:22	00:01:00
9	木渎	1	车场	钟南街	04:59:11	05:00:11	00:01:00
10	木渎	15	车场	钟南街	05:05:28	05:06:28	00:01:00
11	木渎	13	车场	钟南街	05:11:56	05:12:56	00:01:00
12	木渎	11	车场	钟南街	05:18:24	05:19:24	00:01:00
13	木渎	9	车场	钟南街	05:24:52	05:25:52	00:01:00
14	木渎	7	车场	钟南街	05:31:20	05:32:20	00:01:00
15	木渎	5	车场	钟南街	05:37:48	05:38:48	00:01:00
16	木渎	3	车场	钟南街	05:44:16	05:45:16	00:01:00

图 2-6-25　车站时刻表输出

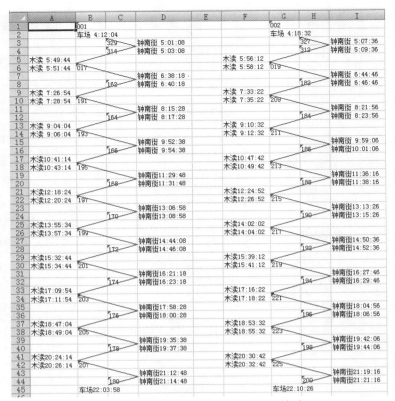

图 2-6-26　车底交路图的 Excel 输出

序号	车底ID	车底名称	连挂车数	出库位置	入库位置	出库时间	回到库时间	连挂车次
1	008	庞巴迪AC04	22	车场	车场	04:57:41	22:49:24	\1\002\031\004\033\006\035\008\037\010\039\012\
2	009	庞巴迪AC04	22	车场	车场	05:03:58	22:55:52	\15\022\051\024\053\026\055\028\057\030\059\032
3	010	庞巴迪AC04	22	车场	车场	05:10:26	23:02:20	\13\042\071\044\073\046\075\048\077\050\079\052
4	011	庞巴迪AC04	22	车场	车场	05:16:54	23:08:48	\11\062\091\064\093\066\095\068\097\070\099\072
5	012	庞巴迪AC04	22	车场	车场	05:23:22	23:15:16	\9\082\111\084\113\086\115\088\117\090\119\092\
6	013	庞巴迪AC04	22	车场	车场	05:29:50	23:21:44	\7\102\131\104\133\106\135\108\137\110\139\112\
7	014	庞巴迪AC04	22	车场	车场	05:36:18	23:28:12	\5\122\151\124\153\126\155\128\157\130\159\132\
8	015	庞巴迪AC04	22	车场	车场	05:42:46	23:34:40	\3\142\171\144\173\146\175\148\177\150\179\152\
9	001	庞巴迪AC04	22	车场	车场	04:12:04	22:03:58	\329\314\017\162\191\166\193\168\195\168\197\19
10	002	庞巴迪AC04	22	车场	车场	04:18:32	22:10:26	\327\312\019\182\209\184\211\186\213\188\215\19
11	003	庞巴迪AC04	22	车场	车场	04:25:00	22:16:54	\325\310\021\202\227\204\229\206\231\208\233\21
12	004	庞巴迪AC04	22	车场	车场	04:31:28	22:23:22	\323\308\023\222\245\224\247\226\249\228\251\23
13	005	庞巴迪AC04	22	车场	车场	04:37:56	22:29:50	\321\306\025\242\263\244\265\246\267\248\269\25
14	006	庞巴迪AC04	22	车场	车场	04:44:24	22:36:18	\319\304\027\262\281\264\283\266\285\268\287\27
15	007	庞巴迪AC04	22	车场	车场	04:50:52	22:42:46	\317\302\029\282\299\284\301\286\303\288\305\29

图 2-6-27　车底运用指标的 Excel 输出

二、上机练习

上机练习的目的是熟悉计算机编图系统的功能组成及操作方法，了解编图过程相关的概念、术语的含义，掌握计算机编图的基本步骤和调图的操作方法，在规定的时间内按照指导老师的要求编制出符合运营需要的、高质量运行图。

三、练习要求

上机编图完成后，打印输出，并提交输出结果，包括 PDF 格式的运行图和各类 Excel 格式的图表，根据所编运行图的质量进行评分。

第三章　运输能力计算

第一节　轨道交通线路数据管理

列车牵引计算需要的线路数据包括基础数据、限速数据、车站数据、坡道数据、曲线数据、隧道数据等。本节要求学员了解在列车牵引计算过程中所需的基本线路数据的内容，了解各数据项的组成部分，掌握线路数据的计算机输入过程，并对已输入数据进行完备性检查等。本实验采用"城市轨道交通列车运行仿真系统"作为实验平台，进行数据的录入和管理，该节是本章后续内容的基础。

一、准备知识

输入列车牵引计算过程中所需的各种线路数据，包括基础数据、车站数据、坡道数据、曲线数据、隧道数据等。各部分数据具体包括以下内容：

① 基础数据：包括线路中英文名称、线路颜色粗细、线路起终点里程、线路文本显示信息、线路类型性质以及备注等相关内容。

② 车站数据：包括车站中英文名称、站台长度、车站中心位置、下行站序、车站类型、是否换乘站、是否折返站、设置方式、车站文本显示信息等相关内容。

③ 坡道数据：包括坡道起点里程、坡度值、坡道长度等内容。

④ 曲线数据：包括曲线起点里程、曲线半径、缓和曲线长度、圆曲线长度、弯曲方向、曲线限速等内容。

⑤ 隧道数据：包括隧道起点里程、隧道长度等内容。

二、操作步骤

（1）进入管理界面

由于仿真系统以网络为单位进行数据管理，因此新建线路前，必须要新建一个网络，后续输入的所有线路信息都将属于新建的网络。

双击打开"城市轨道交通列车运行仿真系统"，在系统主菜单下，点击"轨道交通网络"菜单下的"新建轨道网络…"，弹出界面如图 3-1-1 所示。输入网络中英文名称、字体颜色等信息后单击"确定"，网络信息编辑界面清空，线路编辑功能菜单有效，即可通过右键菜单开始在该界面中编辑线路信息，如图 3-1-2 所示。

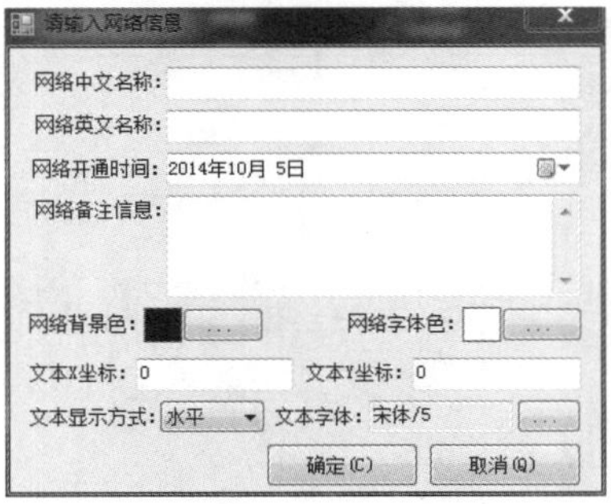

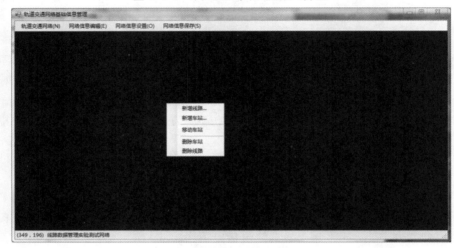

图 3-1-1　网络基本信息录入界面

图 3-1-2　网络基本信息录入界面

（2）新建线路

通过右键菜单点击"新增线路…"，弹出线路属性对话框，如图 3-1-3 所示。在此界面中输入新增线路的中英文名称等相关内容后单击"确定"。其中，"下行起点桩号"和"下行终点桩号"两个属性不仅决定了线路的长度，线路内各设施设备的位置也必须设置于起终点桩号之间，故需慎重确定。

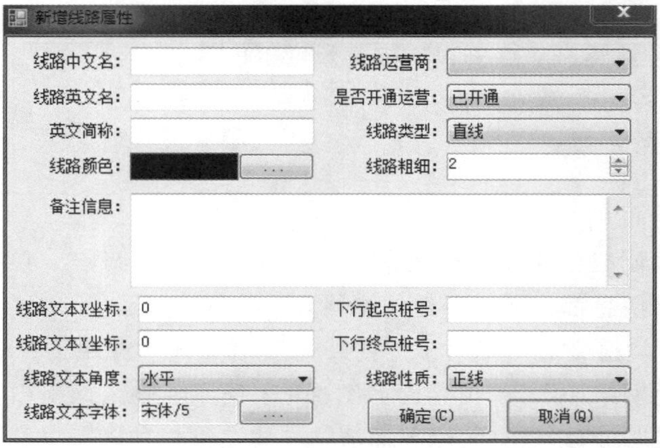

图 3-1-3　线路基本信息录入界面

（3）添加车站

新建线路完成后，即可开始编辑线路相关信息了。首先是添加车站，按下行站序，依次添加各车站信息。单击右键菜单"新增车站…"，弹出车站属性信息界面，如图 3-1-4 所示。其中，"下行站序"是系统根据线路已有车站自动生成，不可编辑，其他信息都为可编辑。录入完一个车站后，点击"确定"，完成该站输入后，即可开始下一车站的录入工作。

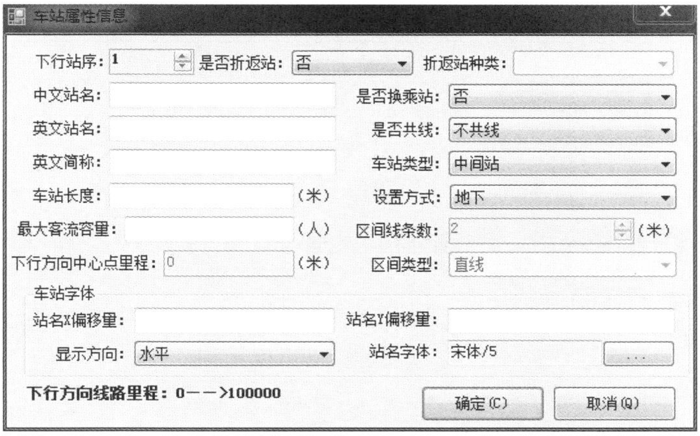

图 3-1-4　车站属性信息录入界面

（4）设置线路平纵信息

在系统主菜单下，点击"网络信息设置"菜单下的"设置对象属性"→"设置线路平纵属性"，弹出界面如图 3-1-5 所示。窗体上部图形显示已输入的线路坡度、曲线和隧道信息，左下角有三个按钮，分别打开隧道信息、坡道信息和曲线信息的输入界面，如图 3-1-6、图 3-1-7 和图 3-1-8 所示，输入完成后点击"确定"按钮即可。输入（或修改）好的信息将会立刻在图 3-1-5 界面上部图形中显示出来，用于检查输入的完整性和正确性。

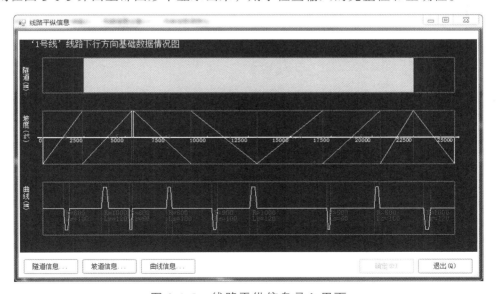

图 3-1-5　线路平纵信息录入界面

图 3-1-6　线路隧道信息录入界面

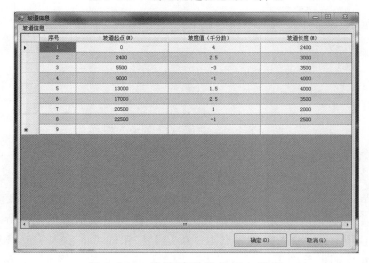

图 3-1-7　线路坡道信息录入界面

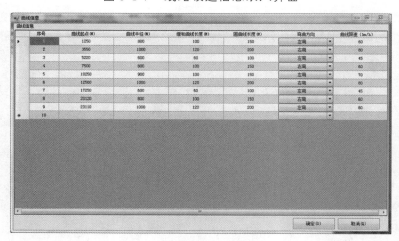

图 3-1-8　线路曲线信息录入界面

（5）设置线路折返站信息

在系统主菜单下，点击"网络信息设置"菜单下的"设置对象属性"→"设置线路折返站属性”，弹出界面如图 3-1-9 所示。系统自动列出线路中所有的折返站（在车站信息录入界面中设置车站是否为折返站），在该界面中设置每一个折返站的折返形式、折返时间和折返出发间隔时间，这些数据将在列车运行仿真计算中用到。

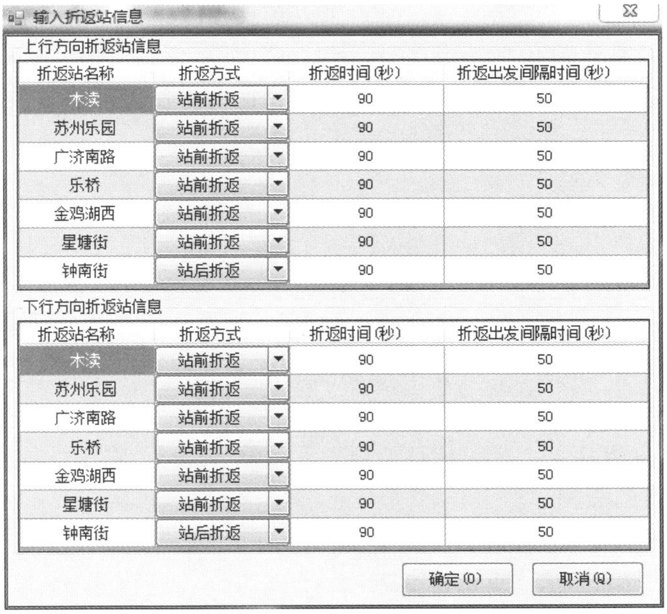

折返站名称	折返方式	折返时间(秒)	折返出发间隔时间(秒)
木渎	站前折返	90	50
苏州乐园	站前折返	90	50
广济南路	站前折返	90	50
乐桥	站前折返	90	50
金鸡湖西	站前折返	90	50
星塘街	站前折返	90	50
钟南街	站后折返	90	50

折返站名称	折返方式	折返时间(秒)	折返出发间隔时间(秒)
木渎	站前折返	90	50
苏州乐园	站前折返	90	50
广济南路	站前折返	90	50
乐桥	站前折返	90	50
金鸡湖西	站前折返	90	50
星塘街	站前折返	90	50
钟南街	站后折返	90	50

图 3-1-9　线路折返站信息录入界面

三、操作训练

按照上述步骤，新建一轨道交通网络，在网络中新建至少两条线路，按要求输入线路数据，输入完成后提交指导老师检查。

第二节　轨道交通车辆数据管理

车辆数据是进行列车运行仿真计算的基础数据，在进行牵引计算、制动计算以及确定列车工况时，需要车辆的基本信息以及牵引制动特性曲线等。本节旨在根据车辆的数据特点，提供一套较为便捷的数据管理方法，建立常用的车辆及其动力信息数据库，为后续列车运行计算相关内容提供必要的数据支撑。通过本节的学习，可以全面了解列车牵引计算过程所需要的车辆基础参数，学习牵引特性曲线等较复杂数据的组织方法并进行实践。本节采用“城市轨道交通列车运行仿真系统”作为实验平台，进行数据的录入和管理，该节是本章后续内容的基础。

一、准备知识

输入列车牵引计算过程中所需的各种车辆数据，包括车辆基础信息数据、牵引特性曲线数据、制动特性曲线数据和能耗特性曲线数据等。各部分数据具体包括以下内容：

① 车辆基础信息数据：包括列车名称、列车长度、编组数量、车辆定员、构造速度、单位启动阻力、回转质量系数、启动阻力方程等相关内容。

② 牵引特性曲线数据：包括节点序号、节点速度值、节点牵引力值等内容。

③ 制动特性曲线数据：包括节点序号、节点速度值、节点制动力值等内容。

④ 能耗特性曲线数据：包括挡位、节点序号、速度值、能耗值等内容。

二、操作步骤

（1）新建车辆

双击打开"城市轨道交通列车运行仿真系统"，在系统主菜单下，点击"基础信息管理"菜单下的"车辆信息管理"→"新增车辆…"，弹出界面如图 3-2-1 所示。在此界面中输入新增车辆的基础信息数据。其中，"构造速度"信息为输入"牵引特性曲线"和"制动特性曲线"所必需的数据。

（2）输入牵引特性曲线数据

输入完"构造速度"值后，点击图 3-2-1 左下方的"牵引力特性…"按钮，弹出列车牵引特性信息输入界面，如图 3-2-2 所示。这里通过折线来近似拟合连续变化的牵引力特性曲线。通过输入各点的速度和牵引力数值，将各点按顺序连接成折线来模拟列车的牵引力

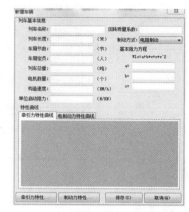

图 3-2-1　车辆基础信息录入界面

特性。每一点需要输入的数据包括：速度值（km/h）、牵引力（kN）和节点序号（用于确定节点在折线中的位置）。输入完后，点击右下方的"确定"按钮，即可完成牵引力特性曲线输入，返回图 3-2-1 界面。

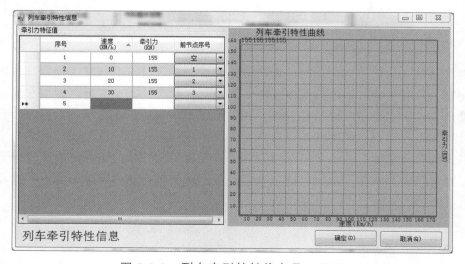

图 3-2-2　列车牵引特性信息录入界面

（3）输入制动特性曲线数据

点击图 3-2-1 下方"制动力特性…"按钮，弹出列车制动特性信息界面，如图 3-2-3 所示。具体输入方法同"牵引特性曲线"，这里不再重复。

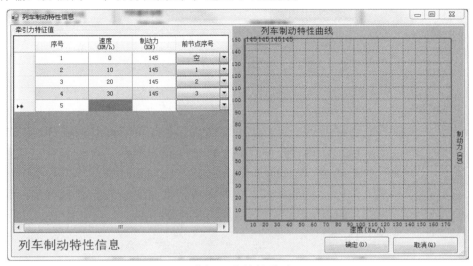

图 3-2-3　列车制动特性信息录入界面

（4）输入能耗特性曲线数据

点击"能耗特性…"按钮，弹出列车能耗特性信息界面，具体输入方法同"同牵引特性曲线"，这里不再重复。

当车辆基础信息、牵引特性信息、制动特性信息和能耗特性信息全部输入完成后，点击图 3-2-1 右下方的"保存"按钮，即可完成本次列车信息的输入过程。在后续的仿真计算过程中，可以直接调用本次输入的列车数据，也可在"基础信息管理"→"车辆信息管理"→"车辆信息管理…"界面中删除数据库中已有的车辆种类，如图 3-2-4 所示。

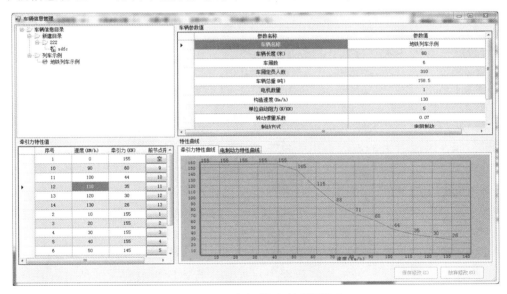

图 3-2-4　车辆信息管理界面

三、操作要求

新建一类轨道交通车辆，按要求输入车辆相关信息，输入完成后保存结果，提交指导老师检查。

第三节　线路条件对列车运行的影响

不同线路条件对列车运行有较大的影响，因此，通过改变坡度大小，坡道的组合、曲线半径的大小，可以得到不同的列车运行结果，包括运行速度、运行时分和能耗的变化结果。本节旨在了解在列车运行计算过程中线路条件的变化对列车运行过程和结果的影响，进而根据列车运行时间和能耗的不同确定合理的线路平纵断面形式。本节采用"城市轨道交通列车运行仿真系统"作为实验平台，需要先完成"轨道交通线路数据管理"和"轨道交通车辆数据管理"两部分内容。

一、实验内容

（1）根据给出的线路及列车数据，计算列车区间运行速度、时分及能耗。

（2）根据给出的线路数据，分析并寻求线路数据中对列车运行速度影响较大的坡道，然后对该坡道进行调整；对调整前后的列车运行时分、能耗及速度的变化进行分析，并阐述变化的原因。

（3）根据给出的线路数据，分析线路数据中对列车运行速度影响较大的曲线，并对半径较小的曲线进行调整；对调整前后的列车运行时分、能耗及速度的变化进行分析，并阐述变化的原因。

（4）根据给出的两个车站始、终点位置及高程数据，设计线路的纵断面形式，分析不同线路纵断面设计对列车运行过程的影响；记录列车运行的速度、时间及能耗数据，根据运行时间及能耗的大小确定优化的线路纵断面形式。

二、实验步骤

轨道交通线路的限速受曲线的影响，曲线的半径越小，则线路的限速越低，否则限速可以提高；而在坡度较大的坡段，因受机车车辆性能的限制，列车运行速度也受到一定影响，同时还会造成能耗的损失。即由于某些地段存在较大的长达坡度，或者曲线的半径较小，都会影响列车的区间运行速度。因此在线路设计中可以通过调整坡道坡度的大小和曲线半径的大小来提高列车运行速度，同时提高运行的舒适度和减小能耗的损失。

综上所述，进行如下的案例设计：

（1）更改坡道后的列车运行结果及分析

根据给出的线路数据，分析线路数据中对列车运行速度影响较大的坡道，并对坡度较大的坡道进行调整；对调整前后的列车运行时分、能耗及速度的变化进行分析，并阐述变化的原因。

（2）更改曲线后的列车运行结果及分析

根据给出的线路数据，分析线路数据中对列车运行速度影响较大的曲线，并对半径较小的曲线进行调整；对调整前后的列车运行时分、能耗及速度的变化进行分析，并阐述变化的原因。

（3）节能坡对列车运行的影响及分析

根据给出的线路数据，选取某一区间，分析节能坡（即车站位于高处，区间位于低处，成"凹"形）坡度的大小对列车运行时间及能耗的影响。

（4）线路纵断面形式设计

根据给出的两个车站始、终点位置及高程数据，设计线路纵断面形式，分析不同线路纵断面设计对列车运行过程的影响；记录列车运行速度、时间及能耗数据，根据时间及能耗优化线路纵断面形式。

线路条件对列车运行影响实验操作流程如图 3-3-1 所示。

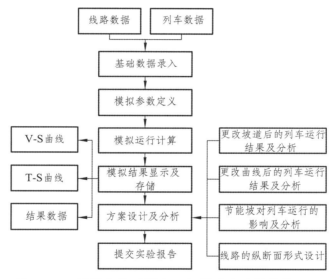

图 3-3-1　线路条件对列车运行影响实验操作流程图

三、实验要求

（1）提交结果文件

内容包括：

① 不同条件（坡道\曲线\节能坡\列车）下的列车速度-距离曲线图形文件、时分-距离曲线图形文件、工况-距离曲线图形文件；

② 不同条件（坡道\曲线\节能坡\列车）下的列车运行计算结果以及区段运行统计信息。

（2）实验完成后需提交实验报告

报告应包括如下的案例设计及分析：

① 给定线路及列车条件的列车区间运行速度、时分及能耗的确定；

② 改变坡道条件的列车运行结果及分析；

③ 改变曲线条件的列车运行结果及分析；

④ 节能坡对列车运行的影响及分析；

⑤ 给定线路的纵断面形式设计及分析。

第四节　牵引条件对列车运行的影响

列车动力性能是运行仿真的重要参数指标，直接关系到轨道交通系统的线路通过能力和服务水平。动力性能与列车的运行速度、时间及能耗均密切相关，合理地选择列车型号对于轨道交通运输生产具有重要的意义。本节旨在理解不同动力性能在相同线路条件下的运行时间、速度与能耗的变化情况。学会综合利用运行时间、服务水平和线路等相关参数，确定合理的列车动力性能标准。本节采用"城市轨道交通列车运行仿真系统"作为实验平台，需要先完成"轨道交通线路数据管理"和"轨道交通车辆数据管理"两部分内容。

一、实验内容

（1）列车动力性能对列车运行时间、速度与能耗的影响

在线路条件既定的情况下，在某区段上：

① 列车的动力性能为某一固定值时，在该区段的运行时间、平均运行速度、能耗；

② 列车的动力性能较①提升时，在该区段的运行时间、平均运行速度、能耗；

③ 列车的动力性能较①降低时，在该区段的运行时间、平均运行速度、能耗。

（2）列车动力性能指标的确定

基于前述的线路区段，考虑运行时间和服务水平要求，对采用的列车动力性能参数进行检验，如果均满足限制条件，则降低列车动力性能参数，直到出现不满足的情况，从而确定列车动力性能指标。

二、实验步骤

（1）列车动力性能对运行时间、速度和能耗的影响

利用输入的线路数据及列车数据，通过运行计算，得到速度、时分和能耗曲线；完成第一次列车运行计算后，通过改变第一次用于运行计算的列车动力性能参数（其他参数类型不变），再进行运行计算，并保存运行计算的最终输出结果。可分别选择两个不同的大于第一次运行计算的参数，两个不同的小于第一次运行计算的参数，进行四次列车运行计算。每次运行计算保存所得的 T-S 曲线、V-S 曲线和能耗曲线图，用于对比分析。

（2）列车动力性能指标的确定

分别查看前述的五次列车运行计算过程，检验其是否满足运行时间和服务水平的限制条件，如果均满足，则采用更低的动力性能参数进行模拟。如果出现不满足的情况，观察情况出现在哪个动力性能参数上，不满足哪项条件。接下来采用的数值模拟参数就介于满

足条件和不满足条件的两个动力性能参数之间，应用"二分法"进行取值。当计算的两个动力性能参数的取值差别很小时，停止进行模拟计算，此时确定的值即为该区间满足要求的最低列车动力性能指标。

三、实验要求

（1）提交结果文件

内容包括：

① 五份不同列车动力参数情况下所得的列车运行速度-距离曲线、列车运行时分-距离曲线和列车运行能耗曲线；

② 列车运行计算统计结果汇总表。

（2）实验完成后需提交计算分析报告

报告应包括如下的案例设计及分析：

① 给定线路区间及列车条件时，列车在区间的运行时分与能耗分析；

② 改变列车动力性能参数时的区间运行时分及能耗分析；

③ 列车动力参数不同时区间运行时分及能耗变化的原因；

④ 针对不同的动力参数，检验其是否满足各项限制条件；

⑤ 确定动力参数区间后，采用"二分法"确定列车的合理动力参数，并对结果进行分析。

第五节　闭塞条件对列车运行的影响

信号系统是保证轨道交通系统运行安全与运营效率的重要设备。信号系统的选型直接关系到系统的投资、通过能力、运营成本。本节以两列车追踪运行为需求，通过案例设计，模拟两列车在固定闭塞信号系统、移动闭塞信号系统和准移动闭塞信号系统条件下的运行过程。通过实验了解不同信号闭塞条件对列车运行的影响，掌握不同信号闭塞条件下列车追踪间隔的计算机验算方法。本节采用"城市轨道交通列车运行仿真系统"作为实验平台。需要先完成"轨道交通线路数据管理"和"轨道交通车辆数据管理"两部分内容。

一、实验内容

选用已定义的不同的信号闭塞方式（固定闭塞、准移动闭塞、移动闭塞），进行两列车追踪运行计算并得到运行结果。比较在不同的信号闭塞方式条件下前后行列车运行时分、速度、能耗的变化，以及两列车追踪间隔的变化并分析原因。

实践需要完成以下案例设计：

① 根据给出的线路及列车数据，模拟确定两列车在固定闭塞方式下的区间运行速度-时分曲线及能耗情况；

② 根据给出的线路及列车数据，模拟确定两列车在准移动闭塞方式下的区间运行速度-时分曲线及能耗情况；

③ 根据给出的线路及列车数据，模拟确定两列车在移动闭塞方式下的区间运行速度-时分曲线及能耗情况；

④ 对比列车在固定闭塞、准移动闭塞、移动闭塞方式下区间运行速度-时分曲线及能耗的差异，并分析其原因；

⑤ 采用模拟的方法确定列车在固定闭塞、准移动闭塞、移动闭塞方式下的追踪列车间隔时间；

⑥ 改变闭塞分区长度，利用模拟的方法确定准移动闭塞方式追踪列车间隔时间与闭塞分区长度的关系。

二、 实验步骤

选用已定义的不同的信号闭塞方式（固定闭塞、准移动闭塞、移动闭塞），对两列车进行运行计算并得到运行结果。比较在不同的信号闭塞方式条件下前后列车运行时分、速度、能耗的变化并分析原因。

具体的案例设计如下：

① 根据给出的线路及列车数据，模拟确定两列车在固定闭塞方式下的区间运行速度-时分曲线及能耗情况。设置运行参数如下：选择两列车，设置列车在各站均停站，选择固定闭塞方式，按照不同的发车间隔运行，得到两列车的区间运行速度-时分曲线及能耗数据，分析在不同发车间隔条件下运行结果的差异。

② 根据给出的线路及列车数据，模拟确定两列车在准移动闭塞方式下的区间运行速度-时分曲线及能耗情况。设置运行参数如下：选择两列车，设置列车在各站均停站，选择准移动闭塞方式，按照不同的发车间隔运行，得到两列车的区间运行速度-时分曲线及能耗数据，分析在不同发车间隔条件下运行结果的差异。

③ 根据给出的线路及列车数据，模拟确定两列车在移动闭塞方式下的区间运行速度-时分曲线及能耗情况。设置运行参数如下：选择两列车，设置列车在各站均停站，选择移动闭塞方式，按照不同的发车间隔运行，得到两列车的区间运行速度-时分曲线及能耗数据，分析在不同发车间隔条件下运行结果的差异。

④ 对比列车在上述案例①、②、③，即固定闭塞、准移动闭塞、移动闭塞方式下区间运行速度-时分曲线及能耗的差异，并分析其原因。

⑤ 确定列车在固定闭塞、准移动闭塞、移动闭塞方式下的追踪列车间隔时间。

⑥ 改变闭塞分区长度，确定准移动闭塞方式追踪列车间隔时间与闭塞分区长度的关系。在实验中，分别取不同长度的闭塞分区进行验算，列车最大允许速度按给定值，计算得到不同闭塞分区条件下的最小追踪列车间隔时间，绘制闭塞分区-追踪列车间隔图，并对结果进行分析。

⑦ 采用不同动力性能的列车，对①-⑥进行计算并分析。

⑧ 采用不同长度的列车，对①-⑥进行计算并分析。

不同信号闭塞条件对列车运行影响实验操作流程图如图 3-5-1 所示。

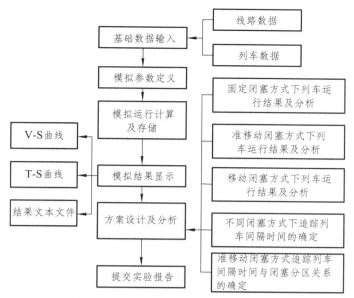

图 3-5-1　不同信号闭塞条件对列车运行影响实验操作流程图

三、 实验要求

（1）提交结果文件

内容包括：

① 不同条件（固定闭塞\准移动闭塞\移动闭塞）下列车运行速度-距离曲线图形文件、时分-距离曲线图形文件；

② 不同条件（固定闭塞\准移动闭塞\移动闭塞）下列车运行计算结果统计汇总表格。

（2）实践完成后需提交实验报告

报告应包括如下的案例设计及分析：

① 给定线路及列车条件下，两列车在固定闭塞方式下的区间运行速度-时分曲线及能耗；

② 给定线路及列车条件下，两列车在准移动闭塞方式下的区间运行速度-时分曲线及能耗；

③ 给定线路及列车条件下，两列车在移动闭塞方式下的区间运行速度-时分曲线及能耗；

④ 对比列车在固定闭塞、准移动闭塞、移动闭塞方式下区间运行速度-时分曲线及能耗的差异，并分析其原因；

⑤ 给出确定列车在固定闭塞、准移动闭塞、移动闭塞方式下的追踪列车间隔时间的过程；

⑥ 改变闭塞分区长度，确定准移动闭塞方式追踪列车间隔时间与闭塞分区长度的关系；

⑦ 分别采用不同动力性能、不同长度的列车，对不同闭塞条件下的运行计算结果进行分析。

第六节　车站分布对列车运行的影响

城市轨道交通车站分布不仅要满足区域内乘客运输的需求，也要保证列车具有一定的运行速度。若车站分布过密，不但增加列车在中间站的停站次数和时间，而且还会增加列车运行时分，对线路通过能力也产生较大的影响，从而很大程度上增加旅行时间和能源消耗；反之，则服务区域缩小，影响客运量。本节旨在通过仿真实验了解车站距离的设置对列车运行的影响，主要是对列车运行时分和列车运行能耗的影响，增强车站距离对轨道交通系统运行效率所产生影响的感性认识。本节采用"城市轨道交通列车运行仿真系统"作为实验平台需要先完成"轨道交通线路数据管理"和"轨道交通车辆数据管理"两部分内容。

一、准备知识

（1）列车运行时分与能耗计算原理

列车在不同车站之间的运行通常都经历起动、途中运行和进站制动三个阶段，途中运行有时存在调速制动。因列车运行状态不是匀速运动或准匀速运动，所以车站距离的大小与列车运行时分和能耗为非线性关系，需要通过模拟实验来粗略确定它们之间的相互关系。

列车运行时分为列车从起点运行至终点所花费的时间，取决于列车的运行速度。基于列车牵引计算，分析列车运行过程中受到的牵引力、阻力和制动力，可得任意时间步长内的速度和加速度，因而列车运行时分的获取比较简单清楚。

列车运行能耗以机车牵引的耗电量为基础进行计算，需要按照电力机车进行分析，具体可参看《列车牵引计算规程》（TB1407—1998）。

（2）车站距离设置方案

通过对线路车站距离的改变，来了解列车运行的变化情况。可以采用如图 3-6-1 所示的5 种车站设定方案，获得不同方案下列车的运行速度、时分和能耗值。

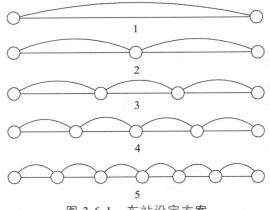

图 3-6-1　车站设定方案

方案 1 为仅设置始发站和终到站的情形，方案 2 至方案 5 为从始发站至终到站之间分别均匀的设置 1、2、3、5 个中间站的情形。实验时刻创建 5 条不同的线路，除车站设置外其他的线路条件如坡道、曲线和隧道等均相同。

二、实验内容

（1）基础运行操作过程

① 车站数据的输入或编辑。进入车站编辑对话框，按照拟定的车站设定方案，设置车站的中心位置、进出站限速等。如坡度过大不适宜设置车站时，可适当调整车站位置。

② 进行模拟系统的定义。选择"仿真线路"和"仿真列车"，选择已输入的线路和已定义的列车。

③ 模拟结束后，保存系统模拟得到的列车运行时分和能耗数据，获得列车模拟结果数据。

（2）扩展实验及列车运行影响因素

上述过程为基本的单个实验操作步骤，为了比较不同车站距离对列车运行时分和能耗的影响，分别完成五种车站设定方案下的运行计算。为了能够得到普适性的结果，可以创建 5 条不同的线路，车站设置按照上述的设定方案，以无中间站的方案为初始方案，然后对比分析其他方案时分和能耗的变化趋势，拟合出某给定列车的时分-车站距离、能耗-车站距离曲线，最后根据拟合曲线，对比分析得到线路在不同条件下车站设置的方式。

列车运行的影响因素众多，如线路的平纵断面、区间限速等，改变某一个影响因素，都可能对某一组实验产生影响。选择与实验直接相关的几个重要影响因素进行案例的分析，具体如下：

① 改变线路的平纵断面（坡道、曲线），分析线路条件的改变对列车运行时分和能耗的影响；

② 设置不同区间限速以及车站的进出站限速，分析列车运行时分和能耗的变化情况。

三、实验要求

（1）提交结果文件

内容包括：

① 列车运行速度-距离曲线图形文件、列车运行时分-距离曲线图形文件；

② 列车运行计算汇总统计结果。

（2）实践完成后需提交实验报告

报告应包括如下的案例设计及分析：

① 给定线路及列车条件的区间运行时分和能耗的确定；

② 列车在既定条件线路上的运行时分-车站距离曲线、能耗-车站距离曲线的拟合；

③ 拟合给出列车在不同线路（平纵断面、限速）的几组运行时分-车站距离曲线和能耗-车站距离曲线，分析工程限速对运行时分-车站距离和能耗-车站距离的影响，进行线路平纵断面对运行时分-车站距离和能耗-车站距离的影响分析。

第七节　线路通过能力计算

线路通过能力是指在采用一定的车辆类型和一定的行车组织方法条件下，轨道交通线路的各项固定设备在单位时间内所能通过的最大列车数。通过能力的计算方法是线路规划设计及改扩建的必备基础知识。本节列举了五种常见情况的通过能力计算方法，通过针对性的习题训练，使学员掌握通过能力计算的基本技能。

一、理论基础

（1）固定闭塞线路的通过能力计算

在把区间和车站作为一个整体进行分析时，计算追踪列车间隔时间的最小间隔距离如图 3-7-1 所示。后行列车从初始位置至前行列车所处位置，需经历进站运行、制动停车、停站作业和起动出站四个单项作业过程。

图 3-7-1　固定闭塞追踪列车最小间隔距离图

各单项作业过程的时间计算公式如下：

- 进站运行时间：

$$t_{运} = \frac{0.5\left(l_{站} + l_{列}\right) + \sum l_i - l_{制}}{v_{运}} \tag{3-7-1}$$

式中　$l_{站}$——车站闭塞分区或车站轨道电路区段长度（m）；

　　　$l_{列}$——列车长度（m）；

　　　l_i——闭塞分区或轨道电路区段长度（m）；

　　　$l_{制}$——列车制动距离（m），$l_{制} = v_{制}^2 / 2b$；

　　　$v_{制}$——制动初速度（m/s）；

　　　b——常用制动减速度（m/s²）；

　　　$v_{运}$——列车运行速度（m/s）。

- 制动停车时间：

$$t_{制} = \frac{v_{制}}{b} \tag{3-7-2}$$

- 停站作业时间：

$$t_{站} = \frac{\left(p_{上} + p_{下}\right)t_{上（下）}}{n_{高峰}md} + t_{开关} + t_{不同} + t_{确认} \tag{3-7-3}$$

- 起动出站时间：

$$t_{加} = \sqrt{\left(l_{列} + l_{站}\right)/a} \tag{3-7-4}$$

式中　a——起动加速度（m/s²）

将上述四个单项作业时间的计算过程合并，得到车站不设置配线时的自动闭塞线路追踪列车间隔时间计算公式：

$$h = \frac{0.5\left(l_{列} + l_{站}\right) + \sum l_i - l_{制}}{v_{运}} + \frac{v_{制}}{b} + t_{站} + \sqrt{\left(l_{列} + l_{站}\right)/a} \tag{3-7-5}$$

求出追踪间隔时间后，线路通过能力按 $n = \dfrac{3\,600}{h}$ 计算。小数位≥0.5 时，取 0.5；小数位＜0.5 时，舍去。

（2）移动闭塞线路的通过能力计算

追踪运行列车先后经过车站时的间隔距离如图 3-7-2 所示，后行列车从初始位置至前行列车所处位置，需经历制动停车、停站作业和起动出站三个单项作业过程。

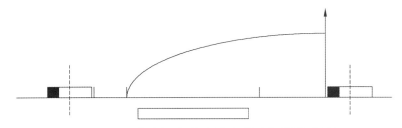

图 3-7-2　移动闭塞追踪列车最小间隔距离图

其计算公式为：

$$h = t_{制} + t_{站} + t_{加}$$ （3-7-6）

式中　$t_{制}$——列车制动停车时间（s）；

$t_{制} = t_{空} + \dfrac{v_{进}}{b}$，$v_{进}$ $v_{进}$ 为规定列车进站速度（m/s）；

$t_{站}$——列车停站时间，计算方法同固定闭塞；

$t_{加}$——列车起动出站时间（s）；

$t_{加} = \sqrt{(l_{列} + l_{站} + 2l_{安})/a}$，$l_{安}$ 为安全防护距离（m）。

求出追踪间隔时间后，线路通过能力按 $n = \dfrac{3\,600}{h}$ 计算。小数位≥0.5 时，取 0.5；小数位＜0.5 时，舍去。

（3）双区间闭塞时的通过能力计算

轨道交通新线建成后，如果自动闭塞信号系统尚未安装就投入过渡期试运营，此时除采用调度监督组织指挥列车运行外，为确保列车运行安全，列车间隔按同一时间、两个区间内只准有一个列车占用进行控制，即以双区间闭塞为基本闭塞法。

在双区间闭塞情况下，同方向列车按连发方式运行，a 站开放出站信号的条件是前行列车已驶离 c 站的车站正线和双区间闭塞手续办妥，如图 3-7-3 所示。

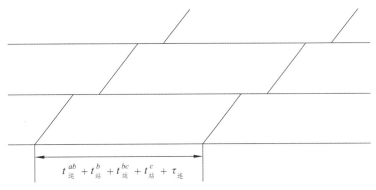

图 3-7-3　双区间闭塞时的最小行车时间间隔

线路通过能力计算公式为：

$$n_{线路} = \frac{3\,600}{t_{运}^{ab} + t_{站}^{b} + t_{运}^{bc} + t_{站}^{c} + \tau_{连}}$$

（3-7-7）

式中　$t_{运}^{ab}, t_{运}^{bc}$——列车在 a—b，b—c 区间的运行时分（s）；

　　　$t_{站}^{b}, t_{站}^{c}$——列车在 b、c 站的停站时间（s）；

　　　$\tau_{连}$——连发间隔时间（s）。

n 的小数位 ≥0.5 时，取 0.5；小数位 <0.5 时，舍去。

（4）单线线路通过能力计算

单线半自动闭塞的市郊铁路，其车站设置配线、列车成对运行、线路的平行运行图通过能力，即一昼夜内能够通过的最大列车数可按下式计算：

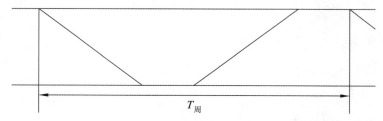

图 3-7-4　单线半自动闭塞线路的运行图周期

$$n_{线路} = \frac{1\,440}{T_{周}}$$

（3-7-8）

$$T_{周} = t_{下} + t_{上} + \tau_{a} + \tau_{b} + \sum t_{起停}$$

（3-7-9）

式中　$n_{线路}$——平行运行图通过能力（对）；

　　　$T_{周}$——限制区间列车运行图周期（min）；

　　　$t_{下}$——下行列车区间运行时分（min）；

　　　$t_{上}$——上行列车区间运行时分（min）；

　　　τ_{a}, τ_{b}——a、b 站的车站间隔时间（min）；

　　　$\sum t_{起停}$——列车起停附加时间（min）。

n 的小数位 ≥0.5 时，取 0.5；小数位 <0.5 时，舍去。

二、计算练习

针对上述四种情况有以下四题，按照上述的求解方法分别进行求解，要求写出详细的求解步骤。

题 1：已知某地铁线路采用三显示的固定闭塞列车运行控制方式，线路瓶颈处各闭塞分区的长度如图 3-7-5 所示，已知列车长度 $l_{列}$ 为 360 m，列车制动距离 $l_{制}$ 为 100 m，列车运行速度 $v_{运}$ 为 70 km/h，制动减速度为 1.62 m/s²，列车启动加速度 a 为 1.8 m/s²，列车最大停站时间 $t_{站}$ 为 50 s。试求该线路的通过能力是多少？

图 3-7-5　各闭塞分区长度示意图

题 2：题 1 中的线路若改为移动闭塞，设安全防护距离 $l_{安}$ 为 250 m，列车进站规定速度 $v_{进}$ 为 60 km/h，制动空驶时间 $t_{空}$ 为 1.2 s，求此时线路的通过能力是多少？

题 3：已知某地铁线路为双线线路，列车采用非自动闭塞的连发方式运行，现规定由车站 A 至车站 H 的方向为上行方向，由车站 H 至车站 A 的方向为下行方向。已知列车在各区间的运行时分和停站时分如下表所示，线路的连发间隔时间 $\tau_{连}$ 为 12 s。试求该线路的通过能力是多少？

表 3-7-1　区间运行时分表

区间运行时分	A—B	B—C	C—D	D—E	E—F	F—G	G—H
上行方向	3′32″	2′10″	3′12″	2′55″	3′20″	2′02″	3′15″
下行方向	3′35″	2′15″	3′10″	3′02″	3′22″	2′00″	3′10″

表 3-7-2　车站停站时分表

停站时分	A	B	C	D	E	F	G	H
上行方向	35″	40″	55″	40″	45″	60″	35″	50″
下行方向	40″	35″	60″	35″	50″	55″	40″	45″

题 4：已知某市郊铁路为单线半自动闭塞，采用平行图、成对运行、站站停车的运输方式组织行车。设限制区间的上行纯运行时分为 8 min 40 s，下行纯运行时分为 9 min 50 s，起停附加时分均为 35 s，车站间隔时间均为 1 min 30 s，试求该市郊线路的通过能力。

第八节　列车折返能力计算

列车折返能力是指轨道交通折返站在单位时间内（通常是高峰小时）能够折返的最大列车数，按 $n_{折返} = \dfrac{3\,600}{h_{发}}$ 计算。$h_{发}$ 为折返出发间隔时间，是在折返作业正常进行、考虑作业与进路干扰情况下，折返列车在折返站的最小出发间隔时间。按折返位置、折返线路、单双向等的不同，有站前折返、站后折返、终点站折返、中间站折返、单向折返、双向折返、混合折返等多种方式，不同折返方式时的列车折返出发间隔时间应分别计算。

一、理论基础

（1）终点站站后折返

利用终点站的站后折返线进行折返作业称为站后折返。终点站站后折返线布置主要有尽端线和环形线两种。

如图 3-8-1 所示，作业过程为：折返列车②进入到达正线、停靠站台（a），在规定的停站时间内乘客下车完毕；按原则上优先使用与出发正线连接较近的折返线，折返列车②由车站到达正线进入尽端折返线（b），折返调车进路可以预办；折返列车②在折返线停留规定时间后能够进入出发正线、停靠站台（c）的前提条件是折返列车①已驶出车站闭塞分区，同时道岔开通出发正线和调车信号开放。

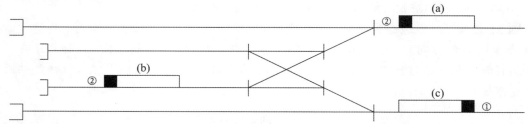

图 3-8-1　终点站站后折返作业过程示意图

显然，在采用站后尽端线折返时，当折返列车②在折返线规定的停留时间结束后即能进入下行车站正线，此时折返列车①与②之间有最小的折返出发间隔时间。其计算公式为：

$$h_{\text{发}}^{\text{后}} = t_{\text{离去}} + t_{\text{作业}}^{\text{出}} + t_{\text{反应}} + t_{\text{出线}} + t_{\text{站}} \qquad (3\text{-}8\text{-}1)$$

式中　$t_{\text{离去}}$——列车驶出车站闭塞分区的时间（s）；

$t_{\text{作业}}^{\text{出}}$——办理出折返线调车进路的时间（s），包括道岔区段进路解锁延迟、排列进路和开放调车信号的时间；

$t_{\text{反应}}$——车载设备反应时间（s）；

$t_{\text{出线}}$——列车从折返线至车站出发正线的运行时间（s）。

（2）终点站站前折返

利用终点站的站前渡线进行折返作业称为站前折返。终点站的站前渡线布置一般是交叉渡线，列车经由站前交叉渡线折返可以有直到侧发、侧到直发、直到侧发与侧到直发交替进行三种方式。

① 侧到直发。侧到直发折返时的作业过程如图 3-8-2 所示。上行到达列车由进站渡线道岔外方确认信号距离（a）处侧向进站；停靠车站下行正线（b），在图定停站时间内乘客下车与上车完毕；由车站出发驶出车站闭塞分区（c）；办理下一到达列车的接车作业。

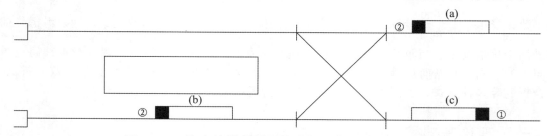

图 3-8-2　终点站站前侧到直发折返作业过程示意图

分析表明，在采用站前渡线进行折返时，当进站列车②位于进站渡线道岔外方确认信号距离（a）处时既能进入车站下行正线，此时折返列车①与②之间有最小的折返出发间隔时间，其计算公式为：

$$h_{发}^{前} = t_{离去} + t_{作业}^{接} + t_{反应} + t_{进站} + t_{站} \qquad (3\text{-}8\text{-}2)$$

式中　$t_{作业}^{接}$——办理接车进路的时间（s），包括道岔区段进路解锁延迟时间、排列进路的时间；

$\quad\quad\ t_{进站}$——列车从进站渡线道岔外方确认信号距离处至车站正线的走行时间（s）。

②直到侧发。可以证明采用直到侧发折返方式，折返出发间隔时间也可用式 3-8-2 计算。但应注意，$t_{离去}$ 和 $t_{进站}$ 的取值，直到侧发折返与侧到直发折返略有不同，一般是直到时间小于侧到时间、侧出时间大于直出时间。

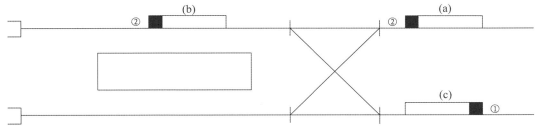

图 3-8-3　终点站站前直到侧发折返作业过程示意图

③直到侧发、侧到直发交替折返。交替折返的作业过程如下：列车①直到→列车②侧到→列车①侧发→列车③直到→列车②直发→列车④侧到→列车③侧发→……，即折返作业按直到侧发与侧到直发交替进行。

交替折返时的作业过程如图 3-8-4 所示：列车①直到停靠站台（a）；办理列车②接车进路、列车②侧到停靠站台（b）；办理列车①发车进路、列车①出发驶离车站闭塞分区（c）；办理列车②发车进路、列车②出发驶离车站闭塞分区（c）。列车③直到停靠站台（a）；列车②出发驶离车站闭塞分区（b）；办理列车④接车进路、列车④侧到停靠站台（c）；办理列车③发车进路、列车③出发驶离车站闭塞分区（b）。

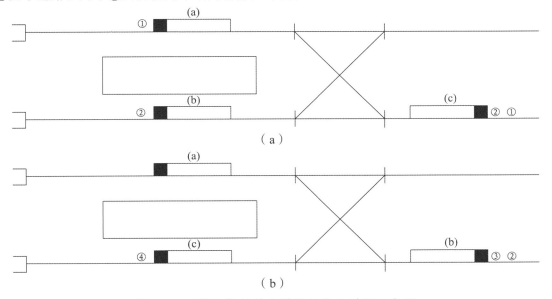

图 3-8-4　终点站站前交替折返作业过程示意图

鉴于折返作业是交替循环进行，只要分别计算出侧发列车①与直发列车②、直发列车

②与侧发列车③的折返出发间隔时间，就能确定采用交替折返时的折返出发间隔时间。

折返作业过程显示，列车③的到达进路与列车②的出发进路属于平行进路，在列车①驶离车站闭塞分区后即可办理列车②的发车进路，但列车①、②的折返出发间隔时间不能小于追踪间隔时间；而在列车②驶离车站闭塞分区后，应先办理列车④的接车作业，然后办理列车③的发车进路，因此列车①与列车②、列车②与列车③的折返出发间隔时间可分别由下面两式计算：

$$h_{发}^{(1)(2)} = \max\left\{h,\ t_{离去} + t_{作业}^{发} + t_{反应}\right\} \tag{3-8-3}$$

$$h_{发}^{(2)(3)} = t_{离去} + t_{作业}^{接} + t_{反应} + t_{进站} + t_{作业}^{发} + t_{反应} \tag{3-8-4}$$

式中　$t_{发}^{(1)(2)}$——侧发列车（1）与直发列车（2）的折返出发间隔时间（s）；

　　　$h_{发}^{(1)(2)}$——直发列车（2）与侧发列车（3）的折返出发间隔时间（s）；

　　　$t_{作业}^{接}$——办理接车进路的时间（s），包括道岔区段进路解锁延迟、排列进路的时间；

　　　$t_{进站}$——列车从进站渡线道岔外方确认信号距离处至车站正线的走行时间（s）；

　　　$t_{作业}^{发}$——办理发车进路时间（s），包括道岔区段进路解锁延迟时间、排列进路的时间。

由于两发车间隔时间不等值，列车折返能力可按平均折返出发间隔时间计算。与站前侧到直发折返相比较，采用交替折返时，因乘客上下车作业能与其他作业平行进行，所以能显著压缩折返出发间隔时间，较大幅度提高列车折返能力。

实际工作中，针对交替折返时存在的两发车间隔时间不等值问题，折返出发间隔时间可按较大值取值，以使列车能按均匀间隔从车站出发与运行。此时，由于 $t_{作业}^{发} + t_{反应} < t_{停站}$，列车折返能力的提高仍是明显的。

（3）中间站站前折返

在列车交路为混合交路时，短交路列车在中间站单向折返，长交路列车在中间站停车作业后通过。从兼顾折返调车作业和接发列车作业的安全出发，中间站站前单向折返时宜采用直到侧发的进出站运行组织办法。

采用混合交路时，短交路折返列车 A 在中间站通过站前渡线单向折返，长交路列车 B 在中间站作业后正线通过，折返列车 A 由进站渡线道岔外方确认信号距离 A（1）处直向进站，停靠车站正线 A（2），在固定停站时间内乘客下车与上车完毕，列车由车站侧向出发驶出车站闭塞分区至 A（3），然后办理下一列折返列车的接车作业。

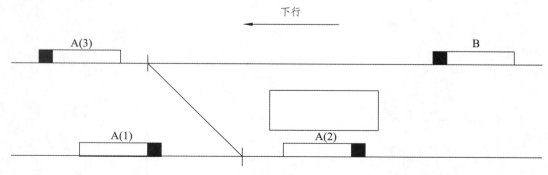

图 3-8-5　中间站单向站前折返作业过程示意图

① 无进路干扰时。当折返列车 A 位于进站渡线道岔外方确认信号距离 A（1）处时，即能进入车站正线，此时有最小的折返出发间隔时间。如果进一步考虑长交路列车 B 的影响，则在折返列车 A 刚好驶出车站闭塞分区至 A（3）时，长交路列车 B 即能进入车站正线，此时短交路列车折返作业和长交路列车接发作业不产生干扰，仍有最小的折返出发间隔时间，计算公式同式 3-8-2。

② 进路干扰影响最大时。由图 3-8-5 可知，在折返列车 A 即将完全驶出车站闭塞分区 A（3），而长交路列车 B 又恰好运行到进站位置时，对列车折返能力的影响最大。根据接发列车作业优先原则，如果让折返列车 A 在 A（2）等待长交路列车 B 进站后再出发，则最大折返出发间隔时间可按式 3-8-5 计算：

$$h_{\text{发,max}}^{\text{单，前}} = h_{\text{发}}^{\text{前}} + t_{\text{离去}} + t_{\text{进站}}^{\text{长}} + t_{\text{作业}}^{\text{短发}} + t_{\text{反应}} \tag{3-8-5}$$

式中　$t_{\text{进站}}^{\text{长}}$——长交路列车从进站位置处至车站正线的运行时间（s）；

　　　$t_{\text{作业}}^{\text{短发}}$——办理短交路列车发车进路的时间（s），包括道岔区段进路解锁延迟时间、排列进路的时间。

（4）中间站站后折返

中间站单向站后折返时，典型的折返线布置和折返作业过程如图 3-8-6 所示。

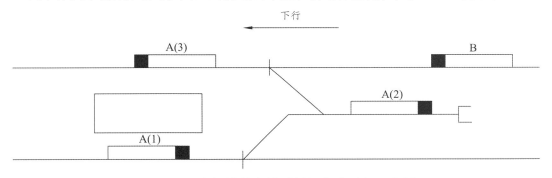

图 3-8-6　中间站单向站后折返作业过程示意图

① 无进路干扰时。如果不考虑长交路列车 B 的影响，短交路折返列车 A 停靠车站到达正线 A（1），乘客下车完毕后进入折返线 A（2），在折返线完成相关作业后进入车站正线 A（3），乘客上车完毕后驶离车站，然后办理下一列短交路折返列车的接车作业。当折返列车 A 在折返线作业完毕后即能进入车站出发正线，此时有最小的折返出发间隔时间，计算公式同式 3-8-1。

② 进路干扰影响最大时。由图 3-8-6 可知，折返列车 A 由 A（2）驶出尽端折返线即将到达 A（3），而长交路列车 B 又恰好运行到进站位置时，对列车折返能力的影响为最大。根据接发列车作业优先原则，折返列车 A 应该在 A（2）待避，在长交路列车 B 到站停车。乘客上下车完毕和驶出车站闭塞分区，以及为折返列车 A 办妥调车进路后，折返列车 A 才能从折返线进路车站出发正线。此时，最大折返出发间隔时间计算公式为：

$$h_{\text{发,max}}^{\text{单，后}} = h_{\text{发}}^{\text{后}} + t_{\text{进站}}^{\text{长}} + t_{\text{停站}}^{\text{长}} + t_{\text{离去}}^{\text{长}} + t_{\text{作业}}^{\text{调}} + t_{\text{反应}} + t_{\text{出线}} \tag{3-8-6}$$

式中　$t_{\text{停站}}^{\text{长}}$——长交路列车停站时间（s）；

$t_{离去}^{长}$——长交路列车驶出车站闭塞分区的时间（s）。

（5）中间站双向折返

在列车交路为衔接交路时，双方向列车在中间站折返，有双向站前渡线折返和双向站后尽端线折返两种形式。

① 双向站前折返。如图 3-8-7 所示，双方向列车通过站前渡线折返，有直到侧发或侧到直发两种折返进路选择，以最大限度避免双方向列车的进路干扰出发，列车在中间站双向折返时宜采用直到侧发的运行进路。

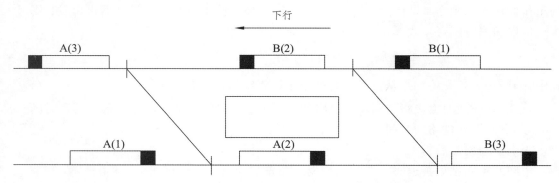

图 3-8-7　中间站双向站前折返作业过程示意图

设两个短交路区段开行的列车数分别为 M 和 N、且 $M>N$。如果 M/N 为整数，由于能使双方向列车同时到达车站及进行折返作业，此时有最小的折返出发间隔时间，其计算公式同式 3-8-2。

列车在中间站双向站前折返时，如果 M/N 为非整数，由于双方向列车不能全部同时到达车站，并进行乘降作业与折返作业，需要考虑因双方向列车进路交叉干扰影响而引起的折返出发间隔时间延长，即列车折返能力损失问题。其最大折返出发间隔时间计算公式为：

$$h_{发,max}^{双,前} = h_{发}^{前} + t_{离去} + t_{进站}^{反} + t_{作业}^{发} + t_{反应} \qquad (3-8-7)$$

式中　$t_{进站}^{反}$——反方向列车从进站位置处至车站正线的运行时间（s）。

② 双向站后折返。如图 3-8-8 所示，在双方向列车经由站后尽端线折返时，如果两个短交路区段开行的列车数之比 M/N 为整数，由于能使双方向列车同时到达车站，并进行乘降作业与折返作业，此时有最小的折返出发间隔时间，其计算公式同式 3-8-1。

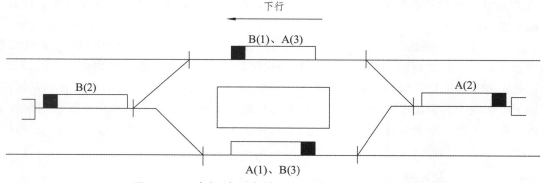

图 3-8-8　中间站双向站后折返作业过程示意图

列车在中间站双向站后折返时，如果 M/N 为非整数，由于双方向列车不能全部同时到达车站，并进行乘降作业与折返作业，同时需要考虑因双方向列车进路交叉干扰影响而引起的折返出发间隔时间延长，即列车折返能力损失问题。

在图 3-8-8 中，折返列车由 A（2）或 B（2）位置驶出尽端折返线即将到达 A（3）或 B（3）位置，而进站列车 B（1）或 A（1）又恰好运行到进站位置时，对折返出发间隔时间的不利影响为最大。根据接发列车作业优先原则，折返列车 A（2）或 B（2）应在尽端折返线等待进站列车腾空车站正线后再由尽端折返线运行至 A（3）或 B（3）位置。则最大折返出发间隔时间计算公式为：

$$h_{\text{发,max}}^{\text{双,后}} = h_{\text{发}}^{\text{后}} + t_{\text{进站}}^{\text{反}} + t_{\text{停站}}^{\text{反}} + t_{\text{入线}}^{\text{反}} + t_{\text{作业}}^{\text{调}} + t_{\text{反应}} + t_{\text{出线}} \qquad (3\text{-}8\text{-}8)$$

式中　$t_{\text{停站}}^{\text{反}}$——反方向列车停站时间（s）；

$t_{\text{入线}}^{\text{反}}$——反方向列车从车站到达正线至折返线的运行时间（s）。

二、计算练习

针对上述五种情况，有以下六题，按照前述折返理论介绍分别进行求解，要求写出详细的求解步骤。

题 1：已知某终点折返站采用站前交替折返，已知该站列车直到时间为 25 s，列车侧到时间为 50 s，列车直发时间为 30 s，列车侧发时间为 45 s，列车反应时间为 10 s，办理接车进路的时间为 15 s，办理发车进路的时间为 15 s，线路追踪间隔时间为 150 s。试分别计算考虑发车时间均衡时和不考虑发车时间均衡时，该折返站的折返能力是多少？

题 2：已知线路上有大小交路两种列车，小交路列车在某中间折返站采用站前折返（直到侧发），已知小交路列车侧发时间为 50 s，办理接车进路的时间为 15 s，办理发车进路的时间为 15 s，列车反应时间为 10 s，列车直到时间为 25 s，列车停站时间为 60 s；长交路列车进站时间为 25 s。试分别计算该中间折返站无进路干扰时的折返能力和进路干扰影响最大时的折返能力。

题 3：已知线路上有大小交路两种列车，小交路列车在某中间折返站采用站后折返，已知：

小交路列车的相关时分为：列车驶出车站闭塞分区时间为 30 s，办理出折返线调车进路的时间为 20 s，列车从折返线至车站出发正线时间为 25 s，列车反应时间为 10 s，列车停站时间为 60 s。

大交路列车的相关时分为：列车进站时间为 30 s，列车停站时间为 60 s，列车离去时间为 30 s。

试分别计算小交路列车在该中间折返站无进路干扰时的折返能力和进路干扰影响最大时的折返能力。

题 4：已知线路采用衔接交路方案，两交路在中间站双向折返，均为站前折返方式（直到侧发），

对于左边交路而言，已知列车侧发时间为 55 s，办理接车进路的时间为 15 s，办理发车进路的时间为 15 s，列车反应时间为 10 s，列车直到时间为 25 s，列车停站时间为 40 s；

对于右边交路而言，已知列车侧发时间为 60 s，办理接车进路的时间为 20 s，办理发车进路的时间为 20 s，列车反应时间为 10 s，列车直到时间为 30 s，列车停站时间为 45 s；

试分别计算左右交路列车在该中间折返站无进路干扰时的折返能力和进路干扰影响最大时的折返能力。

题 5：已知线路采用衔接交路方案，两交路在中间站双向折返，均为站后折返方式。

对于左边交路而言，已知列车驶出车站闭塞分区时间为 30 s，办理出折返线调车进路的时间为 15 s，列车从折返线至车站出发正线时间为 50 s，列车反应时间为 10 s，列车停站时间为 40 s，列车进站时间为 25 s，入折返线时间为 25 s。

对于右边交路而言，已知列车驶出车站闭塞分区时间为 35 s，办理出折返线调车进路的时间为 20 s，列车从折返线至车站出发正线时间为 45 s，列车反应时间为 10 s，列车停站时间为 40 s，列车进站时间为 30 s，入折返线时间为 30 s。

试分别计算左右交路列车在该中间折返站无进路干扰时的折返能力和进路干扰影响最大时的折返能力。

题 6：已知某线路的追踪间隔时间 h=90 s，采用大小交路的开行方案，大交路的运行区间为线路起点站 A 至线路终点站 C，小交路的运行区间为线路中间折返站 B 至线路终点站 C，如图 3-8-9 所示。

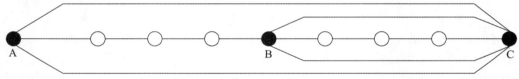

图 3-8-9　题 6 运行交路示意图

各折返站的相关参数如下：

线路起点站 A 采用终点站站后折返，已知列车驶出车站闭塞分区时间为 30 s，办理出折返线调车进路的时间为 20 s，列车从折返线至车站出发正线时间为 65 s，列车反应时间为 10 s，列车停站时间为 50 s。

中间站 B 采用站前折返（直到侧发），已知列车侧发时间为 55 s，办理接车进路的时间为 15 s，列车反应时间为 10 s，列车直到时间为 30 s，列车停站时间为 50 s。

线路终点站 C 采用站前交替折返，已知列车直到时间为 35 s，列车侧到时间为 55 s，列车直发时间为 30 s，列车侧发时间为 50 s，列车反应时间为 10 s，办理接车进路的时间为 15 s，办理发车进路的时间为 15 s。

试计算当大小交路的发车比例为 1∶1 时，且线路上列车运行秩序良好，无进路干扰时，为充分利用 C 站的折返能力（不考虑发车时间均衡），A 站和 B 站的折返能力利用率各是多少？此时，线路 A—B 段和 B—C 段的实际行车间隔各是多少？

第九节　线路通过能力的加强设计

随着城市经济的不断发展和市民出行需求的不断增加，轨道交通的客流量呈现逐年增长的态势，线路能力不足的问题会逐渐凸显出来。为了适应客运需求的日益增长，轨道交通应适时采取能力加强措施来不断提高线路的运输能力。提高运输能力的措施有几大类，其中线路通过能力的提高是主要措施之一。

一、理论基础

（1）修建双线或四线

在既有单线或双线基础上建成双线或四线，能大幅度提高线路通过能力。常见的是将原单线线路改造为双线线路，而修建四线的情况极少。单线轨道交通线路一般采用半自动成对运行图组织模式，其通过能力的计算公式见式 3-7-8 和式 3-7-9。改造成双线线路后，线路分方向使用，各方向线路按追踪或连发方式运行，其行车间隔时间的计算公式见式3-7-5、式 3-7-6 和式 3-7-7。比较前后的计算结果可知双线改造对既有单线的通过能力提高值。

（2）改造线路平纵断面

由本章第三节可知，在其他条件既定的情况下，改变线路的平纵断面条件会较大地影响列车区间运行时分的长短。通过合理地设置线路平纵断面（如采用节能纵坡），可以提高列车的行车速度，进而提高线路的通过能力。但该措施会受到诸如工程经济性、施工困难和影响日常行车等因素的制约。

（3）增设测线及站台

在中间站与换乘站的客流较大或因列车在中间站折返对线路通过能力产生不利影响时，可考虑增设侧线及站台。侧式站台的中间站增设侧线后，侧式站台变成双岛式站台；若岛式站台的中间折返站增设侧线及站台，则岛式站台变成混合式站台，如图 3-9-1 所示。

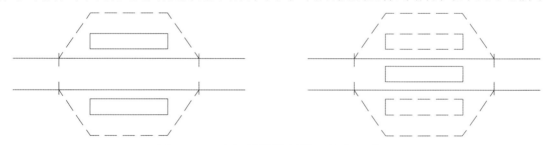

图 3-9-1　中间站增设侧线及站台示意图

中间站增设侧线后，列车在站台两侧轮流停靠平行作业，追踪列车间隔时间中不再包括列车停站时间，能够较大幅度提高线路通过能力。该情况下，追踪列车间隔时间按下式计算：

$$h = \max\{h_{追}, h_{到}, h_{发}\} \tag{3-9-1}$$

式中　　$h_{追}$——按两列车在区间内追踪运行条件计算的追踪列车间隔时间（s）；

　　　　$h_{到}$——按两列车到站停车条件计算的追踪列车间隔时间（s）；

　　　　$h_{发}$——按两列车从车站出发条件计算的追踪列车间隔时间（s）。

在基本限速命令设定为三个等级，并设置防护闭塞分区的情况下，为使追踪运行列车在区间内能按图定最高速度运行，追踪运行两列车应保持五个闭塞分区的安全间隔，则：

$$h_{追} = \frac{l_{列} + \sum\limits_{i=1}^{5} l_i}{v_{运}} \qquad\qquad （3-9-2）$$

式中 l_i ——闭塞分区长度（m）；

$v_{运}$ ——列车在区间内追踪运行速度（m/s）。

按追踪运行两列车到站停车条件计算追踪列车间隔时间时，应确保后行列车不因站内未准备好接车进路而减低进站速度。因此，车站办妥接车作业的时刻应不迟于后行列车以规定速度恰好位于某一闭塞分区分界点处，则：

$$h_{到} = t_{作业}^{接} + t_{反应} + \frac{0.5\left(l_{站} + l_{列}\right) + \sum\limits_{i=1}^{2} l_i}{v_{进}} \qquad\qquad （3-9-3）$$

式中 $t_{作业}^{接}$ ——办理接车进路时间（s）；

$v_{进}$ ——列车通过进站计算距离的平均速度（m/s）。

按追踪运行两列车从车站出发条件计算追踪列车间隔时间时，为确保后行列车的追踪运行安全，后行列车在前行列车腾空三个闭塞分区后才能发车，则：

$$h_{发} = t_{作业}^{发} + t_{反应} + \frac{0.5\left(l_{站} + l_{列}\right) + \sum\limits_{i=1}^{3} l_i}{v_{出}} \qquad\qquad （3-9-4）$$

式中 $t_{作业}^{发}$ ——办理发车进路时间（s）；

$v_{出}$ ——列车通过出站计算距离的平均速度（m/s）。

由于 $h_{追}$、$h_{到}$ 和 $h_{发}$ 的计算式中均不含列车停站时间，设置侧线后能消除列车在中间站折返对线路通过能力产生的不利影响。

求出追踪间隔时间后，线路通过能力按 $n = \dfrac{3\,600}{h}$ 计算。小数位 $\geqslant 0.5$ 时，取 0.5；小数位 < 0.5 时，舍去。

（4）使用新型车辆

采用新型车辆后能够改善车辆运行性能，从而提升车辆构造速度、车辆起动加速度和制动减速度等运行参数，加快列车运行速度。另外，通过安装车载 ATC 设备和道岔自动转换设备等，也能提高作业效率，缩短列车间隔时间。如本章第四节所述，不同的牵引性能会显著改变列车的区间运行速度，而由式 3-7-5 和式 3-7-6 可知，运行速度的提升能够缩短列车间隔时间，从而提高区间通过能力。

（5）采用先进的列车运行控制系统

对三显示带防护区段自动闭塞信号、调度集中控制的轨道交通线路，采用列车自动控制（ATC）系统后能较大幅度提高线路通过能力。用移动闭塞取代固定闭塞，能较大幅度缩短追踪列车间隔时间。

（6）分割车站区域轨道电路

如图 3-9-2 所示，通过分割车站区域轨道电路，增加了一个前行列车离去速度监督等级，当前行列车出清轨道电路段 cd，达到被监督速度，后行列车恰好运行至进站线路的 a 处；

当前行列车出清整个车站轨道电路区域时，后行列车已运行到进站线路的 a' 处。采用该措施可缩短组成追踪列车间隔时间的列车进站运行时间。由式 3-7-1 可知，采用该措施后，$\sum l_i$ 减少了 $a-a'$ 长度，该长度为前车走过 $d-e$ 距离所花的时间×后车运行速度 $v_{运}$。

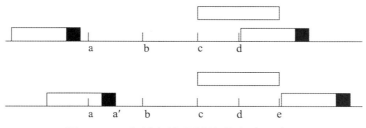

图 3-9-2　分割车站区域轨道电路示意图

（7）加强站台乘车组织

停站时间往往是列车间隔时间中影响较大的因素，缩短列车停站时间对于提高列车通过能力有显著效果。加强站台乘车组织，能使站台候车乘客均匀分布在站台有效长范围内，列车内的乘客均匀分布在各车厢，从而加速乘客上下车时间，有利于减少列车停站时间。

二、计算练习

针对上述加强方案，有以下两题，结合通过能力计算的方法进行求解，要求写出详细的计算步骤。

题 1：已知某轨道交通线路如 3-9-3 所示，为单线线路，采用成对运行、常规交路站站停车的行车组织方式。设各站会车间隔时间相同且 $\tau_{会} = 90\,\text{s}$，各区间起停附加时分相同且 $t_{附加}^{起} = t_{附加}^{停} = 40\,\text{s}$，各区间纯运行时分如表 3-9-1 所示。

图 3-9-3　线路示意图

表 3-9-1　区间纯运行时分表

区间	A—B	B—C	C—D	D—E	E—F	F—G
上行	2′40″	3′15″	5′05″	4′15″	2′55″	3′15″
下行	2′35″	3′20″	5′00″	4′20″	3′00″	3′10″

问 1：试计算该线路现有的通过能力。

问 2：若将该线路改建为双线，采用分方向连发运行的行车组织方式，设 $\tau_{连} = 12\,\text{s}$，各站停站时间如表 3-9-2 所示，试计算改建为双线后线路通过能力提高了多少？

表 3-9-2　各站停站时间表

车站	A	B	C	D	E	F	G
上行	40″	30″	40″	60″	30″	40″	30″
下行	40″	30″	40″	60″	30″	40″	30″

问 3：在问 2 的基础上，通过改造线路平纵断面条件（或改善列车运行性能），使得线路的区间纯运行时分在表 3-9-1 的基础上统一减小了 40 s，试计算该项措施能在问 2 的基础上提升多少线路通过能力？

问 4：在问 2 的基础上，通过采用先进的列车运行控制系统，并改进车载控制设备，实现了双线移动闭塞运行组织方式。设各站参数一致，且 $l_{站}=600\ \text{m}$，$l_{列}=420\ \text{m}$，$l_{安}=200\ \text{m}$，$a=1.8\ \text{m/s}^2$，$b=2.0\ \text{m/s}^2$，$t_{空}=1.2\ \text{s}$，$v_{进}=60\ \text{km/h}$。试计算该项措施能在问 2 的基础上提升多少线路通过能力？

问 5：在问 2 的基础上，通过设置闭塞分区，实现了三显示带防护区段的列车运行控制方式，同时在 D 站上、下行方向上各增设一条侧线，采用正线和侧线交替停站的运行组织方式。设正线上闭塞分区长度统一为 700 m，各站参数一致且 $l_{站}=700\ \text{m}$，$l_{列}=420\ \text{m}$，$l_{制}=100\ \text{m}$，$a=1.8\ \text{m/s}^2$，$b=2.0\ \text{m/s}^2$，$v_{运}=60\ \text{km/h}$，$v_{进}=35\ \text{km/h}$，$v_{出}=40\ \text{km/h}$，$t_{作业}^{发}=t_{作业}^{接}=15\ \text{s}$，$t_{反应}=5\ \text{s}$。试计算增设侧线前、后能使线路通过能力在问 2 的基础上各提升多少？

问 6：在问 4 的基础上，该线路通过加强站台乘车组织工作，组织各站台乘客均匀有序乘车，提高了乘客乘降的效率，使得列车在各车站的停站时间在表 3-9-2 的基础上统一降低了 20%。试计算该项措施能在问 4 的基础上提升多少线路通过能力？

问 7：在问 5 不设侧线的基础上，通过在 D 站上下行方向轨道电路的正中间设置一个分割点，并增加一个前行列车的离去速度监督等级，从而将原 700 m 长的车站区域轨道电路分割成两个 350 m 长的轨道电路，试计算该项措施能提升多少线路通过能力？

题 2：若要将题 1 所示线路的通过能力加强到每小时 25 对，试提出两种不同的能力加强方案，并写出详细的计算过程。

第十节　车站折返能力的加强设计

对于直线型交路，线路的最终运输能力一般是由线路通过能力和列车折返能力两者中的能力较小值所决定的，因此，当折返能力成为瓶颈时，必须采取针对性的加强措施。

一、理论基础

（1）优化折返线布置

优化折返线的布置形式，对缩短折返出发间隔时间作用显著。终点站有站前、站后两条平行的折返进路，在运营高峰期间可采用混合折返方式，如图 3-10-1 所示。终点站为双岛环形折返线布置，可增加折返进路、无列车换向作业，并缩短了乘客上车时间，如图 3-10-2 所示。中间站为双岛三线式布置，短交路列车站前折返接入中间线路，列车停站后两侧车门均可打开；长交路列车则停靠站台两侧线路，如图 3-10-3 所示。

（2）改变折返方式

在折返线布置一定时，改变折返方式可缩短折返出发间隔时间，如折返线布置为站前交叉渡线时，将侧到直发折返改为交替折返。

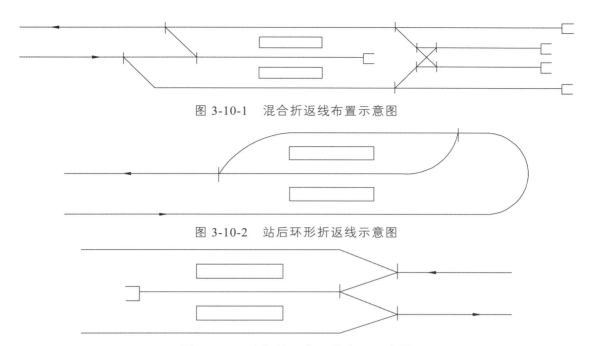

图 3-10-1　混合折返线布置示意图

图 3-10-2　站后环形折返线示意图

图 3-10-3　中间站双岛三线布置示意图

又如在图 3-10-4 中，站后设交叉渡线、正线的站后延伸部分为折返线。采用直进Ⅰ道侧出折返时，在前行列车未腾空尽端折返线Ⅰ道时不能办理后行列车的接车进路，而采用侧进Ⅱ道直出折返时，列车进入尽端折返线Ⅱ道即可办理后行列车的接车进路。显然，与采用直进侧出折返方式比较，采用侧进直出折返方式有利于压缩折返出发间隔时间。

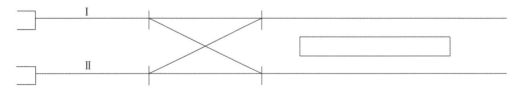

图 3-10-4　站后交叉渡线折返示意图

（3）压缩列车停站时间

通过增建侧式站台形成一岛一侧站台组合，可以缩短乘客上下车时间，加速列车折返，如图 3-10-5 所示。一般适用于地面线路情况，由于土建工程量较大，是否采用应在与其他提高列车折返能力措施进行技术经济比较后确定。而当站前折返时，列车换向作业在乘客上下车时间内平行进行也能有效压缩列车停站时间。

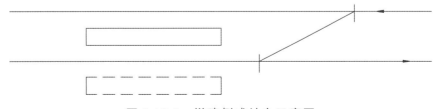

图 3-10-5　增建侧式站台示意图

（4）采用自动折返模式

自动折返模式是指折返调车进路办理及进路解锁由中央 ATS 根据列车折返运行情况自动控制，列车进出折返线运行为 ATO 驾驶模式。采用该措施后，能压缩办理进路时间与折返运行时间，达到加速列车折返的目的。

（5）优化轨道电路设计

通过进路解锁提前，使后续折返进路或接车进路的办理提前进行，从而减少折返过程中的等待时间。在站后折返时，分割车站轨道电路能使办理折返列车出折返线进路的时间提前；调整车站轨道电路绝缘节的位置能使办理到达列车接车进路的时间提前。如图 3-10-6 所示，轨道电路绝缘节 D 位置调整后，进折返线列车尾部出清绝缘节的时间提前，使办理到达列车接车进路的时间也相应提前。

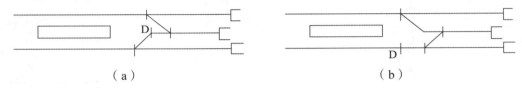

（a）　　　　　　　　　　　　　　　　（b）

图 3-10-6　调整车站轨道电路示意图

（6）道岔选用与优化设计

自动折返站采用 12 号道岔有助于提高列车侧向过岔速度，压缩折返运行时间。在站后尽端线折返时，将单渡线道岔按两副单动道岔设计，只要进折返线列车的尾部越过第一副道岔，该道岔即可由开通侧向转换为开通直向，办理到达列车的接车进路。

（7）折返线预置一列车

站后折返时，如因列车到达折返站的间隔较大，当前行列车已经腾空出发正线，而后行列车还未进入折返线或还在折返线停留过程中，此时在折返线预置一列车可加快列车折返，提高列车折返能力。

二、计算练习

针对上述加强方案，有以下两题，结合折返能力计算的方法进行求解，要求写出详细的计算步骤。

题 1：某终点站有开行比例为 1：1 的大小交路列车都在该站进行折返作业，已知线路追踪间隔时间 $h = 90\,\text{s}$，试解答以下问题：

问 1：若该站采用站后折返，已知 $t_{离去} = 25\,\text{s}$，$t_{作业}^{出} = 7\,\text{s}$，$t_{反应} = 2\,\text{s}$，$t_{出线} = 45\,\text{s}$，$t_{停站} = 40\,\text{s}$，试计算大小交路列车各自的最短发车间隔时间。

问 2：若该站采用站前交替折返，已知 $t_{离去} = 30\,\text{s}$，$t_{作业}^{接} = t_{作业}^{发} = 15\,\text{s}$，$t_{反应} = 10\,\text{s}$，$t_{进站} = 40\,\text{s}$，$t_{停站} = 60\,\text{s}$，试计算该情况下线路通过能力的利用率（不考虑发车时间均衡）。

问 3：若该站设置混合折返线如图 3-10-1 所示，小交路列车采用站前渡线进行折返，大交路列车使用站后折返线进行折返。试计算当线路通过能力得到充分利用时，在不考虑作业干扰的情况下，该站站前、站后折返能力的利用率。相关时分数据同问 1、问 2。

题 2：题 1 中，若线路通过能力经过技术改造，缩短为 80 s，试为该站设计两种折返方案，要求两种方案都能与该线路的通过能力匹配，并比较两方案的优劣。

第十一节　RailSys 系统认知实验

RailSys 软件是德国汉诺威大学研发的轨道交通运输系统仿真软件，可完成网络运行图及路网施工计划管理的行业软件平台，主要包括五个部分：路网基础设施管理、运行图编制及管理、施工计划管理、仿真管理、评估管理。

一、软件模块

（1）路网基础设施管理

路网基础设施管理器可以编辑和管理所有的路网基础设施的信息。相关数据可以先以草图的方式输入到系统中，然后通过便捷的管理功能在草图上进行各类修改。在此过程中，其路网的规模只受到当前计算机硬件的限制。路网的修改将被实时记录下来，运行图以及仿真模块将据此对相关数据进行同步。

（2）运行图编制及管理

利用运行图管理器可以编制及管理各种模式的运行图。在运行图编制时，可以在整个路网图中以人工交互的方式选定当前运行线的径路。一旦运行线被创建，可以依次自动计算每一条运行线的运行时间、各闭塞分区占用时间及与其他列车的冲突。

（3）施工计划管理

当施工计划完成后，运行图管理器将计算并定位由此而产生的冲突。可以据此人工调整当前运行图，包括调整运行径路以避免冲突。调整完成后，有关时间损失以及径路变化等信息将以表格或图形化方式显示出来，供用户参考。

（4）运营质量评估

可以利用指定的延误特性，仿真多日内列车运行情况。评估管理器则支持对这些仿真结果的评估。大量的统计结果为延误率、正点率以及路网、线路或车站范围内的列车接续情况等运营质量指标的评估提供了可靠的数据。

二、功能简介

（1）路网基础设施管理

基础设施模型主要包括路网的拓扑结构和信号系统部署两大部分，其构建过程主要分为：数据准备—线路或全局区域定义—车站区间拓扑创建—车站建模—信号系统建模几个步骤。该模块的主要功能有：

■　支持以米为单位的路网基础数据管理，包括：长度、允许速度、坡度、曲线、是否电气化、允许轴重、里程。

■ 支持多种信号系统，包括：M/P 信号系统、ATC 信号系统、多显示闭塞、移动闭塞、运行视线内无特殊信号设备（trams）。

■ 无限制的网络规模：系统所仿真的网络规模仅受限于所用计算机的硬件性能。

■ 路网的宏观视图功能：用户采用微观方式输入路网数据后，系统会自动抽取必要的数据产生宏观视图，以便用户更全面地观察路网结构，同时，用户在此视图中仍可进一步查看微观详细数据，如图 3-10-1 和图 3-10-2 所示。

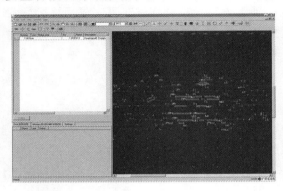

图 3-10-1　微观网络　　　　　　　　　　图 3-10-2　宏观网络

■ 可持续性的数据管理：可根据路网变化对既有路网数据不断添加数据，以适应正在进行中的长短期路网规划的需要。

■ 提示功能：对于路网中特殊情况，如股道及区间封锁和临时限速的时间和地点，可由用户输入到系统中并显示出来。

■ 全路网封锁及限速管理，包括：故障处置管理、施工计划的提示、多施工地点管理、限速区间管理和股道及区间封锁管理，如图 3-10-3 所示。

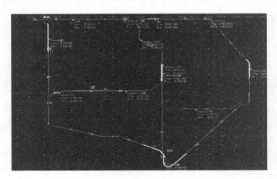

图 3-10-3　路网内封锁的线路限速区间图示

（2）运行图编制及管理

运行图设计主要包括四个部分：运行线类别的定义、运行线的创建、运行线基本属性的编辑以及冲突的检测和疏解。在运行图设计之前，还需要对运行图总体信息进行定义，运行图设计完成之后，还可以进行各类指标的统计，以评估运行图的质量。该模块的主要功能有：

■ 运行图编制，包括：快速高效的运行图编制管理、交互式运行图编辑、实时牵引计算、实时冲突检测、运行线时效管理、机车/车辆管理和输出管理等。

■ 运行图管理，包括：显示内容管理、股道线路占用管理、按径路管理运行图，如图 3-10-4、图 3-10-5 和图 3-10-6 所示。

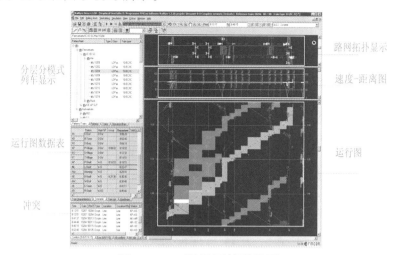

图 3-10-4 运行图管理界面

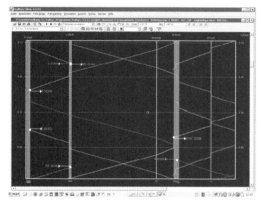

图 3-10-5 路径显示界面

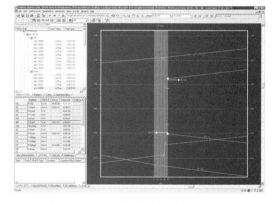

图 3-10-6 股道占用及连接界面

■ 运能管理：对于给定运行图，指定区段及时间后即可按照 UIC406 标准压缩运行图并计算给定区间的能力利用情况，如图 3-10-7 所示。

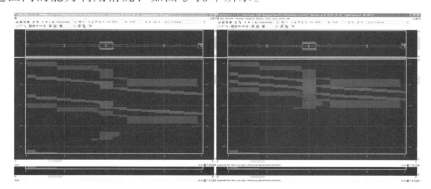

图 3-10-7 运能管理界面

（3）施工计划管理

■ 编制施工期间运行图：当线路施工需要单向封锁时，系统可帮助识别出封锁影响到的列车并将其进路自动转移到其他股道上，同时施工对于线路运行的影响因素（如相邻股道的限速等）也自动被考虑。

■ 多个施工地点管理：可任意添加、删除多个时间及地点的施工信息，跟踪研究多个单向封锁间的相互影响。

■ 施工影响统计分析：可以对施工引起的运行图变化情况进行评估。

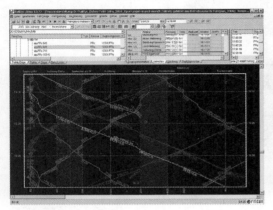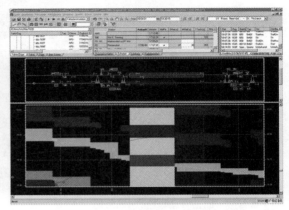

图 3-10-8　在列车运行图中显示封锁信息

（4）仿真管理器

列车运营仿真的基本原理是在特定的场景要求（包括特定的路网、运行图以及相关干扰参数等）下，模拟所有列车的运行过程，最终获得特定场景要求下各列车的运行状态信息，以用于对运行图质量、基础设施设计以及运行调整策略等方面的评估及改进，不断迭代最终得到优化的方案。该模块的主要功能有：

■ 同步仿真处理：同时计算路网中所有的列车的实时位置，并且考虑了列车之间的相互影响。

■ 集成路网级运行仿真功能：用于检验新图中各项运行是否正常。同时，系统可针对不同的列车分组设定不同类别、地点及时间的延误参数，据此随机产生各类延误用于运行仿真。

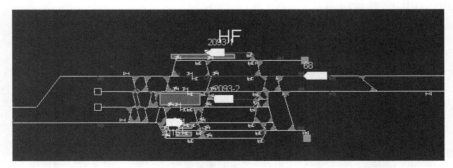

图 3-10-9　动画演示

■ 集成了路网仿真统计功能：无论是单次还是多次仿真后，每一条股道的占用情况都会被统计，并以表格或图形的方式显示出来，以用于确定当前的能力瓶颈以及运用较少的基础设施。

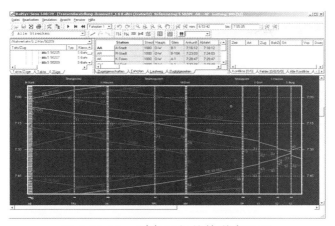

图 3-10-10　列车运行的轨道布置图

（5）评估管理器

系统仿真完成后，用户需要进一步针对仿真结果数据进行分析，从中发现运行图、基础设施、调整策略等方面存在的问题，并提出改进意见，再据此进一步仿真。反复迭代后，得到优化方案。仿真过程中所有列车的所有到发及通过时间都被记录下来用于评估分析。该模块的主要功能有：

■　股道及线路占用统计分析：对路网内每一条线路及股道的占用情况进行统计分析。

■　仿真结果统计：仿真结束后，可以柱状图形式显示各车站的列车延误情况，从中发现延误的变化信息，同时显示各车站的增晚情况。针对特定的某列车或一组列车分析其实际的接续情况。

■　车辆使用计划评估：运行仿真的结果可以显示出车辆使用计划的可行性。对可能导致问题的原因，如撒点不足等可在运行图被实际执行前被识别出来。

■　路网结构分析：通过分析延误发生的起始点及其传播情况可以分析出路网结构中的问题，有问题的区域将被高亮标出。

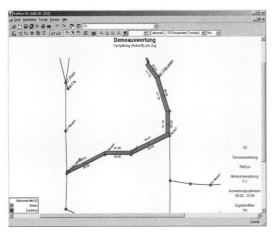
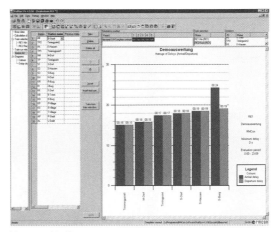

图 3-10-11　延迟情况的柱状图

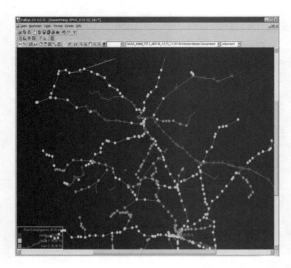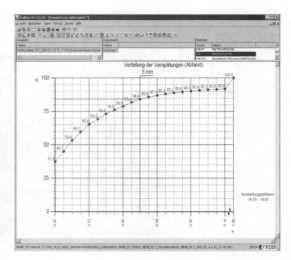

图 3-10-12　列车准时性分析图

三、学习要求

RailSys 是一个功能强大的辅助分析系统，限于时间和篇幅，本节的主要目的在于熟悉该系统的主要功能模块，若要详细了解和学习请参阅相关资料。本节主要以指导老师的演示和讲解为主，学员在老师的指导下按步骤进行少量的操作，达到对 RailSys 系统初步认识的目的。

第四章 列车运行组织与调度——以西门子信号系统为例

第一节 中心工作站（C-LOW）及本地工作站简介

一、C-LOW 及 LOW 的构成

1. C-LOW 及 LOW 工作站的硬件组成

C-LOW 及 LOW 工作站的硬件组成有：Pentium4PC 主机、1 个 17 英寸液晶彩色显示器、鼠标、键盘、喷墨打印机、音箱。

2. 工作站显示器界面的组成

工作站显示器屏幕由三个窗口组成，分别为基本窗口、主窗口和对话窗口，每个窗口的排列是固定的，如图 4-1-1 所示。

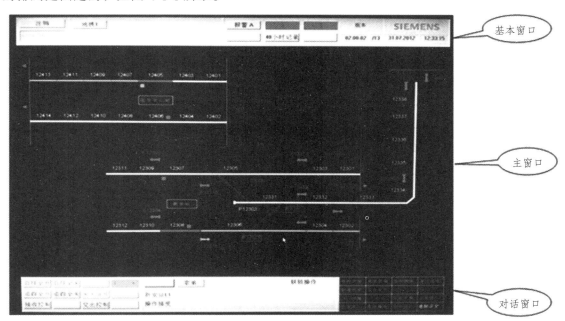

图 4-1-1 工作站显示器界面

（1）基本窗口

基本窗口如图 4-1-2 所示，基本窗口包括：登录/注销按钮；站场图像切换按钮；A、B、

083

C 类报警按钮；管理员按钮；48 小时记录按钮；声音按钮；版本号显示；日期和时间显示。

图 4-1-2　界面上的基本窗口

① 登录/注销按钮。

登录/注销按钮位于基础窗口的最左边，它是由一个按钮和一个输入区组成。进入 C-LOW 进行操作时，只要用鼠标的左键点击【登录】按钮。【登录】按钮则变为【名字】显示，并在下面出现一个输入框，将光标移到输入框，通过键盘输入正确的名字后，按压回车键或单击【名字】确认。【名字】显示则改为【密码】显示，并在下面出现一个输入框，将光标移到输入框，通过键盘输入正确的密码后，按压回车键或单击【密码】确认。

系统将检查名字及密码，如果正确，【登录】按钮将改为【注销】按钮，并且下面的输入框将使用者的名字灰显。这时，说明使用者已成功登录 LOW，可以根据自己的权限对 LOW 进行各种操作。

当用户输入的名字或密码不被系统认识时，系统将仍然处于登录进入状态。在已成功登录 LOW 机后，可以通过点击【注销】按钮来退出 LOW 机操作，系统回复到登录进入状态。

② 站场图像切换按钮。

站场图像切换按钮位于登录/注销按钮的右端，用于在主窗口中切换显示各联锁区站场图。

③ A、B、C 类报警按钮。

A、B、C 类报警按钮位于图像按钮的右端，三个报警单按钮可以分别打开相应的报警单，并在主窗口中显示出来。

A 类级别最高，B 类级别次高，C 类级别最低。如果不存在报警，则报警按钮显示黑色。一旦出现报警，相应级别的报警按钮开始闪烁红色并发出声音报警，报警级别越高，报警声越持久、越响亮。要对报警进行确认，只要点击相应的报警按钮，就可以打开相应的报警单，然后选择需要确认的报警信息，再在对话窗口中点击报警确认按钮就可以对报警进行应答。报警单中只要有一个报警未被应答，报警按钮就会保持红色闪烁；当报警单中的所有报警信息都被应答后，报警按钮呈永久红色，报警声被关闭。

在系统中，C 类报警不需要得到操作员的应答，它们是在其出现时由系统自动应答的，因此 C 类报警按钮不会闪烁。当引起报警的故障在设备中被排除后，设备发出故障排除报告。故障排除报警如果被应答，该报警信息将会从报警单中删除。当报警单中不再有报警时，报警按钮重新显示黑色。

而 A、B、C 类报警单的格式是完全一致的，共由六栏组成。

➢　第一栏：包括属于 A、B 或 C 的级别。

➢　第二栏：包括 48 小时记录产生的日期和时间。

➢　第三栏：包括应答时被通知的使用者姓名，如还未进行应答时则显示"*****"。如果事件正存在，则在名字前出现一个"来"号。如果事件已消失，则在名字前出现一个"退"号。

➢ 第四栏：包括显示电子联锁名称、站名、或 RTU、ATP 等。

➢ 第五栏：包括显示要素名称。

➢ 第六栏：包括清晰的文字报告、故障原因等。

注：在读取报警信息时，务必把每一栏的信息完整记录。

④ 管理员按钮。

管理员按钮位于【48 小时记录】按钮的右边，但只有用管理员身份及密码登录进入时才显示出来，并可以设置或更改操作员的操作权利，不是管理员登录时，此按钮会显示灰色。

⑤ 48 小时记录按钮。

48 小时记录按钮位于管理员按钮的左边，只要点击一下【48 小时记录】按钮，就可以打开 48 小时记录清单，48 小时以后，记录被自动删除。

48 小时记录清单在主窗口下显示，48 小时记录中的记录按逆时间顺序被自动存储起来。也就是说，记录中的最新记录（根据日期/时间）排在最上方，且 A、B、C 类的格式完全一致。而 48 小时记录对话则出现在对话窗口，分别有：打印、输出、执行、取消清单等，要显示所有记录则点击各类。要显示 A、B、C 类记录，则分别点击 A 类、B 类或 C 类按钮，可以通过选择打印出相应的记录。

48 小时记录清单的格式由六栏组成：

➢ 第一栏：种类 A、B 或 C。

➢ 第二栏：48 小时记录记录的产生日期和时间。

➢ 第三栏：登录进入的操作员名字，如无操作员登录进入则显示空白。若操作员登录操作时则显示操作员的名字。

➢ 第四栏：显示联锁和元素的名称。

➢ 第五栏：指令（CR）计数（安全相关操作）。如无指令计数，则显示空白。

➢ 第六栏：清楚的文字记录信息。

⑥ 声音按钮。

声音按钮位于【48 小时记录】按钮的左边，只要单击【声音】按钮一下，就可以关闭报警声音，直到下一次报警出现。

⑦ 日期和时间的显示。

日期和时间的显示位于版本号的右边，在 SIIMENS 标号的下端；必须对日期和时间进行检查，因为所有的记录都以该日期和时间加以说明，如果经过一段时间后，时间误差很大，请通知维修人员。

⑧ 版本号。

版本号位于管理员按钮右边，在 SIMENS 标号左端显示现用的版本，在故障信息报告中必须注明版本。

（2）主窗口

主要窗口可以显示整个电子联锁站场及所有过程信息，且还用于显示 A、B、C 类报警单或 48 小时记录。（用于显示站场图，把本联区管辖的必要设备显示出来）

（3）对话窗口

对话窗口主要由命令按钮栏、执行按钮、取消按钮以及综合信息显示栏组成。

① 命令按钮栏

命令按钮栏可以显示当前的所有命令按钮，以供操作员选择，命令按钮栏可根据不同元素的选择，显示出所选元素的所有操作命令，如果没有选择任何元素，命令按钮栏显示的命令为对联锁的所有操作。

② 执行按钮

执行按钮用于执行当前的操作，一旦点击执行按钮，当前的操作就会被联锁记录执行。

③ 取消按钮

取消按钮用于取消当前的操作。

④ 综合信息显示栏

综合信息显示栏用于显示信号系统的各种供电情况以及自排、追踪情况。如果相应的供电正常，相应的显示为绿色字体；故障则显示红色字体。没有打开自排功能时，自排设定的字体为白色；一旦打开了自排功能，则自排设定字体为绿色。对于追踪进路，当打开追踪功能时，追踪设定字体为黄色；没有打开追踪功能时，则追踪设定字体为白色。

二、C-LOW 及 LOW 上安全相关命令

1. 安全相关命令

安全相关命令指执行后可能会影响行车安全或设备安全的命令，安全相关命令的底色为淡蓝色。

2. 操作

选择了要执行的安全相关命令，并用鼠标左键点击了"执行"按钮后（相关的安全命令按钮为淡蓝色底色，普通命令的底色为灰色），受到安全操作影响的元素底色在图像中转换为橙色，表示被电子联锁标记。例如：对道岔 P11202 进行强行转岔。

① 原始状态，如图 4-1-3 所示。

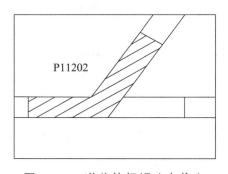

图 4-1-3　道岔体标识（左位）

② 所选元素，如图 4-1-4 所示。

③ 被电子联锁标记用于安全操作，如图 4-1-5 所示。

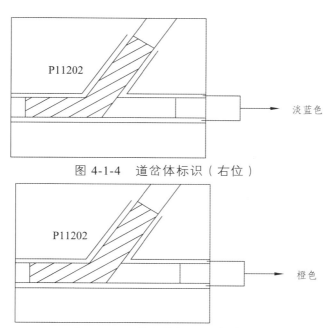

图 4-1-4　道岔体标识（右位）

图 4-1-5　道岔体标识（左位）

④ 在对话窗口的左下方会出现新的对话（如图 4-1-6 所示），要求检查所需的安全操作，此时必须检查以下内容：

➢ 检查在主窗口左下方显示的命令是否与输入的命令一致；
➢ 检查输入的命令是否完全符合想输入的命令；
➢ 检查所选的元素是否已被标记；
➢ 检查包括红、绿、蓝三种颜色的两条彩色条颜色是否一致，并且上行静止，下行闪烁；
➢ 检查带红条的圆圈（情况探测器）是否旋转。

图 4-1-6　对话栏信息（安全命令二次确认提示）

在上述条件满足后，必须在 15 s 内按"释放 1"健，在 10 s 内按"释放 2"键，否则安全相关命令操作会被自动取消，而且在未点击"释放 2"之前，可以通过点击"取消"键来取消安全相关命令操作。安全相关命令的所有操作均需在 C-LOW/LOW 上完成操作。

第二节　中心工作站（C-LOW）的常用操作

一、C-LOW 及 LOW 上对联锁的操作

在 C-LOW 及 LOW 显示屏空白处点击左键或刚登录进入后出现在命令栏内的所有命

令，均为对联锁的操作命令。

C-LOW 及 LOW 上的联锁命令见表 4-2-1 所示。

表 4-2-1　联锁操作命令表

命令名称	命令含义	命令类型	现象
自排全开	全部信号机处于自动排列进路状态（根据目的地码排列进路）	R	1.所有信号机的编号变绿 2."自排设定"变绿
自排全关	全部信号机处于人工排列进路状态	R	1.所有信号机的编号变红 2."自排设定"变白
追踪全开	全部信号机处于联锁自动排列进路状态	R	1.所有有追踪功能的信号机编号变黄 2."追踪设定"变黄
追踪全关	全部信号机取消联锁自动排列进路状态	R	1.所有有追踪功能的信号机编号变红 2."追踪设定"变白
关区信号	关闭联锁区全部信号机，并封锁	R	1.所有信号机室外点红灯 2.头部变蓝色
交出控制	向 OCC 交出控制权（交出控制权。只有在 LOW 上执行了"交出控制"操作，控制中心（ATS）才可以执行"接收控制"，从而取得控制权，并可以对联锁进行一些常规命令的操作。但在 LOW 故障的情况下，不需要在 LOW 执行"交出控制"操作，都可以自动切换到控制中心（ATS）操作。）	R	车站标记绿闪
接收控制	从 OCC 接收控制权（只有在接收控制权以后，在 LOW 上的操作才有效。）	R	车站标记变绿
强行站控	车站强行从 OCC 取得控制权（C-LOW 没有）	S	车站标记变绿
重启令解	SICAS 系统重新启动后（并非指 LOW 计算机重启，而是指 SICAS 计算机），解除全部命令的锁闭。在执行此命令前，除"全区逻空"命令外系统禁止执行其他命令	S	
全区逻空	将本联锁区全部轨道区段设置为逻辑空闲	S	粉光带消失

注：

➢ 自排全开只有在所有信号机都没有打开追踪功能时才能使用。

➢ 追踪全开只有在所有信号机都没有打开自排功能时才能使用。

➢ 同一架信号机同时只能在追踪与自排功能中打开其中一个功能。

➢ 交出控制权后，现场工作站只能进行强行站控操作。

➢ 命令类型栏中"R"代表该命令为非安全相关命令，"S"代表该命令为安全相关命令。

二、C-LOW 及 LOW 上对进路的操作

信号系统正常时，进路可根据 ATS 系统指令或联锁系统追踪功能自动排列。有需要时，也可人工介入在 C－LOW 或 LOW 上排列进路。

1. 进路的操作命令（见表 4-2-2）

表 4-2-2　进路操作命令表

命令名称	命令含义	命令类型	现象
排列进路	排列进路	R	道岔/轨道表示变为绿色，保护区段变为淡绿色，道岔转换位置。 有关道岔的标号出现方框 信号机全绿
取消进路	取消进路	R	立即或信号机底座经 30 s 闪后有以下显示：信号机机身变为红色，道岔/轨道表示变为黄色，保护区段变为黄色

注：命令类型栏中"R"代表该命令为非安全相关命令，"S"代表该命令为安全相关命令。

2. 排列和取消基本进路

（1）排列基本进路

在 LOW 上，要排列一条基本进路，只要用鼠标左键点击 LOW 主窗口（图像放大区）上要排列进路的始端信号机，再用鼠标右键点击要排列进路的终端信号机，此时所选始端信号机和终端信号机都会被打上浅蓝底色，然后在对话窗口中的命令显示栏（在 LOW 的左下角）用鼠标左键点击"排列进路"的命令，最后用鼠标左键点击对话窗口中的"执行"按钮即可。

此时，联锁计算机就会自动检查该进路的进路建立条件：

➢　进路中的元素没有被其他进路征用（多列车进路除外），但部分元素可以被相同方向和位置的保护区段征用。

➢　部分进路被设计为多列车进路，进路中的所有元素没有被其他进路征用，但部分元素可以被相同方向和位置的保护区段征用。

➢　进路中的元素没有锁闭在不允许的位置。

➢　无敌对进路。

➢　进路和非延时保护区段的元素有效。

如果满足进路的建立条件，相应的进路会自动建立并进入相应的监控层。如果达到了主信号层，且始端信号机正常时，始端信号机就会自动开放；但如果只达到了引导层，始端信号机不会开放，只能在满足开放引导信号的条件下人工开放引导信号。

（2）取消基本进路

在 LOW 上，要取消一条已排好的进路，只要用鼠标左键点击 LOW 主窗口（图像放大区）上该进路的始端信号机，再用鼠标右键点击该进路的终端信号机，此时所选始端信号机和终端信号机都会被打上浅蓝底色，然后在对话窗口中的命令显示栏（在 LOW 的左下角）用鼠标左键点击"取消进路"的命令，最后用鼠标左键点击对话窗口中的"执行"按钮即

可。只有在接近区段及进路内无车时，进路才会全部立即解锁。

三、C-LOW 及 LOW 上对轨道区段的操作

要对轨道区段进行操作，必须用鼠标左键点击 LOW 主窗口（图像放大区）上的轨道元件或轨道元件编号，此时所选元素被打上蓝色底色，然后在对话窗口中的命令显示栏（在 LOW 的左下角）用鼠标左键点击所需的命令，最后用鼠标左键点击对话窗口中的"执行"按钮即可。

1. 轨道区段在 C-LOW 及 LOW 上的显示（图 4-2-1）。

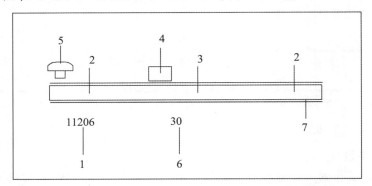

1—区段编号；2—轨道头部；3—轨道中部；4—运营停车点；
5—紧急停车显示标记；6—限速标记；7—选择框

图 4-2-1　轨道区段图标

（1）轨道区段的编号

颜色：白色为正常，灰色为无数据。

状态：稳定为正常，闪烁为与 ATP 中断。

（2）轨道区段体部

轨道区段（含道岔区段）有六种优先等级颜色在 LOW 上显示，从高到低分别为：灰色、深蓝色、红色、粉红色、绿色或淡绿色、黄色。例如，通过某一轨道区段排列进路后，此区段发生红光带故障，则此区段优先显示红色，同时覆盖绿色和黄色。

① 颜色。

➤ 黄色：常态，空闲，没有被进路征用。

➤ 绿色：空闲，被进路征用。

➤ 淡绿色：空闲，被进路征用且为保护区段。

➤ 红色：物理占用。

➤ 粉红色：逻辑占用。

➤ 轨道中部深蓝色：表示该区段已被封锁。

➤ 灰色：无数据（FTGS 轨道电路设备与 SICAS 计算机连接中断）。

② 状态。

➤ 稳定表示正常。

> 闪烁表示在延时解锁中。

（3）运营停车点

① 颜色的表示含义。

> 红色：常态，设置了停车点。

> 绿色：停车点被释放。

② 运营停车点的设置，是为了满足正常运营的需要。

③ 设置了停车点，以 SM 或 ATO 模式运行的列车在站台区段会自动落码停车。

④ 列车已停稳在站台区段，此时取消运营停车点，列车可用 SM 或 ATO 驾驶模式起动。

⑤ 列车还没有进站，此时取消运营停车点，列车可以通过车站。

⑥ 运营停车点需系统设置。当使用 ATS 模式或 RTU 模式（本地 FEP 模式）时，运营停车点可自动取消。当 ATS 模式和 RTU 模式（本地 FEP 模式）故障时，这时需要人工取消运营停车点。

注：只有站台区段才有运营停车点显示，其他非站台区段并无该显示。

（4）紧急停车显示标记（蘑菇状）""

当按压了紧急停车按钮时，LOW 上相应的站台区段会出现一个红色闪烁的小蘑菇，紧急停车生效。

紧急停车作用的有效范围为：相应的站台区段及其相邻的区段。

按压了取消紧停按钮时，LOW 上的红色小蘑菇图像消失，列车可以正常运行。

注：只有站台区段才会出现紧急停车显示标记的显示，其他非站台区段并无该显示。

（5）区段限速标记

如果区段设置了限速，限速的列车最高速度会以红色的 60、45、30、25、20、10 字体在相应的区段下方显示出来。此时，列车通过该区段的最高速度不能大于此限制速度，可设置的速度分别为：60 km/h、45 km/h、30 km/h、25 km/h、20 km/h、10 km/h 六种。

2. 轨道区段元素的操作命令（表 4-2-3）

表 4-2-3　轨道区段操作命令表

命令名称	命令含义	命令类型	现象
封锁区段	禁止通过该区段排列进路	R	轨道表示中间段变为蓝色
解封区段	允许通过该区段排列进路	S	蓝色消失
强解区段	解锁进路中的该区段（如果接近区段及进路无车，区段立即解锁，有车将会延时解锁 30 s）	S	绿色/淡绿色闪光经 30 s 后消失或立即消失
轨区逻空	把区段设为逻辑空闲	S	由粉红变为黄色
轨区设限	设置轨道区段的限速（只能在没有进路的情况下执行。设限只能由高往低设，不能由低往高设，也就是说，如果原来设置了 10 km/h 的限速，这时不能直接设为 30 km/h 的限速，必须在消限后才可以设为 30 km/h 的限速。但是如果原来是设为 60 km/h 的，可以在不消限的情况下设为 45、30、25、20、10 km/h）	S	出现红色限速值

命令名称	命令含义	命令类型	现象
轨区消限	取消轨道区段的限速（在 LCP 盘上用消限按钮接通消限电路，并在 30 s 内完成消限操作）	S	限速值消失
列车换向	指示 ATP/ATO 进行列车驾驶端的切换	R	
终止站停	取消运营停车点	R	停车点由红变绿
换上至下	当列车以 SM 模式以上驾驶并停稳在有换上至下功能的轨道区段时，命令执行后，驾驶室从上行改至下行	R	
换下至上	当列车以 SM 模式以上驾驶并停稳在有换下至上功能的轨道区段时，命令执行后，驾驶室从下行改至上行	R	

注：命令类型栏中"R"代表该命令为非安全相关命令，"S"代表该命令为安全相关命令。

四、C-LOW 及 LOW 上对道岔的操作

对道岔进行操作，必须用鼠标左键点击 LOW 主窗口（图像放大区）上的道岔元件或道岔元件编号，此时所选元件被打上蓝色底色，然后在对话窗口中的命令显示栏（在 LOW 的左下角）用鼠标左键点击所需的命令，最后用鼠标左键点击对话窗口中的"执行"按钮即可。

1. 道岔在 C-LOW 及 LOW 上的显示（图 4-2-2）

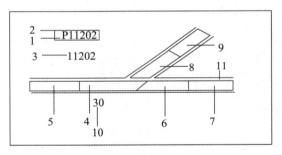

1—道岔编号；2—道岔编号框；3—轨道区段编号；4—道岔根部；5—道岔根部延伸；
6—道岔右位；7—道岔右位延伸；8—道岔左位；9—道岔左位延伸；
10—道岔区段限速标记；11—选择框

图 4-2-2　道岔图标

（1）道岔编号

颜色：白色表示正常、无锁定；红色表示道岔被单独锁定。

状态：稳定表示正常。闪烁表示出现 kick-off 储存故障，此时只要对该道岔区段执行"岔区逻空"命令即可排除该故障。

（2）道岔编号框

如果该道岔没有被进路征用，则道岔编号不会出现道岔编号框，只有该道岔被进路征用锁闭时，道岔编号框才会出现。

（3）轨道区段编号

在道岔区段中，轨道区段编号同前轨道区段编号，道岔区段是一个带道岔的特殊轨道区段。

（4）岔体

岔体由根部 4、5 和腿部 6、7、8、9 组成。

① 颜色的表示含义。

➤ 黄色：常态，空闲，没有被进路征用。

➤ 绿色：空闲，被进路征用。

➤ 淡绿色：空闲，被进路征用且为保护区段。

➤ 红色：物理占用。

➤ 粉红色：逻辑占用。

➤ 道岔中部深蓝色：表示该区段已被封锁，拒绝通过该区段排列进路。

➤ 灰色。无数据。

② 道岔位置判断。

➤ 岔体 4、5、6、7 有颜色显示，而 8、9 为灰色，且都为稳定显示时，则道岔为右位。

➤ 岔体 4、5、8、9 有颜色显示，而 6、7 为灰色，且都为稳定显示时，则道岔为左位。

➤ 岔体 4、5、6、7 有颜色显示，且 6 为闪烁（俗称短闪），而 8、9 为灰色且稳定时，则该道岔表示为右位转不到位（右位无表示）。

➤ 岔体 4、5、8、9 有颜色显示，且 8 为闪烁，而 6、7 为灰色且稳定时，则该道岔表示为左位转不到位（左位无表示）。

➤ 岔体 4、5、6、7、8、9 均有颜色显示，且 6、7、8、9 均为闪烁（俗称两腿长闪），则该道岔表示为挤岔表示。

（5）道岔区段限速标记

道岔区段设置了限速，限速的列车最高速度会以红色的 60、45、30、25、20、10 字体在相应的区段下方显示出来。此时，列车通过该道岔区段的最高速度不能大于此限制速度，可设置的速度分别为：60 km/h、45 km/h、30 km/h、25 km/h、20 km/h、10 km/h 六种。

2. 道岔元素的操作命令（4-2-4）

表 4-2-4　道岔操作命令表

命令名称	命令含义	命令类型	现象
单独锁定	锁定单个道岔，阻止转换	R	道岔编号变为红色
取消锁定	取消对单个道岔的锁定，道岔可以转换	S	道岔编号变为白色
转换道岔	转换道岔（道岔区段逻辑空闲；道岔没有被锁闭（没有被进路、保护区段、侧防征用）；道岔没有挤岔；道岔没有（单独）锁定）	R	岔后一侧由黄色变为深黑； 岔后一侧由深黑变为黄色

命令名称	命令含义	命令类型	现象
强行转岔	轨道区段占用时强行转换道岔（道岔区段非逻辑空闲；道岔没有挤岔；道岔没有（单独）锁定；道岔没有被锁闭（没有被进路、保护区段、侧防征用）	S	岔后一侧由粉红色/红色变为深黑；岔后一侧由深黑变为粉红色/红色
封锁道岔	禁止通过道岔排列进路，但道岔可通过转换道岔命令进行位置转换	R	出现部分蓝色
解封道岔	允许通过道岔排列进路	S	蓝色消失
强解道岔	解锁进路中的道岔（如果接近区段及进路无车，道岔区段立即解锁，有车将会延时解锁 30 s）	S	绿色/淡绿色闪光经 30 s 后消失或立即消失
岔区逻空	把道岔区段设置为逻辑空闲	S	由粉红色变为黄色
岔区设限	对道岔区段设置限速（限制速度可设为 10 km/h、20 km/h、25 km/h、30 km/h、45 km/h 和 60 km/h）	S	出现红色限速值
岔区消限	取消对道岔区段的限速（C-LOW 没有）（在 LCP 盘上按压消限钥按钮，并在 30 s 内完成消限操作）	S	限速值消失
挤岔恢复	取消挤岔逻辑标记（道岔没有锁闭（没有被进路、保护区段、侧防征用）；道岔挤岔（挤岔显示）；道岔没有（单独）锁定。）注：不管道岔区段是逻辑占用还是逻辑空闲，都可以对该道岔执行"挤岔恢复"命令	S	岔后长闪变为稳定光

注：命令类型栏中"R"代表该命令为非安全相关命令，"S"代表该命令为安全相关命令。

五、C-LOW 及 LOW 上对信号机的操作

对信号机进行操作，必须用鼠标左键点击 LOW 主窗口（图像放大区）上的信号机元件或信号机元件编号，此时所选元件被打上蓝色底色，然后在对话窗口中的命令显示栏（在 LOW 的左下角）用鼠标左键点击所需的命令，最后用鼠标左键点击对话窗口中的"执行"按钮即可。

1. 信号机在 C-LOW 及 LOW 上的显示（图 4-2-3）

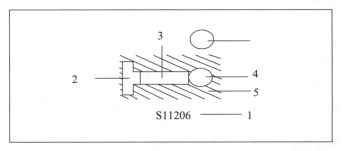

1—信号机编号；2—信号机基础（脚）；3—信号机机柱（柱）；
4—信号机灯头（头）；5—选择框

图 4-2-3 信号机图标

（1）信号机编号

① 颜色。

> 红色：处于人工排列进路状态。
> 绿色：处于自动排列进路状态。
> 黄色：处于追踪进路状态。

② 状态。

> 稳定：正常。
> 闪烁：信号机红灯断主丝故障或绿灯/黄灯灭灯。如果信号机红灯为灭灯故障，则信号机机柱及信号机灯头同时闪烁。

注：自排进路与追踪进路的区别如下：

> 自排进路功能：在 ATS 系统中实现，可以根据不同目的地码，自动排列不同的相应进路。
> 追踪进路功能：在 SICAS 系统中实现，只能自动排列唯一的一条进路，进路方向为正常的运营方向。

（2）信号机基础（脚）

信号机基础可以显示出信号处于监控层还是非监控层。

① 颜色。

> 绿色：主信号控制层（处于监控层。在进路状态）。
> 黄色：引导信号控制层（处于监控层。在进路状态）。
> 红色：非监控层（或不在进路状态）

② 状态。

> 稳定：正常。
> 闪烁：在延时中，进路延时取消，进路延时建立或保护区段延时解锁。

（3）信号机机柱（柱）

信号机机柱用以记录信号机的开放及关闭情况。

颜色的表示含义如下：

> 绿色：信号机开放，且开放主信号。
> 黄色：信号机开放引导信号。
> 红色：信号机关闭，且未开放过（针对本次进路）。
> 蓝色：信号机关闭，但曾经开放过（针对本次进路）。

（4）信号机灯头（头）

信号机灯头可以用来显示信号机处于开放还是关闭状态。

颜色的表示含义如下：

> 绿色：信号机处于开放主信号状态。
> 红色：信号机处于关闭状态（但可以开放引导信号）。
> 蓝色：信号机处于关闭状态，且被封锁（但可以开放引导信号）。

注：信号机机体灰色表示无数据。

（5）替代信号机标识

① 替代信号机标识的主体为红色横三角形"▶"。

② 替代信号机标识的编号为灰色，且在被替代的信号机的编号前加一个"F"。（注：在LOW上设置替代信号机标识，只是为了排列跨联锁区的进路而设置的，但并不反映实际信号机的开放及关闭状态。）

（6）虚拟信号机

虚拟信号机的设置是为了解决现场不需要设置防护信号机，但又可以解决进路太长而导致运营效率降低的问题而设置的。虚拟信号机在 LOW 上的显示跟正常的信号机是一样的，功能也一样，只是在编号前加了一个"F"，如 F10201 等。注：虚拟信号机在现场设备中是并没有存在的。

2. C-LOW 及 LOW 上的信号机元素显示意义

信号机元素显示意义如表 4-2-5 所示。

表 4-2-5　信号机图标显示意义表

序号	现场灯	LOW 显示	LOW 上颜色	意义
1	绿灯或黄灯		绿绿绿	处于主信号层，且开放为主信号
2	黄灯+红灯		绿黄红	处于主信号层，且开放为引导信号
3	黄灯+红灯		绿黄蓝	处于主信号层，且在封锁状态下开放引导信号
4	红灯		绿红红	处于主信号层，且信号机处于关闭状态
5	红灯		绿红蓝	处于主信号层，信号机在关闭状态且被封锁
6	红灯		绿蓝红	处于主信号层，信号机在关闭状态，但曾开放过
7	红灯		绿蓝蓝	处于主信号层，信号机在关闭状态且被封锁，但曾开放过
8	黄灯+红灯		黄黄红	处于引导层，且开放为引导信号
9	黄灯+红灯		黄黄蓝	处于引导层，且在封锁状态下开放引导信号
10	红灯		黄红红	处于引导层，且处于关闭状态
11	红灯		黄红蓝	处于引导层，在关闭状态且被封锁
12	红灯		黄蓝红	处于引导层，信号机在关闭状态，但曾开放过
13	红灯		黄蓝蓝	处于引导层，信号在关闭状态且被封锁，但曾开放过
14	红灯		红红红	处于非监控层，关闭状态
15	红灯		红红蓝	处于非监控层，在关闭状态且被封锁
16	红灯		红蓝红	处于非监控层，在关闭状态，但曾开放过（如排好进路后，信号已开放，监控区段挤岔时）

序号	现场灯	LOW 显示	LOW 上颜色	意义
17	红灯	▬■●	红蓝蓝	处于非监控层，在关闭状态且被封锁，但曾开放过（同上）
18	黄灯或双黄灯或红灯+白灯	▬■●	红绿绿	车辆段进段信号机，由车辆段控制，在 LOW 上可监视，为信号已开放

注：

➤ 如果在 LOW 上显示信号机机脚绿色闪烁，代表保护区段正在延时中。

➤ 封锁信号机再排列进路，信号机会显示"绿红蓝"。

3. 信号机元素的操作命令（表 4-2-6）

表 4-2-6　信号机操作命令表

命令名称	命令含义	命令类型	现象
开放引导	开放引导信号（必须先排列进路并达到主信号或引导信号控制层；信号未开放；接近区段占用）	S	信号机机身变为黄色
关闭信号	设置信号机为关闭状态	R	信号机机身变蓝，头部变为红色
封锁信号	封锁在关闭状态下的信号机（信号机被封锁后，将不能开放主信号，但可以开放引导信号，且在人工解封后，（即使在信号没有开放过的情况下）信号都不会自动开放，只可以人工再次开放信号）	R	信号机头部蓝色
开放信号	设置信号机为开放状态（信号达到主信号层，信号没有被封锁，且信号机正常）	R	信号机机身和头部亮绿灯
解封信号	取消对关闭状态下的信号机的封锁	S	信号机头部蓝色消失
自排单开	设置单架信号机处于自动排列进路状态（该架信号机追踪功能没有打开。根据目的地码排列进路）	R	信号机编号变绿
自排单关	设置单架信号机处于人工排列进路状态	R	信号机编号变红
追踪单开	单架信号机由联锁自动排列进路（信号机具备追踪功能且自排功能没有打开，只有追踪功能信号机除外）	R	信号机编号变黄，"追踪全开"变绿
追踪单关	单架信号机取消由联锁自动排列进路	R	信号机编号变红

注：命令类型栏中"R"代表该命令为非安全相关命令，"S"代表该命令为安全相关命令。

六、C-LOW 及 LOW 上对车站名的操作

1. 车站名在 C-LOW 及 LOW 上的显示

车站名在 C-LOW 及 LOW 上的显示如图 4-2-4 所示。

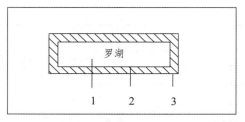

1—站名；2—车站框；3—选择框

图 4-2-4　车站名图标

（1）车站名

① 颜色。

- 绿色：车站控制（局控）。
- 白色：OCC 控制（遥控）。

② 状态。

- 绿色闪烁：车站交出控制，OCC 未接收（控制权仍在车站）。
- 白色闪烁：OCC 交出控制，车站未接收（控制权仍在 OCC）。

2. 车站名的操作命令（表 4-2-7）

表 4-2-7　车站名操作命令表

命令名称	命令含义	命令类型	现象
封站信号	关闭并封锁车站所有信号机并锁闭	R	头部变蓝色 本站所有信号机室外点红灯

注：命令类型栏中"R"代表该命令为非安全相关命令，"S"代表该命令为安全相关命令。

七、车站 LCP 盘上的操作

1. 紧急停车

（1）紧急停车的有效范围是相应的站台区段及其相邻的区段。

（2）在 LCP 盘上对紧急停车的操作步骤及现象：

- 在 LCP 盘上按压相应的紧急停车按钮。
- LCP 盘上相应的紧急停车指示灯亮红灯，并发出电铃报警声音，同时在 LOW 上相应的站台区段出现红色蘑菇图像闪烁，并伴有 A 类报警。
- 执行切除报警操作，按压相应的报警取消按钮，消除报警声音。

（3）在 LCP 盘上对紧急停车进行放行时的操作步骤及现象：

- 在 LCP 盘上按压相应的紧急停车取消按钮。
- LCP 盘上相应的紧急停车指示灯灭，并发出电铃报警声音，同时在 LOW 上相应的站台区段的红色蘑菇图像消失。
- 此时应执行切除报警操作，按压相应的报警取消按钮，消除报警声音。

2. 在 LCP 盘上进行扣车的操作及现象

（1）"扣车"操作的步骤及现象

在 LCP 盘上按压相应的"扣车"按钮，在 LCP 盘上相应的扣车同意指示灯红灯闪烁（注：如果是 OCC 扣车，LCP 盘上相应的扣车指示灯为稳定红灯），同时在 LOW 上发生 B 类报警，记录了对应的站台区段的扣车提示内容，并发出报警声音，此时应点击 LOW 基础窗口上【声音】按钮，消除报警声音。

（2）在 LCP 盘上对扣车进行"取消扣车"操作的步骤及现象

在 LCP 盘上按压相应的"扣车解除"按钮，在 LCP 盘上相应的扣车同意指示灯灭，然后再按压相应的"扣车"按钮一次（复位），最后再按压相应的"扣车解除"按钮一次（复位）。同时在 LOW 上对应的 B 类报警的第三栏有"扣车恢复"的提示信息。

（3）扣车的原则

如果 LCP 盘上扣车设置表示灯亮黄灯时，可以进行扣车操作。在 ATS 系统正常时，如果 LCP 盘上扣车设置表示灯黄灯灭时（如果只是黄灯指示灯灯泡烧毁，可以进行扣车操作），不能进行扣车操作，因为此时运营停车点已被取消。在 ATS 系统故障时，信号系统将自动进入 RTU 降级模式；RTU 功能正常时，LCP 盘上扣车相关操作有效。

第三节　联锁功能描述及工作站常见故障

一、联锁功能描述

1. 进路的组成

（1）进路的基本要素（元素）

进路的基本要素（元素）是：信号机、道岔及轨道电路（轨道区段）。

（2）进路的组成

进路一般由三部分组成，分别为主进路、保护区段及侧面防护。

① 主进路的组成。主进路由始端信号机、终端信号机、监控区段（含道岔区段）、非监控区段及主进路的侧防元素组成。

② 保护区段的组成：保护区段由保护区段及其侧防元素组成。

③ 侧面防护的组成：进路的侧防元素可由道岔、信号机及轨道区段这三者的单个元素或组合元素组成。

深圳地铁 1、2 号线 SICAS 软件版本设定：在 ATP 列车自动保护系统投入使用后，始端信号机开放信号的条件与保护区段无关，即保护区段有故障也不会影响始端信号机的正常开放。

为方便描述，现规定以下关于进路的描述都是指主进路，以下内容凡出现"有（列）车占用"的词，其含义均包含了物理占用或逻辑占用。

（3）监控区段与非监控区段的描述

为了提高建立进路的效率，联锁系统把进路的区段分为监控区段和非监控区两部分。进路建立后，当列车没有出清监控区段时，该进路不能再排列；当列车出清了监控区段时，即使非监控区段还没有全部解锁，该进路仍可再次排列，且信号能正常开放。

① 在无岔进路中，通常始端信号机后两个区段为监控区段，其他为非监控区段。

② 在有岔进路中，从进路的第一个轨道区段开始，一直到最后一个道岔区段的后一区段为止都是监控区段，其他为非监控区段。

监控区段有故障时，信号只能达到非监控层或引导层。非监控区段有故障时，信号能正常开放，但列车以 SM、ATO 或 AR 模式驾驶时，由于具有 ATP 保护功能，列车将在故障区段的前一区段自动停稳。

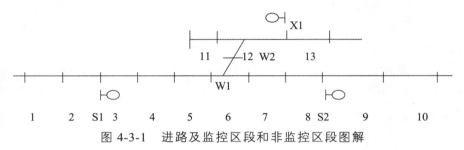

图 4-3-1　进路及监控区段和非监控区段图解

如图 4-3-1 所示，在 S1—S2 进路中：

➢　始端信号机为 S1；

➢　终端信号机为 S2；

➢　监控区段为 3、4、5、6、7；

➢　非监控区段为 8；

➢　主进路的侧防元素为 W2 和 X1（W2 为一级侧防，X1 为二级侧防）。

（4）保护区段的描述

保护区段是指终端信号机后方的一至两个轨道区段，设置保护区段的目的是为了避免列车由于某种原因不能在信号机前方停车而冲出信号机导致危及列车安全的事故的发生。

根据保护区段设置的时机，可以分为延时保护区段和不延时保护区段。当一条进路中可以运行一列以上的列车时，才具有延时保护区段的概念。短进路的保护区段通常是非延时保护区段。为了提高进路的使用效率，长进路的保护区段通常是延时保护区段。

通常，用终端信号机后方的第一个轨道区段作为该条进路的保护区段，但也有以下两种情况例外：如果 ATP 的保护区段定于终端信号机前方时，能提高终端信号机后方区段的灵活性且又不阻碍终端信号机前方区段的运行，则此终端信号机只有 ATP 保护区段而无联锁保护区段，即不设置保护区段；如果终端信号机之后的一个轨道区段长度短于计算的 ATP 保护区段，则有两个或以上的轨道区段作为保护区段。

保护区段也有侧防保护，当保护区段的侧防失效时，即使保护区段已被征用，但在 ATP 系统的防护作用下，该进路的停车点将前移。例如，该进路的保护区段为车站站台后方相邻的区段时，列车在 SM 或 ATO 驾驶模式的保护下进站，则列车将在站台前或中部自动停稳。

保护区段被征用的条件：

① 保护区段没有被征用在不允许的位置或相反的方向。

② 保护区段的道岔没有锁在不允许的位置。

③ 保护区段没有被封锁。

④ 保护区段的道岔无挤岔、转不到位或连接中断的故障。

不符合上述条件之一时，保护区段不能被征用，该进路的停车点也将前移。

（5）侧防的描述

当排列进路后，为了防止其他列车进入该进路，联锁系统设置了侧防。侧防是进路侧面防护的简称。进路可能有多个防护点，侧防的任务就是要切断所有通向已排进路的路径，即切断企图排列其他进路（敌对进路）进入该进路的所有路径。

能够提供侧防的元素有：道岔、信号机及轨道区段。

侧防共有两级：一级侧防和二级侧防。第一级包括侧防必需的元素，即每一个防护点所有防护元素。第一级中的每个道岔元素可以定义多个第二级元素与之对应。

进路中的侧防使用情况有两种：① 一级侧防和二级侧防结合在一起；② 只用一级侧防。这两种情况通常在进路中同时出现。

一级侧防和二级侧防结合在一起的情况：进路建立后，当一级侧防失效时，联锁系统自动选用二级侧防，只要二级侧防正常，进路的始端信号机会自动开放。但如果二级侧防也失效时，则进路只能达到引导层。

只用一级侧防的情况：当进路的一级侧防失效时，则进路只能达到引导层。

侧防元素的选择原则：

① 道岔：具有优先级、一般用于一级侧防。如果使用道岔作为一级侧防，则该道岔将被进路锁闭在进路要求的侧防位置上。在 LOW 上显示侧防道岔编号被一个白色（道岔被电子锁定时为红色）长方形框框住。

当进路排列后，一级侧防的道岔因故障不能满足侧防条件时，联锁系统自动选用二级侧防。在提供二级侧防期间，该故障道岔恢复正常后也不再被选作侧防元素。只有在进路已解锁且再办理该进路时，恢复正常后的道岔才再次被选作侧防元素。

② 信号机：侧防也可以用信号机来实现，但要求用于的侧防信号机的红灯正常，且信号机要位于进路要求侧防的方向。提供侧防的信号机可以办理与本进路无敌对的进路。

③ 轨道区段：属于侵限区段的轨道区段通常被作为二级侧防元素。当作为侵限区段的一级侧防道岔不满足侧防要求时，联锁系统选用该侵限区段作为进路的二级侧防，此时要求侵限区段必须是逻辑空闲。若侵限区段非逻辑空闲，则该侧防失效。

2. 进路的建立

进路的建立是指进路开始排列、到防护该进路的信号机开放这一过程。其过程分成三个阶段：进路元素的可行性检查→进路元素的征用→进路监控及开放信号。

（1）进路元素的可行性检查（即是进路的排列条件）

进路元素的可行性检查由联锁计算机完成。在排列进路时，该计算机首先检查所选进路的始端、终端信号机构成的进路是否为设计的进路。然后检查所选进路中的元素，检查顺序为：从终端信号机开始，一个元素接一个元素的检查到始端信号机。其检查内容同时又是进路的排列条件。

进路的排列条件：

① 进路中的道岔没有被其他进路或人工锁闭在相反的位置上。

② 进路中的道岔区段、轨道区段没有被封锁。

③ 进路中的信号机没有被反方向进路征用。

④ 进路中的道岔或监控区段没有被进路征用。（如：列车正在通过进路的监控区段或列车通过进路后，监控区段不能正常解锁，出现绿光带现象，则进路不能排列。）

⑤ 进路的非监控区段没有被其他方向进路征用。（如：要排列进路的轨道区段（含保护区段）被其他方向的进路征用，或其他方向进路的轨道区段在解锁时出现非正常解锁且这些区段刚好属于要排列的进路的某些区段，则进路不能排列。）

⑥ 从洗车厂接收到一个允许洗车的信号（只适用于排列进洗车线的进路）。

⑦ 与相邻联锁通信正常（只适用于排列跨联锁区的进路）。

⑧ 防淹门打开且未请求关闭（只适用于排列通过防淹门的进路）。

符合以上条件时，进路能排列。进路在排列过程中，进路的道岔（含侧防道岔）能自动转换至进路的正确位置。

（2）进路元素的征用

进路元素的征用是指元素被该进路选用以后，在这些元素解锁之前，一般情况下，其他任何进路将不能使用。

如果进路有效，进路元素通过了可行性检查，即符合进路的排列条件，则联锁系统对进路的元素进行征用，征用情况如下：

① 进路中所有处于与进路要求位置相反位置上的道岔必须进行转换，并且把所有道岔锁闭在进路要求的位置上。

② 进路中所有轨道区段和信号机被解锁之前，其他进路不能征用。

③ 要求提供侧面防护（例如，符合条件的侧防道岔能自动转换至侧防位置，并被电子锁定）。

④ 要求提供保护区段或延时保护区段。

注意区分进路的道岔和道岔区段被征用的现象：被征用轨道区段（含道岔区段），其颜色背景为绿色光带（保护区段为淡绿色）；被征用的道岔，在 LOW 上显示其编号被长方形框框住。道岔区段被征用时，该道岔不一定被征用；但进路的道岔被征用时，道岔区段一定被征用（侧防道岔除外）。

在排列进路前或在排列进路的过程当中，若进路中有道岔（含保护区段的道岔）出现挤岔、转不到位或连接中断的故障，则在排列进路后故障道岔不能被征用，但进路的其他元素可以被征用（如进路中故障道岔的侧防道岔可以被征用），且联锁系统保持检查故障道岔的征用条件。当道岔电路恢复正常，且在需要时执行"挤岔恢复"或"转换道岔"命令后，道岔能被征用，且信号能自动开放。例如（以下故障情况只适用于 1 号线）：在排列进路前，监控区段的初始位置与进路要求的位置相同的道岔出现挤岔的故障，通过该故障道岔排列进路，故障道岔没有被征用，信号处在非监控层。当道岔电路恢复正常，执行"挤岔恢复"命令后，该道岔将转换到进路的相反位置，此时再执行"转换道岔"命令后，该道岔能转回正确的位置并被电子锁定，信号自动开放。在以上情况中，当故障道岔的初始位置与进路要求的位置相反时，在道岔电路恢复正常后，只需执行"挤岔恢复"命令，该道岔将转换到进路的正确位置并被电子锁定，信号自动开放。

要建立进路，必须满足以下两个条件：

① 进路的排列条件已满足。

② 在排列进路前或在排列进路的过程当中，进路的道岔无挤岔、转不到位或连接中断的故障。

（3）进路的监控及开放信号

当进路已排列，且满足了进路建立的前提条件后，信号将进入监控层，联锁系统将开始周期性地对进路中的元素进行检查。进路的信号根据达到的监控条件可分为两种监控层次：主信号层和引导层。主信号层一旦达到，只要始端信号机正常，信号机将自动开放，引导层则不能自动开放信号，必须人工执行"开放引导"这个命令才能开放引导信号。

进路在监控期间，监控区段的道岔出现转不到位（该故障现象只适合 2 号线）或连接中断的故障，则信号立即降为非监控层，同时电子锁定的道岔未被释放（此时执行"转换道岔"命令，联锁将拒绝执行。），联锁系统保持检查故障道岔的征用条件。当道岔恢复正常后，道岔能再次被征用，信号又进入了监控层，此时信号需要人工开放。

进路在监控期间，监控区段的道岔出现挤岔的故障（该故障现象只适合 1 号线），即使道岔电路恢复正常，由于"挤岔恢复"是安全相关的命令，联锁系统也不能自动消除挤岔现象，必须人工介入操作才能消除。因该故障道岔仍被征用，从而不符合"挤岔恢复"命令的执行条件，所以在 LOW 上执行"挤岔恢复"命令后，联锁将拒绝执行。此时，若要重新建立该进路，必须执行取消该进路的操作，然后再重新排列该进路。

① 非监控层。

信号处在非监控层时，在 LOW 上显示信号机基础为红色。信号处在非监控层有以下两种情况：a. 不在进路状态，即进路还未排列。b. 在进路排列前或进路排列后，因监控区段的道岔有挤岔、转不到位或连接中断的故障，从而不满足进路的建立条件。

信号处在非监控层时，为保证列车运行安全，联锁系统不允许开放信号（含引导信号）。

② 主信号层。

信号处在主信号层时，在 LOW 上显示始端信号机基础为绿色。

满足进路主信号层的条件为：

➤ 进路的道岔位于正确的位置且被电子锁定。

➤ 进路的侧防条件已满足。

➤ 进路全部区段被征用，并且相应的监控区段逻辑空闲。

➤ 进路的道岔没有储存的 kick-off 控制故障（道岔 kick-off 故障，道岔标号闪烁）。

➤ 终端信号机的红灯信号能正确显示。

➤ 防淹门打开且不请求关闭（只适用于排列通过防淹门的进路）。

> 洗车线给出了洗车允许信号（只适用于排列通过洗车线的进路）。

③ 引导层。

引导层是主信号层的后备，当进路的主信号层不能满足，信号将自动降为引导层，引导层也不能满足时，信号自动降为非监控层。信号处在引导层时，在 LOW 上显示始端信号机基础为黄色。

进路满足引导层的条件为：

> 进路中所有轨道区段被进路征用。
> 进路中的道岔在进路要求的位置且被电子锁定。
> 防淹门打开且没有请求关闭（只适用于排列通过防淹门的进路）。
> 洗车线给出了洗车允许信号（只适用于排列通过洗车线的进路）。

满足以上条件，则信号可进入引导层。

信号达到引导层的条件为：

> 监控区段非逻辑空闲。
> 终端信号机红灯灭灯。
> 提供的侧防出现以下情况之一：
● 只有一级侧防且无侵限区段作为侧防时，用于侧防的道岔位置不正确（或有挤岔、转不到位或连接中断的故障）或侧防的信号机红灯灭灯（或连接中断的故障）。
● 一级侧防道岔位置不正确（或故障），且二级侧防的信号机红灯灭灯（或连接中断的故障）。
● 一级侧防道岔位置不正确（或故障），且该侧防道岔区段为侵限区段时，该道岔区段非逻辑空闲。
● 进路的道岔储存有 kick-off 控制故障，此时道岔标号闪烁。

（4）信号的开放、重复锁闭及关闭的描述

① 开放信号。

信号可自动开放，也可人工开放。自动开放信号含有绿灯和黄灯，开放绿灯表示进路的所有道岔开通直股，开放黄灯表示进路中至少有一个道岔开通侧股。人工开放的信号有绿灯、黄灯及引导信号（红灯+黄灯）。

在进路的建立过程中满足以下条件时，信号可自动开放：

> 信号达到主信号层。
> 始端信号机正常。
> 始端信号机没有开放引导信号。
> 始端信号机未被封锁。
> 始端信号机未设置重复锁闭。

② 开放引导信号的条件

> 引导层的条件已满足。
> 信号未开放。
> 列车已占用始端信号机前方的轨道区段——接近区段。
> 始端信号机红灯和黄灯正常。

当满足以上四个条件时，可人工开放引导信号。

注意：当引导信号开放后，列车只能以 RM 或 URM 模式通过本次进路。但是，列车已通过监控区段后，如果重新建立该进路，开放黄灯或绿灯信号，则该列车以 RM 模式再越过两个轨道区段后能自动切换到 SM 模式。

③ 信号重复锁闭的功能描述。

信号在开放期间，当列车刚越过始端信号机还没有出清接近区段或进路出现故障而不再满足信号开放的条件时，联锁系统会自动关闭信号，且对相应的信号机设置重复锁闭功能，此时，在 LOW 上显示该信号机基柱为蓝色。当进路的故障已恢复且满足信号开放的条件时，联锁系统也不允许信号自动开放。只有在确认可以开放信号之后，才能人工开放信号。

信号在开放期间，列车越过始端信号机出清了进路的第一个轨道区段或执行取消进路、人工开放信号命令后，信号重复锁闭将被取消。

注意：信号在开放期间，进路的第一个区段被强行解锁后，信号被关闭，且不在重复锁闭状态。此时，在 LOW 上显示相应的信号机颜色为红红红。

④ 人工关闭信号。

信号机在开放状态或引导信号状态时可用"单关信号"命令关闭信号，同时也可以使用"关站信号"或"关区信号"命令分别关闭且封锁一个车站或一个联锁区的所有信号机。

⑤ 人工开放信号。

由于人工关闭信号或进路监控暂时故障而关闭了信号，当信号机开放条件满足时，用"开放信号"命令可使它重新开放。

⑥ 关闭信号的描述。

信号在开放期间，当列车刚越过始端信号机或进路出现故障使信号从主信号层降到监控层（或非监控层）或联锁系统接收到一个操作（例如：关单信号或封锁信号）来请求关闭开放的信号机时，开放的信号机立即被关闭。

⑦ 关闭引导信号的条件。

满足以下条件之一时，引导信号立即被关闭：

➤ 引导信号在开放期间，当列车越过始端信号机占用进路的第一个区段时。

➤ 引导信号在开放期间，进路出现故障使信号从监控层降到非监控层。

➤ 联锁系统接收到一个操作（例如：关单信号或封锁信号）来请求关闭开放的信号机时。

➤ 引导信号开放 60 s 后，自动关闭。

3. 进路的解锁

进路建立后，显然不可能一直建立而不将它释放，进路建立后再将它释放的手段称为进路的解锁。进路解锁可分为列车正常解锁、人工取消进路及区段强行解锁。

（1）列车正常解锁

列车正常解锁是指列车通过了进路中的轨道区段后，使进路自动解锁。

① 列车正常解锁的原理。

轨道电路是检查区段是否空闲以及列车是否已通过该区段的基本技术手段。但仅用一段轨道电路的动作，又不能确切反映列车已通过了该区段，因而有必要采用多段轨道电路的顺序动作来反映列车的实际运行情况。原则上采用三段轨道道路的动作状态并配以时间参数作为解锁的条件，就能确切地知道列车已通过该区段，这就是我们常称的三点检查法。联锁系统利用三点检查法来自动解锁进路。

进路中单个区段的解锁条件如下：

➢ 上一区段的轨道电路和本区段的轨道电路必须曾同时被物理占用过。

➢ 上一区段的轨道电路出清时，本区段的轨道电路继续被物理占用。

➢ 本区段的轨道电路和下一区段的轨道电路必须曾同时被物理占有过。

➢ 本区段的轨道电路出清时，下一区段的轨道电路必须被物理占用。

➢ 上一区段的轨道电路已解锁。

如果满足上述条件，则本区段的轨道电路将自动解锁。同理，进路的其他区段也将逐个自动解锁。

人工解锁有取消进路及单个区段强行解锁两种，其中取消进路可分为立即取消和延时取消解锁。

② 取消进路的条件。

要取消一条进路，必须同时满足下述条件：

➢ 要取消的进路必须为一条已排列的完整的进路。

➢ 进路的第一个轨道区段逻辑空闲。

➢ 进路区段解锁的延时还没有开始。例如：当列车在接近区段时，人工强解进路中的区段，能出现区段延时解锁现象。此时，执行"取消进路"命令，联锁系统拒绝执行。

③ 执行取消进路的操作后的现象。

➢ 始端信号机立即关闭。

➢ 列车未占用设计的接近区段，进路立即取消。

➢ 列车已占用接近区段，但始端信号机未曾开放过信号（始端信号机基柱在 LOW 上显示为红色），进路立即取消。

➢ 列车已占用接近区段，且始端信号机已开放信号或信号在重复锁闭状态（始端信号机基柱在 LOW 上显示为蓝色），进路将延时（30 s）取消。

➢ 在信号已开放因故又被关闭后列车才占用接近区段时，此时执行取消进路操作，进路能立即取消。

➢ 如果进路中没有列车占用，可以取消整条进路。

➢ 如果进路中有列车占用，进路取消只能取消到最后一列车后面的轨道区段（如果在进路延时取消当中，则列车位置为进路延时取消后的实际位置，并不是操作取消进路命令时的位置）。

➢ 如果在取消进路的延时过程中对该进路执行"排列进路"的命令，联锁将拒绝执行（此时进路的监控区段仍被征用，所以进路不能再排列），但在执行"开放信号"命令后，联锁系统立即开放信号。

④ 单个区段的强行解锁。

对于单个区段的强行解锁，只要满足该轨道区段是在进路征用或保护区段征用状态即可。

执行强行解锁区段的操作后的现象：

> 始端信号机关闭。

> 如果接近区段有列车占用，进路中任何一个要强解的区段将延时（30 s）解锁。

> 任何在保护区段中的轨道区段，要强解时，均延时（30 s）解锁。

> 在进路延时或保护区段的延时开始时，在该进路或保护区段中的任何其他轨道区段都仍可强行解锁。

> 进路元素强解后，相应的侧防元素也立即解锁。（如果侧防元素同时还作为其他已建立的进路的侧防元素时，则该侧防元素仍会被征用，直至进路所有相关元素已解锁。）

> 区段被强行解锁后，将会取消进路或保护区段对该所选轨道区段的征用。

> 如果区段正延时解锁，这时对该进路执行"排列进路"的命令，联锁将拒绝执行，而执行"开放信号"命令后，该区段的解锁立刻被取消。

不延时解锁进路中的轨道区段的条件是：进路逻辑空闲（在相邻联锁区的进路区段边界逻辑空闲）和联锁边界的通信正常（适用于跨联锁的进路），且接近区段逻辑空闲。

（2）列车的折返解锁

对于列车的折返运行，折返轨的解锁将会按照下面的条件进行：

① 折返进路已排列，列车确实已折返。

② 折返轨已占用且出清。

如果折返进路存在保护区段，从列车占用目的轨开始，保护区段也是延时 30 s 后自动解锁。

（3）保护区段的解锁

对于保护区段的解锁，可分为延时解锁及通过解锁两种。当列车占用目的轨后，保护区段就开始延时解锁，但在延时中，保护区段必须保持逻辑空闲，在延时过后，保护区段将会自动解锁。而当列车占用保护区段，且通过出清保护区段后，保护区段将正常解锁。

（4）侧防元素的解锁

在前面我们讲到的进路和保护区段的解锁均属于主动解锁，即均在列车通过后可以自动解锁。侧防元素的解锁属于被动解锁，即列车通过该防护元件后，元件不能解锁，只有在要求提供防护的元件解锁后，该防护元件才能解锁。此时，不需理会侧防区段是空闲还是占用。

4. 接近区段的描述

为了提高排列进路的效率及满足开放引导信号的条件，联锁系统设置了以下几种接近区段。

（1）用于设置自排进路和追踪进路的接近区段的定义

用于自排进路和追踪进路功能的接近区段为进路始端信号机前方的连续几个区段（一般由 1~5 个轨道区段组成），在设计时已设置好，根据每条进路的特点，有的位于始端信号机前方约 600 m 已设置接近区段，有的位于始端信号机前方约 300 m 才设置接近区段。

一旦列车占用了接近区段，且追踪进路的其他条件已满足，追踪进路立即排列。

信号系统可根据列车自动调整功能进行延时优化自排进路接近区段的启动点（例如，

根据列车自动调整状况的需求，有时候列车占用第一个接近区段，自排进路立即排列；有时要延时一段时间之后才排列；有时候列车占用第二个或之后的接近区段，自排进路才允许排列）。

（2）用于设置引导信号的接近区段的定义

用于满足开放引导信号条件的接近区段一般为始端信号机前方的第一个轨道区段（如果该区段不够一个 ATP 保护区段长度时，可增加一个区段）。

为方便接近区段的描述，现以图 4-3-2 进行说明。

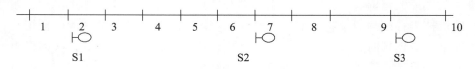

图 4-3-2　接近区段描述辅助图

如图 4-3-2 所示，可假设在 S2—S3 进路中，联锁系统设计了：

用于自排进路和追踪进路功能的接近区段为区段 4、5、6。而用于开放引导信号的接近区段为区段 6。

（3）设置追踪进路的描述

为了满足基本运营需要，联锁系统还设置了追踪进路功能。当 ATS 系统故障时，可使用追踪进路功能排列进路。

① 追踪进路自动排列的条件为：

➢ 进路的追踪进路功能已经打开。

➢ 前序进路已排列（具有追踪功能的接近区段的进路已排列）。

➢ 列车占用追踪进路的接近区段。

② 追踪进路的特点：

➢ 追踪进路运行方向通常是正常运营的方向。

➢ 追踪进路可设置始点站、终点站的折返进路，但不能设置中间站的折返进路（除非是特殊设计要求）。

（4）取消进路时的接近区段的定义

取消进路时的接近区段的定义是指用于设置引导信号的接近区段。

当接近区段无列车占用时，进路可以无延时地直接取消。

当接近区段有车占用且始端信号机在开放状态或在重复锁闭状态时，只能在延时结束后，同时保证接近的列车没有越过始端信号机的情况下，进路才会被取消。

（5）保护区段延时解锁的接近区段的定义

通常是列车占用目的轨（通常是主进路的最后一个区段）时保护区段开始延时解锁，当目的轨由几个轨道电路区段组成时，应该通过设计固定哪个目的轨的轨道电路用于触发保护区段的延时解锁。

保护区段延时解锁的接近区段通常是主进路的最后一个区段（如果这个区段不够一个 ATP 保护区段长度时，可增加一个区段）。

（6）设置延时保护区段的接近区段的定义

对于正线的长进路来说，为了不妨碍其他列车在此长进路的终端信号机后方区段的运行，排列进路时不应设置保护区段，从而使其他列车还可以在目的信号机的后方运行，因而，保护区段可以在只有当设计的保护区段的接近区段占用时才设置。

设置延时保护区段的接近区段为该进路的终端信号机的前方的某一个区段，在设计时已设定好，一般位于终端信号机前方 450～600 m。（信号系统一般设计一个区段作为保护区段的接近区段）。

二、常见故障及处理方法

1. 工作站死机

当 LOW 或 C-LOW 发生死机故障时，必须复位工作站的主机。复位主机的步骤是：

（1）同时按下 Ctrl+Alt+Del 键，在弹出 WindowsNTsecurity 任务管理对话框后，用 Tab 键（或鼠标）选择 logoff 按钮，然后按回车确认，系统自动复位。若同时按下 Ctrl+Alt+Del 键后主机无反应，则关闭主机电源，10 s 后重新打开主机电源，系统自动复位。

（2）在系统自动复位过程中，根据界面提示同时按下 Ctrl+Alt+Del 键后立刻弹出 WindowsNT 登录窗口，在用户名区域输入 operator 后，然后按回车确认，系统将自动装载中文之星和工作站应用软件。

（3）当界面出现联锁区域的站场图像及其功能软键时，即重启完毕。

2. 工作站界面站场图全灰

（1）若 LOW 与 C-LOW 工作站对应联锁区同时灰显，则判断为 SICAS 计算机故障或该联锁机柜内 profibus 总线故障。若 C-LOW 显示正常仅某一 LOW 工作站灰显，或者 C-LOW 工作站界面站场图全灰但各联锁站 LOW 工作站显示正常，则判断为各自主机通信回路故障。检查主机背面的双通道光纤接头是否松动或脱落。

（2）若确认 SICAS 计算机故障，在故障恢复后，工作站显示对应联锁区全区粉红光带。此时由车站必须执行"全区逻空"和"重启令解"命令。若操作权限无"全区逻空"功能或执行"全区逻空"无效，只能执行"轨区逻空"或"岔区逻空"命令来逻空每个区段。

3. 登录系统后无法对任何信号元素进行操作

若鼠标能够正常移动，原因则是本工作站没有取得控制权。取得控制权后再进行相关操作。

4. 进路正常建立，信号开放后，但无法正常无法取消进路

若联锁机工作正常且工作站的硬件与软件正常时，原因则是取消进路时保护区段选项与建立进路时保护区段选项选择不一致。取消进路时保持保护区段选项与建立进路时保持一致，或者逐段强解进路中的各个区段。

5. 进路建立后始端信号机无法正常开放信号

出现这种情况的原因及处理对策如下：

（1）信号机允许灯光灯泡断丝。此时会有相应的报警提示，若为绿灯断丝，可以在具备开放引导信号的条件时开放引导信号。

（2）进路上存在某处侧防条件没有满足。若此现象一直存在，可以在具备开放引导信号的条件时开放引导信号。

（3）终端信号机灰显或灭灯。在具备开放引导信号的条件时开放引导信号。

（4）始端信号机被封锁。解封信号机后即可开放信号。

（5）监控区段非逻辑空闲。在具备开放引导信号的条件时开放引导信号。非物理占用（即粉红光带）时，可在相关规定允许的条件下采用轨区逻空（岔区逻空）命令将之消除。

（6）进路内某道岔故障。取消进路，操作实验道岔，故障现象无法消除时，需变更路径，或待故障消除后，再建立通过此道岔位置的进路。

6. 操作道岔或排列进路时道岔无法正常转动（道岔图标显示不会改变），但又没有 ABC 类报警信息提示

出现这种情况的原因及处理对策如下：

（1）道岔被单锁。需要执行"取消锁定"再次尝试排列进路或操作道岔。

（2）道岔被进路锁闭。需要取消原有进路，再次尝试排列进路或操作道岔。

（3）道岔被侧防征用。需要取消主进路或强行解锁被防护的元素来解除侧防征用，再次尝试排列进路或操作道岔。

（4）存在反向没有解锁的区段、保护区段。解锁对应区段即可。

（5）存在正向没有解锁的监控区段。解锁对应区段即可。

（6）进路内存在被封锁的区段。解封对应区段即可。

7. 进路内方出现红色或粉红光带但故障区段外没有绿色光带情况下，无法正常建立进路

出现这种情况的原因及处理对策如下：

（1）红色或粉红光带所处的区段没有解锁。而且其所处的区段没有解锁。

（2）进路内方某道岔被锁闭在建立进路所需的反向位置。取消道岔锁定即可。

（3）存在反向没有解锁保护区段。解锁对应区段即可。

（4）进路内存在被封锁的区段。解封对应区段即可。

8. 综合信息显示栏显示各种信号设备供电的故障

当综合信息显示栏出现红色字体报警信息时立即报告，通知维修人员赶快处理故障。例如，当综合信息显示栏的"电网供电"显示红色，如果不是信息采集电路故障，则表示信号系统电源供电已转为 UPS 蓄电池供电。此时，在故障未修复前，本联锁站设备将在半小时至一小时内因 UPS 蓄电池供电完毕而停止运作。遇到这种情况应立即汇报，通知维修人员处理故障。

第四节 人机接口 MMI 工作站的简介

一、MMI 工作站描述

MMI 工作站是操作员和受控信号设备之间的一个操作界面，是 ATS 系统设备的操作终端，操作员可以使用 MMI 控制信号设备和调整列车的运行。MMI 以平面布置图显示信号设备与列车相关信息给操作员，显示地铁的实际运行状态，监视列车的运行。

操作员可使用"系统图"来获得信号系统设备状态的有关信息。信号设备故障时会通过声音报警以及图形图标变化的形式告知操作员，同时故障表示或事件会以列表的形式报告给操作员，操作员可通过特殊的按钮进行查看。

操作员在 MMI 上可以通过调用列车运行图来监督时刻表实施情况，运行图中有计划和实际车次的运行情况。

操作员可使用"轨道图"结合对话按钮来完成信号设备的相关操作以及列车运行调整工作。

正常情况下，地铁的运行是自动进行的。在遇到特殊的原因或者是设备受到干扰时，操作员必须人工介入，调整实际列车的运行。操作员介入时，可以使用不同的操作对话框，进行排列进路或者人工列车调整。

MMI 工作站分布于行调、主调、车厂调度、车厂信号值班员、ATS 维护员等岗位处所。其中行调岗位设有 3 套，主调岗位设有 1 套。

MMI 工作站硬件构成如图 4-4-1 所示。

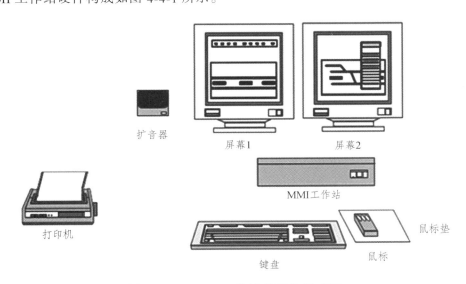

图 4-4-1 MMI 工作站的硬件组成图

二、MMI 工作站的功能

1. 视图功能

通过视图的方式显示受控信号设备的状态信息。MMI 工作站的主要视图信息有：ATS 信号基本窗图、投影图、轨道图、系统图。

2. 对话功能

通过对话框对话应答（即操作与显示）的形式接受与完成操作员发出的各种操作指令。主要对话功能有：车辆段服务对话、列车运行监视对话、联锁对话、局部控制盘对话、时刻表装载对话、运行图表示对话、装载归档数据对话、自动列车调整对话、自诊断对话、录放对话、授权/职责对话、锁屏对话、拷屏对话。

3. 信息功能

通过系统自带的监测功能，对检测到的信号设备不同级别的故障信息以及操作员操作信息给出相应的告示，包括文字、声音、图形等形式。信息主要内容有：A 类信息和报警、B 类信息和报警、C 类信息和报警、命令列表、操作日记、操作报告、车站报告、车次报告、乘务号报告。

4. 操作员和 MMI 之间的交互信息

（1）工作站给出完全的图形信息表示。

（2）工作站采用多窗口技术。

（3）每个报警状态都会立即显示出来，该显示采用声光报警方式。

（4）操作员的每个动作（操作/命令）都有一个响应（显示）。

（5）由于一系列的单个操作组成了操作序列，因此设置了重置操作取消（BREAK）按钮，能够撤销或中断先前的操作。

（6）操作范围取决于用户权限。用户的权限是由操作员进入系统时输入的用户名和口令决定的，工作站的权限取决于工作站职权设定结果。

（7）信息通过所有处理它们的工作站来传递。

（8）原则上使用鼠标输入信息，只有在特殊情况下，例如输入列车识别信息时，才使用键盘。

（9）MMI 检查所有的键盘输入法则。

（10）对话基于智能操作员指引的原理。这就是说，在操作员处理操作过程中只能用有效的功能操作。

三、操作方式

多数情况下采用鼠标完成各种操作，需要输入数字与字母时才启用键盘。鼠标按键有三个，分为左键、中建、右键。通常情况下，用左键单击用于选定操作对象及执行操作；左键按住拖动用于移动窗口；中建按住拖动用于移动及缩放图形或移动可移动的按钮；右键单击用于部分元素的快捷对话框以及特定的第三元素选定。键盘输入数据时，数据输入完后以 RETURN 回车键结束。

MMI 工作站的一般操作形式如下：

1. 拖拉/移动

用鼠标左键点击窗口顶行按住不放，拖至所需位置即可实现窗口移动。

用鼠标中键点击图形某处按住不放，拖至所需位置即可实现图形移动。

2. 关闭/缩小/前置

（1）关闭窗口用左键单击窗口顶行左上角的"▢"图标，或者用右键单击窗口顶行，在出现的快捷菜单中，左键单击选定对应的指令"CLOSE"。

（2）缩小窗口采用左键单击窗口顶行右上角的"▢"图标，窗口被缩小保存为图标▢。

（3）前置窗口用左键单击窗口蓝色边框或者对话窗的顶行，使重叠的菜单或窗口被放置到其他窗口的最前面，用于显示或进行其他操作。

3. 点击和响应

点击：用于选定对象，用左键单击对象。

响应：选定对象后，对象被传送至对象窗口的"输入/输出行"，提示操作员。如在某一区段对应的车次窗内输入车次时，左键单击对象后在输出行上出现的响应信息如图标"XIG JNX TTC1407"

4. 控制键操作

各种窗口（菜单对话框）的控制键主要有"返回""执行""关闭"等。

返回 左键单击窗口上的此键，激活此键，对话窗将返回到基本状态；通过激活基本状态中的此键，对话窗返回到操作菜单。

执行 左键单击窗口上的此键，程序被激活，命令被继续执行。

关闭 左键单击窗口上的此键，将结束操作并关闭菜单。

5. 功能键操作

各种窗口（菜单对话框）中除了控制键外的其他键通常为功能键。功能键操作通过左键单击激活其功能，然后通过鼠标或与键盘结合完成后续操作。

第五节　人机接口 MMI 工作站的常规操作

一、MMI 工作站登录与退出

1. 登录

工作站重启，进入操作系统后由维护人员通过键盘输入用户名与密码登录系统。随后工作站装载的 VICOS 应用软件将自动启动，工作站将进入 VICOS 菜单界面，如图 4-5-1 所示。

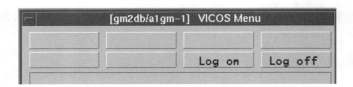

图 4-5-1　VICOS 菜单

左键单击控制键"Logon"，启动 VICOS 应用程序登录界面，如图 4-5-2 所示。

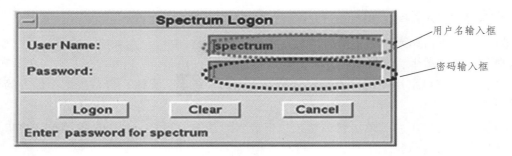

图 4-5-2　VICOS 应用程序登录界面

操作员在对应的输入框中输入有效的用户名与密码，左键单击控制键"Logon"，出现声音信号并进入新的 VICOS 菜单（即工作站操作界面），如图 4-5-3 所示。

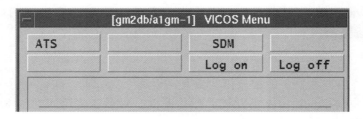

图 4-5-3　VICOS 菜单

此时系统已成功登录。

点击"ATS"按钮，在屏幕的上方边缘将出现信号基本窗口，窗口大小不能调整，且基本信号窗也不能缩成小图标，窗口如图 4-5-4 所示。

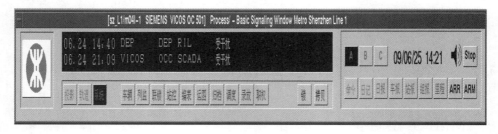

图 4-5-4　信号基本窗口

用鼠标左键单击窗口上的对话按钮"锁"，将又出现 VICOS 应用程序登录界面，重新输入用户名与密码，用以更换不同的使用者。

2. 退出

用鼠标右键点击基本信号窗口内部区域，将出现 VICOS 菜单，如图 4-5-5 所示。

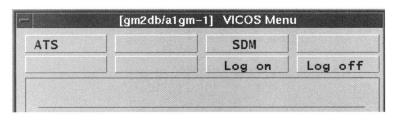

图 4-5-5　VICOS 菜单

左键单击控制键"Logoff"，将退出 VICOS 应用程序。

3. 口令修订

当操作员输错用户名或密码需要修改时，通过登录界面上的 Clear 键进行修改。登录界面如图 4-5-6 所示。

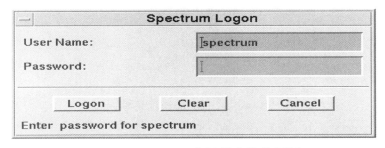

图 4-5-6　VICOS 应用程序登录界面

点击登录界面上的 Cancel 用以关闭此界面窗口。

二、工作区菜单操作

鼠标右键点击桌面，即可调出工作区菜单，如图 4-5-7 所示。

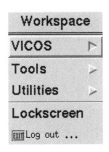

图 4-5-7　工作区菜单

1. VICOS 下拉菜单介绍

左键单击 VICOS 箭头，将出现 VICOS 操作快捷菜单，如图 4-5-8 所示。

图 4-5-8　VICOS 快捷菜单

（1）Unlock VICOS 用于在解锁 VICOS 时，口令输入窗显示，用户必须再次登录。

（2）Shutdown local VICOS 用于关闭当前的 VICOS。

（3）Restart local VICOS 用于重启 spectrum（工作站）。

2. Tools ▷ 下拉菜单介绍

左键单击 Tools ▷ 箭头，将出现工具操作菜单，如图 4-5-9 所示。

图 4-5-9　Tools 快捷菜单

（1）Calculator... 用于显示计算器。

（2）Clock 用于显示时钟。

3. Utilities ▷ 下拉菜单介绍

左键单击 Utilities ▷ 箭头，将出现功能操作菜单，如图 4-5-10 所示。

图 4-5-10　Utilities 快捷菜单

（1）Refresh... 用于刷新屏幕内容。

（2）Administrator 用于显示管理员操作界面。

4. Lockscreen 介绍

左键单击此键 Lockscreen ，用于锁住屏幕。

5. EXIT Log out ... 介绍

左键单击此键 EXIT Log out ... ，用于退出系统，系统可以用"SPUS"命令重新激活。

三、基本信号窗上的相关按钮操作

左键单击选择 VICOS 菜单 **ATS** 按钮，基本信号窗将出现在屏幕的上方边缘。基本信号窗不能改变大小，也不能缩成小图标，窗口如图 4-5-11 所示。

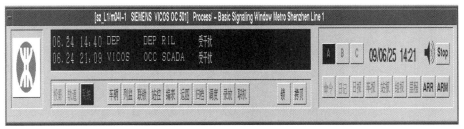

图 4-5-11　基本信号窗

基本信号窗包含四种不同的软键组：总图选择按钮；对话按钮；维护功能按钮；信息功能按钮。通过这些软键，可触发该键的功能。

1. 总图选择按钮

总图选择按钮包括投影图、轨道图和系统图。通过左键单击对应的按钮启动对应的视图。

（1）投影视图

采用左键单击"投影"按钮，启动投影视图，用于背投图形，和大屏图形显示一致，如图 4-5-12 所示。

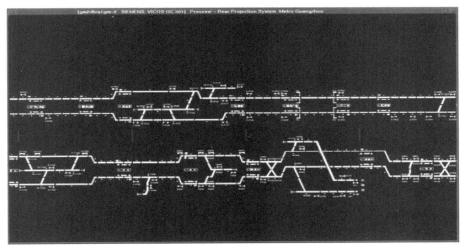

图 4-5-12　投影图

（2）轨道视图

采用左键单击"轨道"按钮启动轨道视图，轨道图用高集成的形式显示完整的轨道设备。通过左键单击轨道图上的车站符号▇，启动轨道图下一级视图---详细图。视图分别如图 4-5-13 和图 4-5-14 所示。

（3）系统视图。

采用左键单击"系统"按钮启动系统视图，显示系统计算机设备及附属子系统的配置及当前计算机设备的状态。通过点击箭头可以展开显示下属设备的状态，如图 4-5-15 所示。

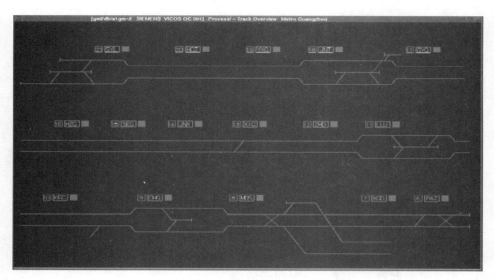

图 4-5-13　轨道图

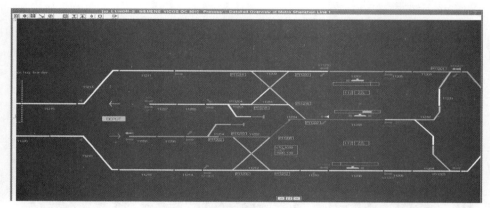

图 4-5-14　详细图

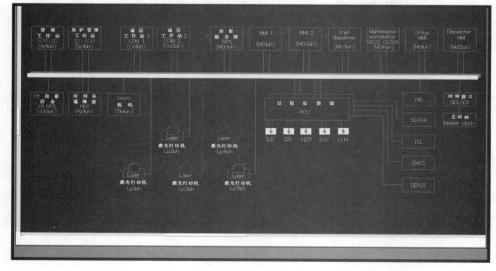

图 4-5-15　系统图

窗口显示颜色意义说明：

① 亮灰表示无信息、连接中断。

② 红色表示设备故障，或没有连接。

③ 绿色表示设备正常且通信正常。

④ 蓝色表示设备正常且通信正常，为热备状态。

2. 维护功能按钮

维护功能按钮包括"锁"与"拷贝"两个功能按钮。

（1）"锁"键

通过左键单击"锁"键锁住屏幕（锁屏），出现 VICOS 登录窗口如图 4-5-16 所示，操作员未重新登录之前无法对工作站上的信号元素进行操作。通过输入有效的用户名及密码后方可解锁屏幕，进行有关操作。

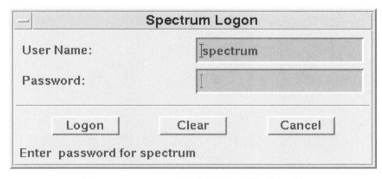

图 4-5-16　VICOS 应用程序登录界面

（2）"拷贝"键

通过左键单击"拷贝"键将出现下图窗口。主要用于抓屏拷贝，可进行复制整个屏幕、一个窗口以及选择拷屏。选项设置窗口如图 4-5-17 所示。

图 4-5-17　选项设置窗口

3．对话按钮

对话按钮主要有车辆、列监、联锁、站控、编表、运图、归档、调度、录放、职权等，如图 4-5-18 所示。

图 4-5-18　对话按钮窗口

（1）"车辆"——车辆段服务对话按钮。该按钮功能用于完成里程和车组管理相关操作。

（2）"列监"——列车运行监视对话按钮。该按钮功能用于完成以下操作：

① 输入列车车次号。

② 更换列车车次号。

③ 删除列车车次号。

④ 列车车次号人工步进。

⑤ 搜索列车车次号。

⑥ 基于列车的 ARS 操作。

⑦ 旅客信息系统（PIIS）的操作。

⑧ 列车运行的时间修正。

（3）"联锁"——联锁对话按钮。该按钮功能可通过选择相应的信号元素用于完成以下操作。

① 选择联锁所在的车站，可提供下列功能：

➢ 自排全开——全部信号机处于自动排列进路状态。

➢ 自排全关——全部信号机处于人工排列进路状态。

➢ 追踪全开——全部信号机由联锁自动排列追踪进路。

➢ 追踪全关——全部信号机取消由联锁自动排列追踪进路。

➢ 关区信号——关闭联锁区全部信号机，并封锁信号机。

➢ 交出控制——交出控制权。

➢ 接收控制——接收控制权。

➢ 关站信号——关闭车站所有信号机，并封锁信号机。

② 选择轨道元素（在详细图中），可以提供下列功能：

➢ 封锁区段——禁止通过轨道区段排列进路。

➢ 列车换向——折返命令，指示 ATP/ATO 进行列车驾驶端切换。

➢ 终止站停——取消运营停车点。

➢ 换上至下——换机车位置。

➢ 换下至上——换机车位置。

③ 选择道岔（在详细图中），可提供下列功能：

➢ 单独锁定——锁定单个道岔，阻止转换。

➢ 转换道岔——转换道岔。

> 封锁道岔——禁止通过道岔排列进路。

④ 选择信号机（在详细图中），可提供下列功能：

> 关单信号——设置信号机为关闭状态。

> 封锁信号——封锁在关闭状态下的信号机。

> 自排单开——设置单架信号机处于自动排列进路状态。

> 自排单关——设置单架信号机处于人工排列进路状态。

> 追踪单开——单架信号机由联锁自动排列进路。

> 追踪单关——单架信号机取消由联锁自动排列进路。

> 开放信号——设置信号机为开放状态。

⑤ 选择进路（在详细图中），点击始端信号机和终端信号机，提供下列功能：

> 排列进路——排列进路。

> 取消进路——取消进路。

⑥ 选择变更进路（在详细图中），点击始端 – 信号机，进路变更点和终端信号机，提供下列功能：

> 排列进路——设置进路。

> 取消进路——解锁进路。

（4）"站控"——就地控制盘按钮。类似如车站 LCP 上的 ATS 相关功能，该对话用于完成信号就地控制盘的操作，主要可以完成以下操作：

① 保持信号——即扣车，保持停车点。

② 继续——即解除扣车，与"保持信号"属于对应关系。

③ 信号返回——连续扣车，自设置站台起，后面各站均被同时设置扣车。

④ 略过此信号——即设置跳停，类似终止站停但不等同，列车将在本站台不停站通过，仅一列次有效。

"保持信号"命令级别高于"略过此信号"命令。执行"略过此信号"命令之后可以通过"保持信号"命令保持停车点。

（5）"编表"——时刻表编辑器按钮。主要用于装载时刻表及显示时刻表信息。

（6）"运图"——列车运行图显示按钮。主要用于运行图显示及启动运行图相关操作。

有关列车运行图操作的对话。在列车运行图显示系统中，列车行程是用时间轴和位置轴组成的二维坐标系统图形表示的。一个列车行程用一条列车运行线来表示，列车运行线的倾斜度表示列车的速度。

下列操作可以在运行图系统中直接使用：

① 菜单选择：分为窗口、调整、显示三个选项。

> 窗口：用于关闭及硬拷贝打印窗口显示的运行图。

> 调整：用于返回标准运行图或调整运行图不同元素的颜色。

> 显示：用于显示运行图（含当天的运行图及归档的运行图）。

② 在运行图上直接点击列车运行线可显示该列车的附加信息。

③ 通过运行图缩放可选择可视部分的大小。

④ 通过运行图定位可选择可视部分的位置。

（7）"归档"——归档按钮。已执行的时刻表必须归档保存，用于可调出 48 小时以外的已执行时刻表。

（8）"调度"——人工调整列车运行按钮，用于时刻表的在线操作和人工列车运行调整的对话，或调整实际上已经装入的时刻表，可插入或删除一个新的车次以及打印时刻表。

（9）"录放"——记录和播放按钮。用于记录和演示在 MMI 上可见的所有操作和调整，记录和回放信息。

（10）"职权"——变更职责和授权按钮。用于设置工作站职责和工作站的权限。

4. 信息功能按钮

信息功能按钮主要有命令、日记、日报、车报、站报、里程、组报、里程、A 类报警、B 类报警、C 类报警、声音等按钮。

（1）"日报"用于调用每天的操作报告。

（2）"车报"用于调用车次号报告。

（3）"站报"用于调用车站报告。

（4）"组报"用于调用乘务组号报告。

（5）"里程"用于调用里程报告。

（6） **A** 用于调用 A 类信息和报警，最高级别报警。

（7） **B** 用于调用 B 类信息和报警，级别次之。

（8） **C** 用于调用 C 类信息和报警，级别最低。

（9）"命令"用于调用系统发出的命令列表，不可确认。

（10）"日记"用于调用运行日记。

（11） 用于关闭报警声音。

四、MMI 工作站基本元素的显示意义

1. 列车识别号（图 4-5-19）

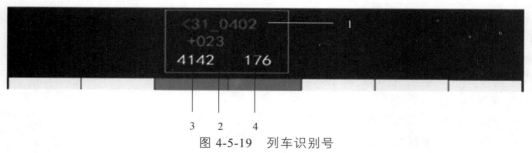

图 4-5-19　列车识别号

（1）符号 1 的显示意义

符号 1 代表列车识别号（车次号），包含目的码、服务号、序号。依次为 31、04、02。

➢　白色：列车识别号内的车组号与车组管理中的车组号相符。

➢ 绿色：列车识别号内的车组号与车组管理中的车组号不一致。

➢ 红色：列车 ATR 功能关闭或为系统自设的默认车次（通常称为错误车次）。

➢ 闪烁：存在多个列车识别号（车次号）重叠。

（2）符号 2 的显示意义

符号 2 代表列车运行时刻与计划线的时间误差值。

➢ 蓝色：列车早点≤-120 s

➢ 绿色：列车早点＞-120 s 和＜-15 s

➢ 黄色：列车正点≥-15 s 和≤+15 s

➢ 粉红色：列车晚点＞+15 s 和＜+120 s

➢ 红色：列车晚点≥+120 s

此数值后附有字母"C"表示操作员修正过运行时间。

（3）符号 3 的显示意义

符号 3 代表车组号，通常采用前两位或后两位偶数除以 2 加上 100 得出车组。如"4142"的车组为 121 车（即 42/2+100 所得）。

（4）符号 4 的显示意义

符号 4 代表司机代码。

2. 车站（图 4-5-20）

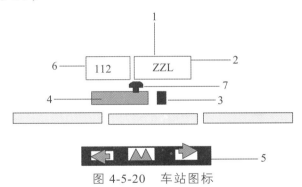

图 4-5-20　车站图标

（1）符号 1 的显示意义

符号 1 代表车站名。

➢ 浅灰：无数据。

➢ 白色：本站没有联锁控制权白闪：本站接收控制权过程中，但没有控制权限。

➢ 绿色：本站具有联锁控制权，此时能否操作信号元素的联锁命令取决于职责分配。

➢ 绿闪：本站交出控制权过程中，但有控制权限。

（2）符号 2 的显示意义

符号 2 表示车站名框架。

➢ 白色：正常显示（平时显示状态）。

➢ 蓝色：该元素被选中状态（即被左键单击）。

（3）符号 3 的显示意义

符号 3 代表运营停车点。

➤ 浅灰：无数据或轨旁 ATP 系统故障。

➤ 红色：运营停车点建立。

➤ 绿色：运营停车点被释放。

（4）符号 4 的显示意义

符号 4 代表列车标志。

➤ 浅灰：无数据。

➤ 深灰：正常。

➤ 绿色：下一列车不停站通过。

➤ 红色：车站 LCP 盘上操作扣车。

➤ 黄色：中央 MMI 上操作扣车。

（5）符号 5 的显示意义

符号 5 代表软键。

➤ 深蓝：用于选择相应的元素，切换显示的内容。

（6）符号 6 的显示意义

符号 6 表示车站序号。

（7）符号 7 的显示意义

符号 7 代表紧急停车标志。

紧急停车标志平时不显示，在车站设置了紧急停车时，该标志将以红色闪烁显示。

3. 轨道区段（图 4-5-21）

11503　　11505　　11507

图 4-5-21　轨道区段图标

（1）符号 1 的显示意义

符号 1 代表轨道区段体（含道岔区段，只是形状显示有所区别），显示意义如下：

➤ 灰色：无数据。

➤ 黄色：空闲。

➤ 绿色：空闲，进路征用。

➤ 浅绿：空闲，进路征用为保护区段。

➤ 红色：物理占用。

➤ 粉红：逻辑占用。

➤ 蓝色：区段封锁。

➤ 绿色或浅绿闪烁：进路或保护区段延时解锁中。

（2）符号 2 的显示意义

符号 2 代表轨道区段的编号。

➢ 灰色：通讯中断，无数据。

➢ 白色：正常显示。

➢ 白闪：轨旁 ATP 故障或通讯故障。

➢ 编号与线段之间显示的红色圆点：表示该轨道区段设置了临时限速。

（3）符号 3 的显示意义

符号 3 代表线路边框，平时不显示。

➢ 红色边框显示：表示该区域牵引供电方式为非正常供电方式或无牵引电流。

4. 道岔

道岔体元素及编号的显示意义与 C-LOW 上的元素显示意义相同。

5. 信号机

信号机元素的显示意义与 C-LOW 上的元素显示意义相同。

五、 常规命令操作及描述

1. 工作站授权与职责

（1）授权描述

工作站授权是指通过具体的设置指定某工作站具备哪些功能与权限。系统设计时已经对各处的工作站进行配置，建议不要改动相关设置。特殊情况需要改动时应由维护部门进行操作设置。具体功能有：

① 工具配置（SDM）。

② ATS 模式（ATS）。

③ 显示轨道图、系统图、报表、列车运行图（VIS）。

④ 自诊断操作（SD）。

⑤ 时表对话和调度对话操作（TT/ATR）。

⑥ 列监对话操作（TMM）。

⑦ 车辆段服务操作（DPS）。

⑧ 在车辆对话中只允许读操作（DPSRO）。

⑨ ILD（联锁对话）和 LCP 对话操作（ILD/LCP）。

⑩ 工作站专用授权的修改（AA）。

⑪ 职责修改（AR）。

⑫ 记录和重放对话（RAP）。

⑬ 报表（REP）。

⑭ 运图调整变更（TGIAD）。

⑮ 背投操作（RPS）。

（2）授权操作界面

授权操作界面如图 4-5-22 所示。

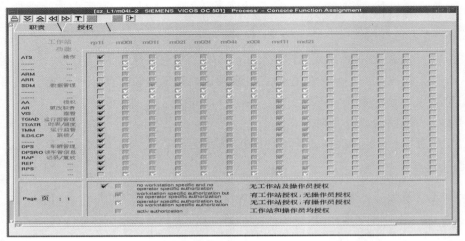

图 4-5-22　授权操作界面

（3）授权操作

左键单击信号基本窗口的"职权"按钮，启动职权操作界面，再左键单击职权操作界面上"授权"按钮。通过左键单击职权界面上的▷▷、◁◁、仝、⟱按钮切换显示未显示的内容，通过左键单击 Ｔ 按钮修改各项设置改变权限，通过左键单击"×"按钮取消修改，通过左键单击"√"按钮完成并保存当前操作。通过左键单击 ⬚ 按钮关闭界面窗口。

（4）职责描述

工作站职责是通过具体的设置指定工作站对某个联锁区或某些联锁区指定联锁相关操作权限与范围。只有当一个工作站上的职责被分配一个指定的联锁区时，操作员对指定的区域的联锁操作才能被激活；当工作站不负责某一特定的区域时，在对话中就不会出现相应的操作。

每一联锁区的职责常常专门分配给一个工作站，多个联锁区也能够同时分配给同一个工作站，但是同一个联锁区不能被同时分配给不同的工作站。

（5）职责操作界面

职责操作界面如图 4-5-23 所示。

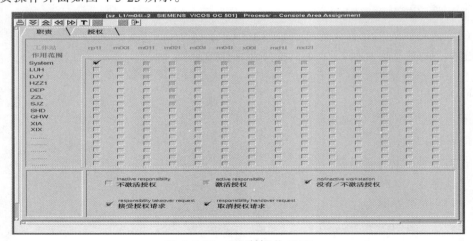

图 4-5-23　职责操作界面

（6）职责操作

左键单击信号基本窗口的"职权"按钮启动职权操作界面，左键单击职权操作界面上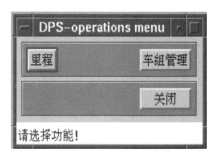的 职责 按钮。通过左键单击职权界面上的 ▶▶、◀◀、全、▽ 按钮切换显示未显示的内容，通过左键单击 T 按钮修改各项设置改变权限，通过左键单击"×"按钮取消修改，通过左键单击"√"按钮完成并保存当前操作。通过左键单击 ◘▸ 按钮关闭界面窗口。职责修改需要两台工作站执行转接操作，保证同一联锁区不被两台工作站同时分配联锁操作权限。

2. 轨道图操作（TRO）

采用左键单击信号基本窗"轨道"按钮启动轨道图，通过左键单击轨道图上的 ■车站符号，改至下一级显示（即详细图）。通过轨道详细图上的 ‖ ← ↑↑ → 方向软键改变至相邻车站设备显示或返回上一级显示。

3. 系统图操作（SYS）

采用左键单击信号基本窗"系统"按钮启动系统视图，通过左键单击系统图上的 ‖ ← ↑↑ → 方向键改变至下一级或相邻设备显示，或返回上一级显示。通过键盘 Control 与中键配合可实现图形移动，通过键盘 ↑Shift 与中键配合可实现图形缩放。

4. 车辆服务操作（DPS）

左键单击信号基本窗"车辆"对话按钮，启动车辆段服务对话，窗口如图 4-5-23 所示。

图 4-5-24　车辆段服务对话框

（1）里程操作

鼠标左键单击"里程"按钮启动下级窗口，如图 4-5-25 所示，根据提示在对应的输入框中输入车组号并执行键盘回车键，再在对应的输入框输入服务里程数，根据提示在对应的输入框中输入修正里程，左键单击控制键"执行"，释放命令。该车组的全部里程将被修改并记录。

若左键单击控制键"返回"取消该操作。

若左键单击已经释放的软键"已检查"，新增里程将重新归零，并将检查时间修正为最近一次时间。

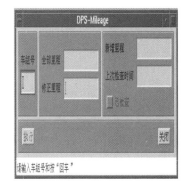

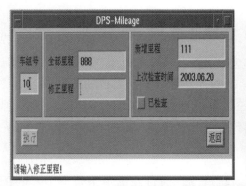 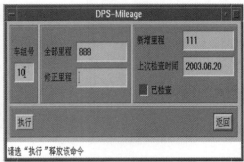

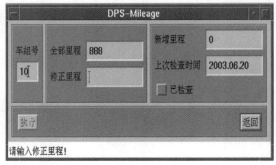

图 4-5-25　里程操作对话框

（2）车组管理操作

使用车组管理对话，可以处理车组管理列表。在车组管理列表中，可对与车次相对应的车组进行管理。通过左键单击车辆段服务对话上的"车组管理"按钮启动车组管理对话框，如图 4-5-26 所示。

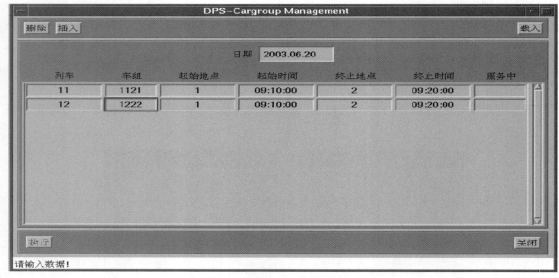

图 4-5-26　车组管理对话框

① 插入车组。

左键单击"插入"键，该键突显后即可通过键盘输入服务号（列车栏）及车组，回车

128

后进行下一组数据输入，完成输入后，左键单击控制键"执行"执行命令。若单击"返回"则取消操作，窗口如图 4-5-27 所示。

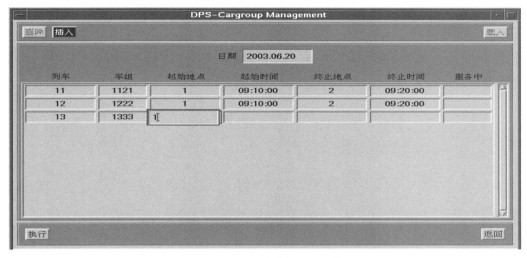

图 4-5-27　车组管理对话框

② 删除车组。

左键单击"删除"键，该键突显后左键单击某行选定该车组，再左键单击键控制键"执行"执行命令。若单击"返回"则取消操作，窗口如图 4-5-28 所示。

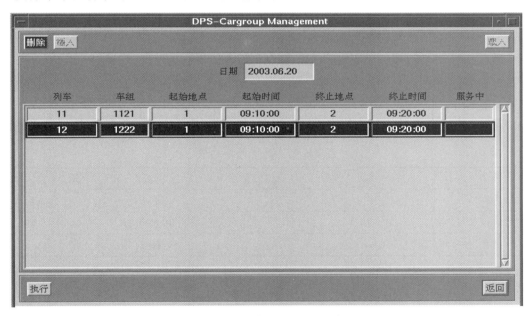

图 4-5-28　车组管理对话框

③ 装载车组管理列表。

采用鼠标左键单击"载入"键，自动装入新的列表，再通过键盘在车组对应列中输入车组，完成输入后，再左键单击控制键"执行"执行命令。若单击"返回"则取消操作。

此操作需工作站具有"车辆对话中只允许读操作"授权，否则不能执行。窗口如图 4-5-29 所示。

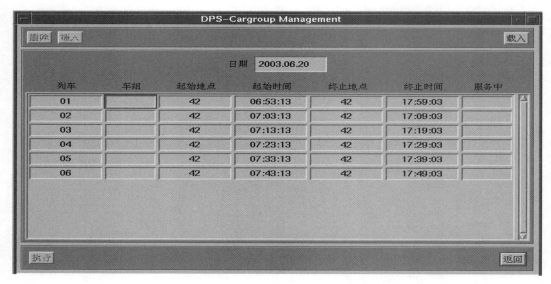

图 4-5-29　车组管理对话框

5. 列车运行监督操作（TMM）

列车运行监督相关操作可以通过列监对话框功能完成操作，具体操作有：

列车追踪系统的操作如下：

（1）输入列车识别号

该操作功能用于输入列车车次号及对应的车组。

列车识别号和车组号的构成规则：每一次键盘输入系统都会进行语法检查，错误的输入将被发光标记。

识别号：系统要求输入的识别号是 6 位数字，如识别号 81-1002。识别号意义见表 4-5-1。

表 4-5-1　识别号规则表

数字	第 1 和第 2 位	第 3 位	第 4 和第 5 位	第 6 和第 7 位
类别	目的地号		列车服务号	序列号
允许范围	00～99	-	00～99	00～99
举例	81	-	10	02

深圳地铁 1 号线列车车次的规定：

➤　客车车次：4 位表示，前 2 位代表列车服务号，后 2 位代表行程，单数行程代表下行，双数行程代表上行。

普通客车服务号为 01～79；

空客车服务号为 80～89；

调试车服务号为 90～97；

专列车服务号为 98～99。

> 工程列车：5 位表示（第 1 位为字母 G，第 2 位表示线别）。

开行车次编号为 G1501～G1599（读"工 1501～工 1599"）。

> 救援列车：3 位表示。

开行车次编号为 601～629。

> 跨线列车车次规定：

客车跨线运行时，在不同的线间运行应遵循各线的规则改变车次；工程车跨线运行时原则上使用一个车次运行到列车终点站，但在此过程中因涉及上、下行时可改末尾单双号。

深圳地铁 1 号线列车识别号的目的地码的意义见表 4-5-2。

表 4-5-2 目的地码释义表

目的地码	目的地	折返轨道	是否停站	基本功能	备注
11	罗湖	Ⅰ道	是	上行客车在罗湖Ⅰ道折返	
12	罗湖	Ⅱ道	是	上行客车在罗湖Ⅱ道折返	
13	罗湖	Ⅲ道	是	上行客车在罗湖Ⅲ道折返	
16	罗湖	Ⅰ道	否	上行客车在罗湖Ⅰ道折返	
17	罗湖	Ⅱ道	否	上行客车在罗Ⅰ道折湖Ⅰ返	
18	罗湖	Ⅲ道	否	上行客车在罗湖Ⅲ道折返	
19	—	TC10108	—	从罗湖Ⅲ道转到罗湖Ⅰ道或Ⅱ道，首选进路为罗湖Ⅰ道	
10	竹子林车厂	—	否	经入段线回车厂	
15	竹子林车厂	—	是	经入段线回车厂	
20	竹子林车厂	—	否	经出段线回车厂	
25	竹子林车厂	—	是	经出段线回车厂	
21	大剧院上行站台	TC10411	是	下行客车在 TC10411 折返后，终到大剧院上行站台	个位为 6、7、8、9、0 时，列车沿途站不停车
26	大剧院上行站台	TC10411	否	下行客车在 TC10411 折返后，终到大剧院上行站台	
22	会展中心存车线	TC10832	是	下行客车终到会展中心存车线（TC10832），并改变运行方向	
27	会展中心存车线	TC10832	否	下行客车终到会展中心存车线（TC10832），并改变运行方向	
24	会展中心存车线	TC10832	是	上行客车终到会展中心存车线（TC10832），并改变运行方向	
29	会展中心存车线	TC10832	否	上行客车终到会展中心存车线（TC10832），并改变运行方向	
23	竹子林备用线	TC11233	是	下行客车终到竹子林备用线（TC11233）；客车从车厂或上行客车运行到竹子林备用线（TC11233），并改变运行方向	
28	竹子林备用线	TC11233	否	下行客车终到竹子林备用线（TC11233）；客车从车厂或上行客车运行到竹子林备用线（TC11233），并改变运行方向	

131

目的地码	目的地	折返轨道	是否停站	基本功能	备注
31	世界之窗	TC11512	是	下行客车在世界之窗折返线（TC11512）折返	
36	世界之窗	TC11512	否	下行客车在世界之窗折返线（TC11512）折返	
44	深大	TC11832	是	下行客车在深大折返线（TC11832）折返	
49	深大	TC11832	否	下行客车在深大折返线（TC11832）折返	
91	深大	TC11832	是	上行客车在深大折返线（TC11832）终止	
96	深大	TC11832	否	上行客车在深大折返线（TC11832）终止	
42	前海湾	TC12232	是	下行客车在前海湾折返线（TC12232）折返	
47	前海湾	TC12232	否	下行客车在前海湾折返线（TC12232）折返	
43	前海车厂	—	是	上/下行客车经入段线回厂	
48	前海车厂	—	否	上/下行客车经入段线回厂	
45	宝体	TC12508	是	下行客车在宝体折返线（TC12508）折返	
50	宝体	TC12508	否	下行客车在宝体折返线（TC12508）折返	
51	西乡折返线	TC12733	是	下行客车在西乡折返线（TC12733）折返	
56	西乡折返线	TC12733	否	下行客车在西乡折返线（TC12733）折返	
53	西乡折返线	TC12733	是	上行客车在西乡折返线（TC12733）终止	
58	西乡折返线	TC12733	否	上行客车在西乡折返线（TC12733）终止	
52	固戍备用线	TC12853	是	下行客车在固戍备用线（TC12853）折返	
57	固戍备用线	TC12853	否	下行客车在固戍备用线（TC12853）折返	
71	固戍备用线	TC12853	是	上行客车在固戍备用线（TC12853）折返	
76	固戍备用线	TC12853	否	上行客车在固戍备用线（TC12853）折返	
61	机场东下行折返线	TC13015	是	下行客车在机场东下行折返线（TC13015）折返	
66	机场东下行折返线	TC13015	否	下行客车在机场东下行折返线（TC13015）折返	

目的地码	目的地	折返轨道	是否停站	基本功能	备注
62	机场东上行折返线	TC13016	是	下行客车在机场东上行折返线（TC13016）折返	
67	机场东上行折返线	TC13016	否	下行客车在机场东上行折返线（TC13016）折返	
81	新安折返线	TC12332	是	上行客车在新安折返线（TC12332）折返	
86	新安折返线	TC12332	否	上行客车在新安折返线（TC12332）折返	
82	前海车厂	—	是	上行客车经出段线回厂	
87	前海车厂	—	否	上行客车经出段线回厂	、
46	4号线	—	否	经1号线上行线往1、4号线联络线	错误出现此码可能导致列车冲标

车组：对每列车的车组号，系统只接受四位的数字输入，如数字 0910。车组号列系统只接受两位的数字输入，如数字 00～99。车组意义见表 4-5-3。

表 4-5-3 车组号规则表

数字	第1位	第2位
允许范围	0～9	0～9
举例1	1	0
举例2	0	2

识别号输入操作：

采用鼠标左键单击信号基本窗口的列监按钮"列监"，启动列监对话框，如图 4-5-30 所示。

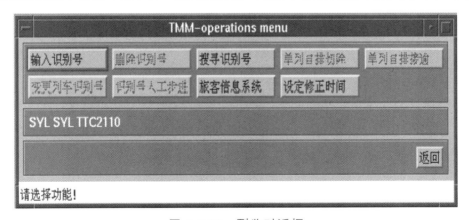

图 4-5-30 列监对话框

鼠标左键单击轨道图的下一级视图（即详细图）中的轨道区段元素，系统激活并显示对应的列监操作命令。再左键单击列监对话框上的"输入识别号"按钮，出现界面如图 4-5-31 所示。

133

选择位置 TTC2110

序号	识别号	轨道位置	方向	车组号	
	81-1002			01	02

执行　　　　　　　　　　　　　　　　　　　　　返回

请选"执行"释放该命令

图 4-5-31　识别号输入对话框

被选择的轨道区段编号自动输入至窗口的"选择位置"显示框中，然后通过键盘在窗口的的识别号列与车组列按规则人工分别输入识别号与车组号。左键单击控制键"执行"按钮释放命令。所需输入的车次（识别号）将在对应轨道位置出现，如图 4-5-32 所示。

图 4-5-32　车次识别号

若左键单击控制键"返回"按钮，将取消相关操作。

（2）更换列车识别号

该操作功能用于变更或修改列车车次号及对应的车组。

采用鼠标在轨道图或轨道图的下一级的详细图上左键单击需要变更的车次号（识别号），启动列监对话框，如图 4-5-33 所示。

图 4-5-33　列监对话框

左键单击列监对话框上的"变更列车识别号"功能按钮，打开对话框如图 4-5-34 所示。

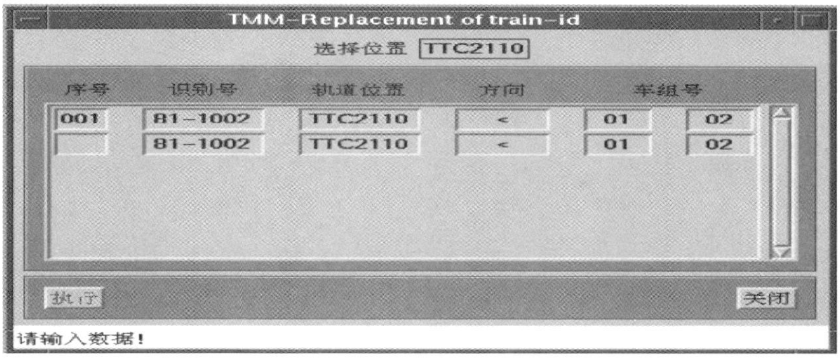

图 4-5-34 识别号变更对话框

如图 4-5-34 所示，系统对每列车都表示两次：第一行是输出行，不能编辑；第二行是输入行，可以进行编辑。

在图 4-5-34 中，根据提示，采用鼠标左键单击输入行，通过键盘按照相应规则输入新的列车识别号或车组号。完成输入后，再用鼠标左键单击控制键"执行"按钮，释放命令。

若取消相关操作，则采用左键单击控制键"返回"按钮。

说明：

➢ 每列车的列车识别号，在列车从停靠的转换轨或存车线出发前，应该用人工输入或变更。

➢ 在列车识别号输入或替换后，列车前方的进路就会由 ARS 请求（进路自动设置）触发。因此在列车出发前，就要在当天的操作计划中输入或变更好列车识别号。建议在列车从转换轨或存车线计划开车时间前不久输入或更改列车识别号。

➢ 计划开始执行前将车组按照出厂计划录入至车组管理中。

➢ 列车识别号不能被重复使用，原先存在的车次号不能在输入或变更列车识别号的时候被再次使用。

（3）删除列车识别号

该操作功能用于删除列车车次号及对应的车组。

采用鼠标在轨道图或轨道图的下一级的详细图上左键单击需要操作的车次号（识别号），启动列监对话框，如图 4-5-35 所示。

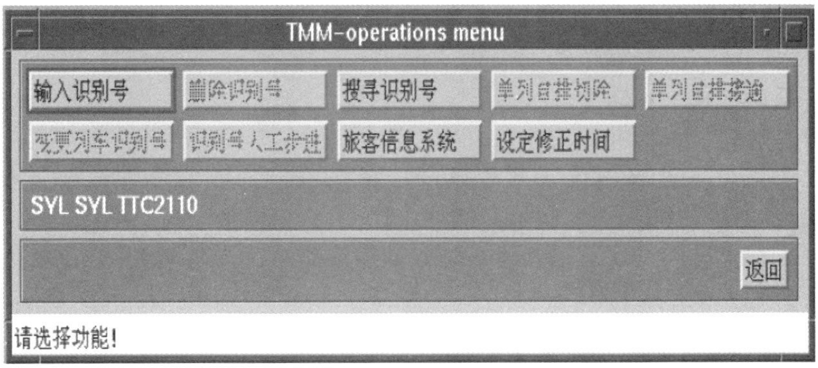

图 4-5-35 列监对话框

135

左键单击列监对话框上的"删除识别号"按钮，启动对话框窗口如图 4-5-36 所示。

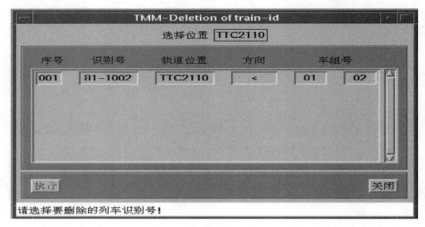

图 4-5-36　识别号删除对话框

左键单击需要删除的列车识别号所在的行，即选定需删的列车识别号。依次操作可选定多个需删除的列车识别号，窗口如图 4-5-37 所示。

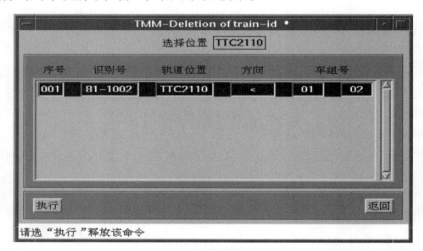

图 4-5-37　识别号删除对话框

左键单击窗口上的控制键"执行"按钮，执行删除命令。

若要取消该操作，可左键单击控制键"返回"按钮。

（4）列车识别号人工步进

该操作功能用人工步进列车车次号和车组号。

采用鼠标在轨道图或轨道图的下一级的详细图上左键单击需要操作的车次号（识别号），启动列监对话框，如图 4-5-38 所示。

左键单击列监对话框上的"识别号人工步讲"按钮，启动对话框窗口如图 4-5-39 所示。

左键单击需要步进的车次号所在的行，即选定车次号；再左键单击轨道图下一级视图（详细图）中的目的轨道区段，即选定列车车次要步进的目的轨道区段；再左键单击窗口上的控制键"执行"按钮，执行车次删除命令。

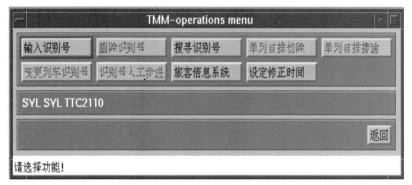

图 4-5-38　列监对话框

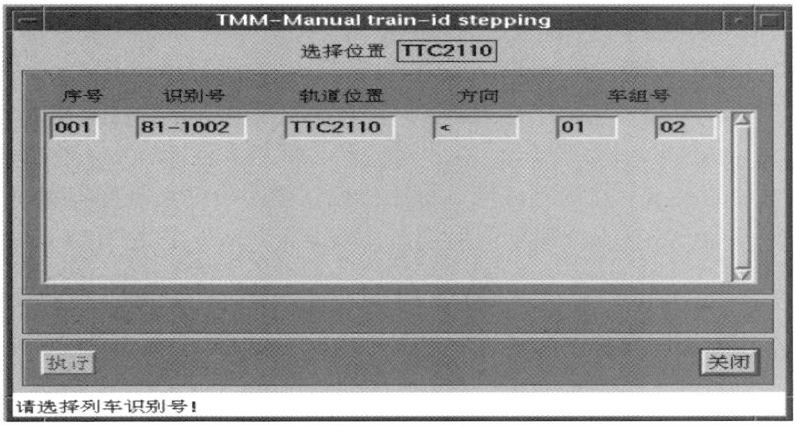

图 4-5-39　识别号人工步进对话框

若要取消该操作，可左键单击控制键"返回"按钮。

选择要步进的列车车次号时，每一次步进只能选一个列车车次号。只有在要步进的列车和目的区段选择后，单击执行按钮才会有效。

（5）查找列车识别号

该操作功能用于查找列车识别号，该对话可在轨道详细图中使用。

采用鼠标左键单击轨道图下一级视图（详细图）中需要的列车识别号，或左键单击信号基本窗上的"列监"对话按钮，启动列监对话框，如图 4-5-40 所示。

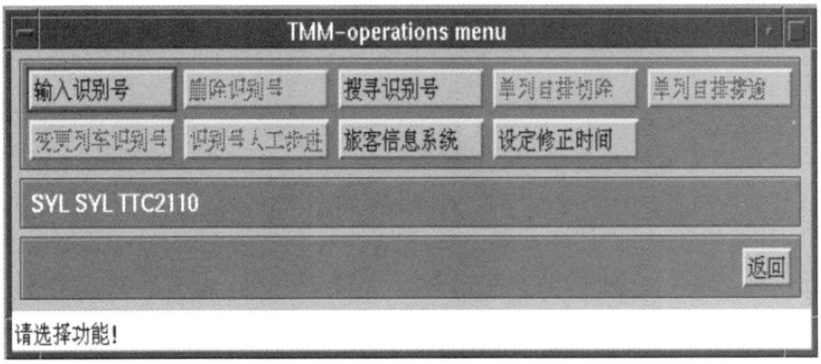

图 4-5-40　列监对话框

左键单击列监对话框上的"搜寻识别号"按钮，启动对话框窗口如图 4-5-41 所示。

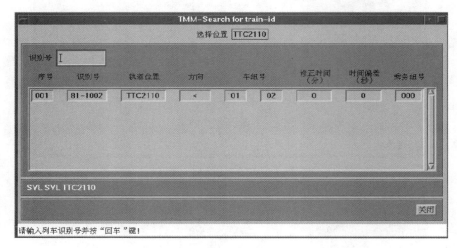

图 4-5-41　识别号搜索对话框

根据对话框中的提示，在识别号输入框中按照识别号规则输入要查找的列车识别号，再按回车键，即可得出要搜寻的列车识别号，并显示在对话框中。

6. 列车的 ARS 操作

该操作功能用于关闭与打开列车前方进路自动设置功能。

（1）ARS 接通操作

采用鼠标左键单击轨道图或轨道图下一级视图（详细图）中需要操作的列车识别号，或者左键单击信号基本窗上的"列监"对话按钮，启动列监对话框，如图 4-5-42 所示。

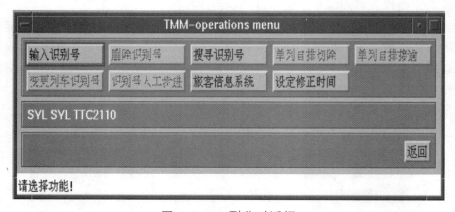

图 4-5-42　列监对话框

左键单击上图中的"单列自排接通"按钮，启动对话框如图 4-5-43 所示。

左键单击窗口中列车车次所在的行。根据提示左键单击窗口上的控制键"执行"按钮，执行自排开通命令。

若要取消操作，可左键单击控制键"返回"按钮。

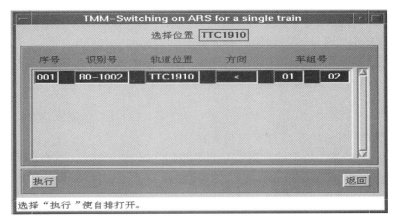

图 4-5-43　自排接通设置对话框

（2）ARS 切除操作

采用鼠标左键单击轨道图或轨道图下一级视图（详细图）中的列车识别号，或者左键单击信号基本窗上的"列监"对话按钮，启动列监对话框，如图 4-5-44 所示。

图 4-5-44　列监对话框

左键单击上图中的"单列自排切除"按钮，启动对话框如图 4-5-45 所示。

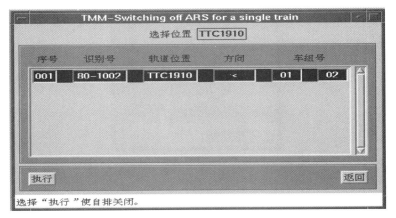

图 4-5-45　自排接通设置对话框

左键单击窗口中列车车次所在的行。根据提示左键单击窗口上的控制键"**执行**"按钮，执行自排开通命令。

若要取消操作可左键单击控制键"返回"按钮。

说明：该对话用于接通或切除相关的列车 ARS 功能。ARS 接通后，在设备显示图中，列车识别号用白色标记。ARS 切除后，在设备显示图中，列车识别号用红色标记。

7. PIIS 操作

该操作功能主要用于旅客信息系统相关操作。

采用左键单击信号基本窗口的"列监"对话按钮，启动列监对话框窗口如图 4-5-46 所示。

图 4-5-46　列监对话框

（1）设置单个车站旅客信息系统

在列监对话框窗口（图 4-5-46）上左键单击"旅客信息系统"按钮，启动对话框如图 4-5-47 所示。

图 4-5-47　信息系统对话框

在轨道图的下一级视图（详细图）中用鼠标左键某一站台对应的轨道区段，再左键单击功能键"重设"按钮，再左键单击控制键"执行"按钮，即设置单个车站的旅客信息系统。

（2）设置所有车站旅客信息系统

在列监对话框窗口上左键单击"旅客信息系统"按钮，启动对话框如图 4-5-48 所示。

图 4-5-48 信息系统对话框

在上面的窗口中左键单击功能键"所有车站"按钮，再左键单击功能键"重设"按钮，再左键单击控制键"执行"按钮，即设置所有车站的旅客信息系统。

（3）PIIS 全部关闭

在旅客信息系统对话框中，左键单击功能键"全部关闭"按钮，再左键单击控制键"执行"按钮，即关闭所有车站的旅客信息系统。

若取消该操作。左键单击控制键"返回"按钮。

（4）PIIS 全部接通

在旅客信息系统对话框中，左键单击功能键"全部接通"按钮，再左键单击控制键"执行"按钮，即打开所有车站的旅客信息系统。

若单击控制键"返回"按钮，则取消相关操作。

8. 列车运行时间修正操作

该操作功能用于输入与计划有偏差的列车的修正时间。

采用鼠标左键单击信号基本窗口的"列监"对话按钮，或者用左键单击轨道图或轨道图下一级视图（详细图）中的列车识别号，启动列监对话框窗口，如图 4-5-49 所示。

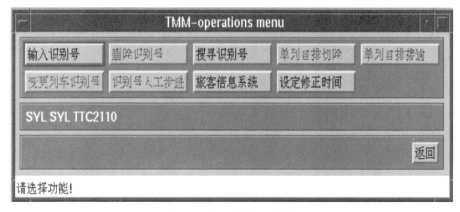

图 4-5-49 列监对话框

左键单击 设定修正时间 按钮，启动时间修正对话框，如图 4-5-50 所示。

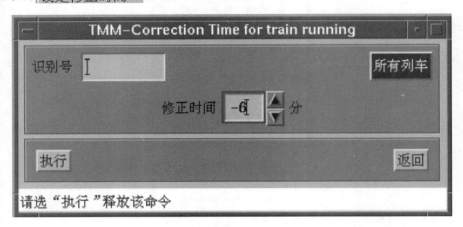

图 4-5-50　调整时间修订对话框

　　若对单个列车进行修正，根据提示用键盘在 识别号 I 中输入需要操作的列车识别号，在 修正时间 -6 分 栏输入修正时间值，再用鼠标左键单击控制键"执行"按钮。若对所有列车进行修正，左键单击"所有列车"按钮，再根据提示用键盘在 修正时间 -6 分 栏输入修正时间值，再用鼠标左键单击控制键"执行"按钮即可。

　　若要取消该操作，左键单击控制键"返回"按钮。

　　输入的修正时间允许范围：-99 ~ +99 min，但不能为"0"。列车晚点修正时间值为正数，列车早点修正时间值为负数。

　　9. 联锁操作（ILD）

　　操作通过从详细图中选择元素来完成。元素选定均采用鼠标左键单击，选中元素后系统将根据工作站的权限激活显示该元素所对应的功能按钮（系联锁操作非安全相关命令）。用户可根据需要左键单击功能按钮，再左键单击控制键，执行有关操作命令或取消相关操作。

　　MMI 工作站能执行的联锁功能命令通常为非安全相关命令，所有元素选择均采用鼠标左键单击操作，命令的功能与意义等同 C-LOW 工作站上相对应的命令。

　　MMI 工作站上信号机、轨道、道岔、进路等操作必须在轨道图的下一级视图（详细图）中完成，车站操作可以在轨道图或者轨道图的下一级视图（详细图）中完成。

　　10. 列车运行图操作（TGI）

　　用鼠标在信号基本窗中左键单击"运图"对话按钮或用鼠标左键按住拖动"运图"按钮到工作站的另一个显示屏上释放按钮，启动运行图窗口，如图 4-5-51 所示。

　　采用鼠标左键单击选择菜单栏中的命令完成相关操作。

　　（1）关闭运行图窗口操作

　　采用鼠标左键单击选择菜单栏中"窗口"按钮，在左键单击"窗口"按钮下级菜单中的"关闭"按钮，即可关闭已经启动的运行图窗口。

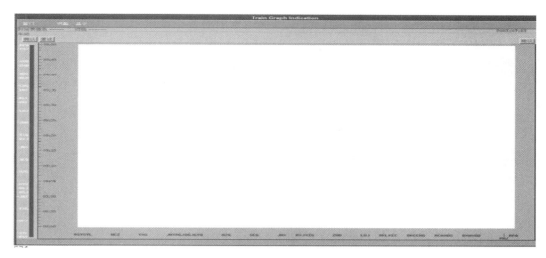

图 4-5-51　运行图窗口

（2）打印运行图操作

采用鼠标左键单击选择菜单栏中"窗口"按钮，在左键单击"窗口"按钮下级菜单中的打印、"硬拷贝"按钮，即可打印运行图窗口所显示的图形信息。

（3）显示当天计划及实际运行图的操作

在运行图窗口上用鼠标左键单击"显示"按钮，在其下级菜单命令中依次单击"运行图类别"、"实际运行图"、"计划及实际运行图"等按钮，将在运行图窗口中显示当天计划及实际运行图，如图 4-5-52 所示。

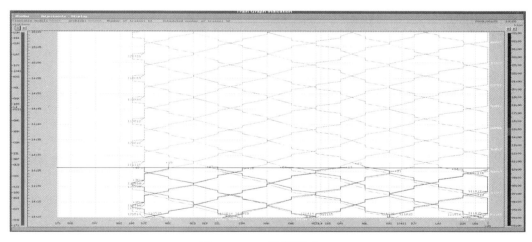

图 4-5-52　运行图窗口

① 显示当天计划图的操作。

在运行图窗口上用鼠标左键单击"显示"按钮，在其下级菜单命令中依次单击"运行图类别"、"实际运行图"、"计划"等按钮，将在运行图窗口中显示当天计划运行图。

② 显示当天实际运行图的操作。

在运行图窗口上用鼠标左键单击"显示"按钮，在其下级菜单命令中依次单击"运行图类别"、"实际运行图"、"实际"等按钮，将在运行图窗口中显示当天实际运行图。

（4）改变运行图显示范围的操作

运行图窗口显示运行图的范围可以通过调整区域范围调整杆、时间范围调整杆来改变，由此可以改变运行图窗口显示的运行图区域与时间段。调整区域范围调整杆、时间范围调整杆位于运行图窗口的两侧，如图 4-5-53 所示。

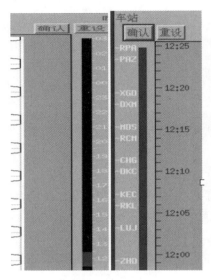

时间范围调整杆区域范围调整杆

图 4-5-53   运行图显示区域与显示时段调整条

① 时间显示范围调整。

鼠标左键点击调整杆上红块的上边或下边并按住，将其拖至想要的时间间隔，设置显示的时间间隔。

鼠标中键点击调整杆上红块并按住，移动红块至想要的时间段，此时时间间隔的长度不变。

设置好时间间隔与时间段后，再鼠标左键单击"确认"按钮，窗口将显示设定的时间间隔与时间段内的运行图部分。若鼠标左键单击"重设"按钮，则取消显示变更操作。

② 区域显示范围调整。

鼠标左键点击调整杆上红块的上边或下边并按住，将其拖至想要的车站名位置，设置显示的区域范围。

鼠标中键点击调整杆上红块并按住，移动红块至想要的区域段，此时区域范围的长度不变。

设置好区域范围与区域段后，再鼠标左键单击"确认"按钮，窗口将显示设定的区域范围与区域段内的运行图部分。若鼠标左键单击"重设"按钮，取消显示变更操作。

（5）显示归档计划及实际运行图操作

在运行图窗口上用鼠标左键单击"显示"按钮，在其下级菜单命令中依次单击"运行图类别"、"归档运行图"、"计划及实际运行图"等按钮，将在运行图窗口中显示已经归档

144

的计划及实际运行图。

① 显示归档计划运行图操作。

在运行图窗口上用鼠标左键单击"显示"按钮，在其下级菜单命令中依次单击"运行图类别"、"归档运行图"、"计划"等按钮，将在运行图窗口中显示已经归档的计划运行图。

② 显示归档实际运行图操作。

在运行图窗口上用鼠标左键单击"显示"按钮，在其下级菜单命令中依次单击"运行图类别"、"归档运行图"、"实际"等按钮，将在运行图窗口中显示已经归档的实际运行图。

（6）请求归档数据操作

该操作用于在运行图窗口中显示请求归档数据，72 小时以内的系统保存的数据可以直接调用。在运行图窗口上用鼠标左键单击"显示"按钮，在其下级菜单命令中依次单击"装载数据"、"请求归档数据"等按钮，将在运行图窗口上层显示对话框，如图 4-5-54 所示。

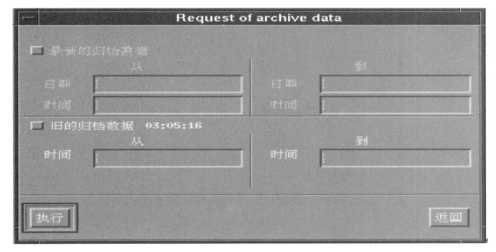

图 4-5-54　归档实际运行图操作对话框

按照提示通过键盘输入日期、时间后，用左键单击对话框中的"执行"按钮，完成归档数据请求。若左键单击返回按钮，则取消该操作。

（7）请求时刻表数据操作

在运行图窗口上用鼠标左键单击"显示"按钮，在其下级菜单命令中依次"装载数据"、"请求时刻表数据"等按钮，将在运行图窗口上层显示对话框，如图 4-5-55 所示。

图 4-5-55　基本时刻表显示操作对话框

用鼠标左键单击选择基本计划后，在左键单击控制键"执行"按钮，完成时刻表数据请求。

若左键单击取消按钮，则取消该操作。

（8）窗口视图色彩调整

① 标准色彩设定。

鼠标左键单击窗口上的"调整"按钮，再左键单击"调整"按钮的下级菜单上的"标准"按钮，运行图色彩显示将执行系统默认设置。

② 自定义设定。

鼠标左键单击窗口上的"调整"按钮，再左键单击"调整"按钮的下级菜单上的"设置颜色"按钮，运行图色彩显示将执行自定义设置。自定义设置对话框如图 4-5-56 所示。

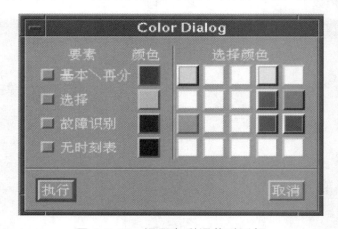

图 4-5-56　视图色彩调整对话框

根据需求采用鼠标左键单击选定所需选项后，再用鼠标左键单击窗口上的"执行"按钮即可。

若左键单击取消按钮，则取消该操作。

（9）装入归档数据操作

用此功能可以看到长期保存的归档数据。

用鼠标左键单击信号基本窗口上的"归档"对话按钮，启动归档操作对话窗口，如图 4-5-57 所示。

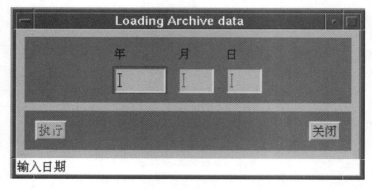

图 4-5-57　数据归档对话框

用鼠标左键单击输入框，通过键盘根据提示输入年月日，再用鼠标左键单击对话框上的"执行"按钮。若取消操作，则单击"关闭"按钮。

11. 时刻表装载操作（TTL）

在 ATS 中央系统没有重新启动的情况下，系统将保留前一天使用过的时刻表作为当天需要使用的时刻表，无需执行重新装入操作。若 ATS 中央系统因故重新启动后或需要使用不同的时刻表时，则需要执行时刻表装载操作。

原始的基本时刻表装入后即作为当天实际使用的时刻表。对实际装入的时刻表调整可在线进行，不影响原始的基本时刻表。但在线调整后的时刻表变为另一个实际的时刻表，调整后续列车运行。

（1）时刻表装载

用鼠标左键单击信号基本窗口上的"编表"按钮，启动时刻表装载对话窗口，如图 4-5-58 所示（该窗口显示系统保留的当天时刻表）。

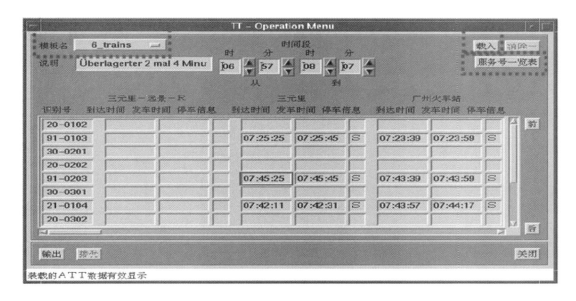

图 4-5-58　时刻表装载对话框

用鼠标左键单击 模板名 6_trains 按钮，在显示的基本时刻表列表中选择所需时刻表，在用鼠标左键单击"载入"按钮，即可装入时刻表。

（2）查看实际装入的时刻表

通过"显示当天实际运行图的操作"将装载的时刻表在运行图窗口上以运行图的方式进行显示查看。

（3）服务号预览

用鼠标左键单击时刻表装载对话窗口"服务号一览表"按钮，启动窗口如图 4-5-59 所示。

通过上窗口可以浏览当天时刻表使用的列车服务号情况。鼠标左键单击关闭按钮，关闭窗口。

列车服务号	投入服务	退出服务	序号清单						
1	06:54:02	09:33:18	1	2	3	4	5	6	7
			8						
2	07:14:02	09:53:18	1	2	3	4	5	6	7
			8						
3	07:34:02	10:13:18	1	2	3	4	5	6	7
			8						
4	07:54:02	10:33:17	1	2	3	4	5		

关闭

图 4-5-59　服务号预览窗口

12. 就地控制盘操作（LCP）

（1）跳停操作

鼠标左键单击轨道图下一级视图（详细图）中的某一站台列车符号 ████，启动控制盘对话框，如图 4-5-60 所示。

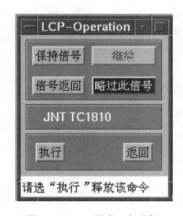

图 4-5-60　站控对话框

在对话框窗口上左键单击"略过此信号"功能键，在左键单击"执行"控制键，执行跳停命令。命令执行成功后，在详细图中的列车符号将显示绿色。若左键单击"返回"控制键，则取消该操作。

（2）扣车操作

鼠标左键单击轨道图下一级视图（详细图）中的某一站台列车符号 ████，启动控制盘对话框，如图 4-5-61 所示。

在对话框窗口上左键单击"保持信号"功能键，在左键单击"执行"控制键，执行扣车命令。命令执行成功后，在详细图中的列车符号将显示黄色（车站操作扣车时该图标显示红色）。若左键单击"返回"控制键，则取消该操作。

（3）取消扣车操作

鼠标左键单击轨道图下一级视图（详细图）中的某一站台列车符号 ████，启动控制盘对话框，如图 4-5-62 所示。

图 4-5-61　站控对话框

图 4-5-62　站控对话框

在对话框窗口上左键单击"继续"功能键（若对话框已经打开可直接单击此键），在左键单击"执行"控制键，执行扣车取消命令。命令执行成功后，在详细图中的列车符号颜色恢复正常显示。若左键单击"返回"控制键，则取消该操作。

（4）连续扣车操作

鼠标左键单击轨道图下一级视图（详细图）中的某一站台列车符号 ⬛，启动控制盘对话框，如图 4-5-63 所示。

图 4-5-63　站控对话框

在对话框窗口上左键单击"信号返回"功能键（若对话框已经打开可直接单击此键），在左键单击"执行"控制键，执行连续扣车命令。命令执行成功后，在详细图中自该站台起，该方向后续各个站台全部执行扣车命令，列车符号颜色均显示黄色。若左键单击"返回"控制键，则取消该操作。

被执行连续扣车的各站需要取消扣车时必须在各站一一操作扣车取消，方行列车。

13．自动列车调整操作（ATR）

该对话功能主要用于人工调整列车运行，可分为：ATR（对列车）；ATR（对列车和车

149

站）；取消运营停车点；确定间隔时分；确定区间运行时分。

（1）打开/关闭所有列车的自动调整功能

鼠标左键单击信号基本窗口上的"调度"对话按钮，启动自动列车调整操作对话框，如图4-5-64所示。

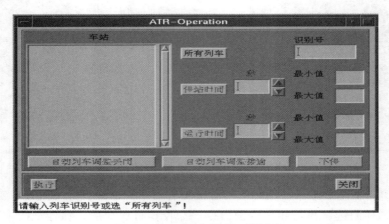

图 4-5-64　列车调整对话框

若要关闭所有列车的自动调整功能，采用鼠标左键单击窗口上的"所有列车"功能键，激活对应命令后，鼠标左键单击"自动列车调整关闭"键，再左键单击"执行"控制键即可。

若要打开所有列车的自动调整功能，采用鼠标左键单击窗口上的"所有列车"功能键，激活对应命令后，鼠标左键单击"自动列车调整接通"键，再左键单击"执行"控制键即可。

若左键单击关闭按钮，则取消该次操作。

（2）打开/关闭单列车的自动调整功能

鼠标左键单击信号基本窗口上的"调度"对话按钮，启动自动列车调整操作对话框，如图4-5-65所示。

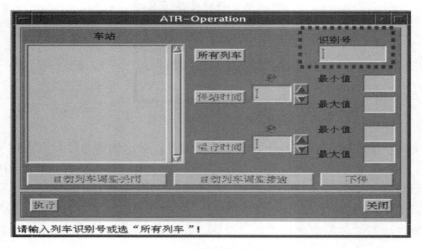

图 4-5-65　列车调整对话框

若要关闭单列列车的自动调整功能，采用鼠标左键单击窗口上的"识别号"输入框，通过键盘输入相应的列车识别号，再鼠标左键单击"自动列车调整关闭"键，再左键单击"执行"控制键即可。

若要打开单列列车的自动调整功能，采用鼠标左键单击窗口上的"识别号"功能键，通过键盘输入相应的列车识别号，再鼠标左键单击"自动列车调整接通"键，再左键单击"执行"控制键即可。

若左键单击关闭按钮，则取消该次操作。

（3）取消单列车或所有列车的运营停车点

该操作必须在列车列车自动调整功能关闭的前提下执行，否则操作命令不会释放。

采用鼠标左键单击信号基本窗口上的"调度"对话按钮，启动自动列车调整操作对话框，如图4-5-66所示。

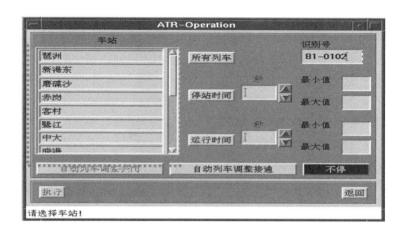

图4-5-66　列车调整对话框

若要取消所有列车的运营停车点，采用鼠标左键单击窗口上的"所有列车"功能键，再用鼠标左键单击"不停"键，激活对应命令后，再用左键单击车站栏选择要执行不停站指令的车站名，再左键单击"执行"控制键即可。

若要取消单列列车的运营停车点，采用鼠标左键单击窗口上的"识别号"输入框，通过键盘输入相应的列车识别号，鼠标左键单击"不停"键，激活对应命令后，再用左键单击车站栏选择要执行不停站指令的车站名，再左键单击"执行"控制键即可。

若左键单击返回按钮，则取消该次操作。

（4）设定单列/所有列车的停站时间

该操作必须在列车列车自动调整功能关闭的前提下执行，否则操作命令不会释放。

鼠标左键单击信号基本窗口上的"调度"对话按钮，启动自动列车调整操作对话框，如图4-5-67所示。

若要设定所有列车的停站时间，采用鼠标左键单击窗口上的"所有列车"功能键，鼠标左键单击"停站时间"键，激活对应命令后，再用左键单击车站栏选择要设置停站时间的某一车站的车站名（并带有方向），用鼠标单击箭头或通过键盘在最小值和最大值之间改变停站时间，再左键单击"执行"控制键即可。

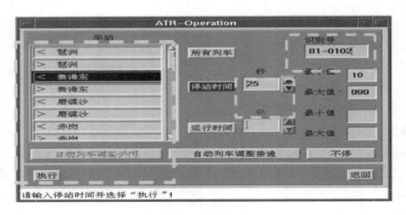

图 4-5-67　列车调整对话框

若要设定单列列车的停站时间，采用鼠标左键单击窗口上的"识别号"输入框，通过键盘输入相应的列车识别号，鼠标左键单击"停站时间"键，激活对应命令后，再用左键单击车站栏选择要设置停站时间的某一车站的车站名（并带有方向），用鼠标单击箭头或通过键盘在最小值和最大值之间改变停站时间，再左键单击"执行"控制键即可。

若左键单击返回按钮，则取消该次操作。

（5）确定一列/所有列车的运行时间

该操作必须在列车列车自动调整功能关闭的前提下执行，否则操作命令不会释放。

用鼠标左键单击信号基本窗口上的"调度"对话按钮，启动自动列车调整操作对话框，如图 4-5-68 所示。

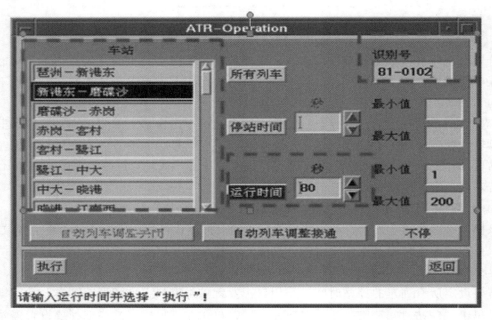

图 4-5-68　列车调整对话框

若要设定所有列车的区间运行时间，采用鼠标左键单击窗口上的"所有列车"功能键，

152

鼠标左键单击"运行时间"键，激活对应命令后，再用左键单击车站栏选择要设置运行时间的某一区间的区间名，用鼠标单击箭头或通过键盘在最小值和最大值之间改变运行时间，再左键单击"执行"控制键即可。

若要设定单列列车的区间运行时间，采用鼠标左键单击窗口上的"识别号"输入框，通过键盘输入相应的列车识别号，再鼠标左键单击"运行时间"键，激活对应命令后，再用左键单击车站栏选择要设置运行时间的某一区间的区间名，用鼠标单击箭头或通过键盘在最小值和最大值之间改变运行时间，再左键单击"执行"控制键即可。

若左键单击返回按钮，则取消该次操作。

第六节　人机接口（MMI）常见故障及处理方法

1. MMI 接受控制权仍然无法对某联锁区信号元素进行联锁操作

原因是 MMI 工作站的职权设定时没有选定该联锁区。重新设置 MMI 工作站的职权管辖该联锁区，接受控制权后即可对该联锁区的联锁设备进行非安全相关命令。

2. 修改正线车次号操作无效

原因是目标车次在正线区域或车辆段区域已经存在。需要删除残留的车次后再修改，或者修改为行程号不同的车次。

3. MMI 工作站上的站场图某一联锁区灰显，伴有通信中断报警信息，且短时间无法恢复。此时 LOW 与 C-LOW 显示正常

原因是本地 FEP 或者 RTU 故障（1 号线罗湖至世界之窗各联锁区采用 RTU，深大至机场东各联锁区采用 FEP）。此时可采用 C-LOW 或 LOW 监控故障区域设备与列车。列车出清故障区域后及时修正车次。

因深大联锁区的本地 FEP 机柜设备不仅起到 ATS 系统车站远程终端的作用，还起到续建线（深大至机场东）各联锁区与既有线（罗湖至世界之窗）各联锁区 PROFIBUS 总线对接的作用，所以在深大联锁区的本地 FEP 故障时将会出现 C-LOW 无法正常显示深大至机场东各联锁区的站场图信息，但该区域联锁站 LOW 能正常显示站场图信息。

4. MMI 工作站上的站场图某一个或某几个联锁区灰显，但没有通信中断报警信息，且短时间自行恢复，此时 LOW 与 C-LOW 显示正常

原因是 ATS 系统在受到外界干扰后或信息存储量过载时启动的联锁自动检测过程，此时可采用 C-LOW 或 LOW 监控故障区域设备与列车，待自检结束后及时修正车次。

5. MMI 工作站上显示所有联锁区站场图灰显，车站 LOW 上伴有 A 类报警信息（如"RTU 激活"），且短时间无法恢复。此时 LOW 与 C-LOW 显示正常

原因是 ATS 系统瘫痪（如应用服务器 COM 机双机故障），此时可采用 C-LOW 或 LOW 监控故障区域设备与列车，待故障修复后及时修正车次。

第七节　西门子信号系统 C-LOW 和 MMI 的操作规定

一、站级信号工作站（LOW）的操作规定

（1）当中央级信号系统出现故障或必要时，行调应将联锁控制权授权至车站，合资格的值班站长/值班员可在 LOW 工作站上进行相关的操作，实现站级控制。

（2）LOW 工作站的操作人员必须经过理论与实操的培训且考试合格。

（3）LOW/CLOW 工作站上的操作命令见表 4-7-1。

表 4-7-1　LOW 工作站上操作的命令表

序号	按钮名称	命令含义	安全相关命令	备注
1	强行站控	在紧急情况下，车站强行取得 LOW 控制权	是	强行站控后，须报告行调（C-LOW 无此命令）
2	重启令解	系统重新启动，解除全部命令的锁闭	是	C-LOW 无此命令
3	全区逻空	设定全部轨道区段空闲	是	C-LOW 无此命令
4	封锁区段	将区段封锁，禁止通过该轨道区段排列进路	否	
5	解封区段	取消对区段的封锁，允许通过该轨道区段排列进路	是	
6	强解区段	解锁进路中的轨道区段	是	
7	轨区逻空	把轨道区段设为逻辑空闲	是	
8	轨区设限	设置该轨道区段的限制速度	是	无进路状态下使用（一对命令，C-LOW 无轨区消限命令）
9	轨区消限	取消对轨道区段的限制速度	是	
10	终止停站	取消运营停车点	否	只能用于正常运营方向
11	单独锁定	锁定单个道岔，阻止转换	否	可不到现场检查（一对命令）
12	取消锁定	取消对单个道岔的锁定，道岔可以转换	是	
13	转换道岔	转换道岔	否	
14	强行转岔	轨道区段占用时，强行转换道岔	是	
15	封锁道岔	将道岔封锁，禁止通过道岔排列进路	否	
16	解封道岔	取消对道岔的封锁，允许通过道岔排列进路	是	
17	强解道岔	解锁进路中的道岔	是	
18	岔区逻空	把道岔区段设为逻辑空闲	是	
19	岔区设限	对道岔区段设置限制速度	是	无进路状态下使用（一对命令，C-LOW 无岔区消限命令）
20	岔区消限	取消对道岔区段的限制速度	是	

序号	按钮名称	命令含义	安全相关命令	备注
21	挤岔恢复	取消挤岔逻辑标记	是	如现场道岔位置与室内计算机原故障前记录的位置不一致时，系统会自动转换道岔一次；操作前必须确认道岔未加钩锁器
22	开放引导	开放引导信号	是	
23	封锁信号	封锁在关闭状态下的信号机	否	可开放引导（一对命令）
24	解封信号	取消对关闭状态下的信号机的封锁	是	
25	自排全开	全部信号机处于自动排列状态	否	
26	自排全关	全部信号机处于人工排列进路状态	否	
27	追踪全开	信号机由联锁自动排列进路	否	
28	追踪全关	信号机取消由联锁自动排列进路	否	
29	关区信号	关闭联锁区全部信号机	否	
30	交出控制	建议交出控制权	否	
31	接收控制	接收控制权	否	
32	自动折返	指示 ATP/ATO 进行列车驾驶端切换	否	
33	换上至下	换机车位置	否	
34	换下至上	换机车位置	否	
35	关单信号	设置信号机为关闭状态	否	
36	开放信号	设置信号机为开放状态	否	
37	自排单开	设置单架信号机处于自动排列进路状态	否	
38	自排单关	设置单架信号机处于人工排列进路状态	否	
39	追踪单开	单架信号机由联锁自动排列进路	否	
40	追踪单关	单架信号机取消由联锁自动排列进路	否	
41	排列进路	排列进路	否	
42	取消进路	取消进路	否	
43	关站信号	关闭车站所有信号机	否	

注：LOW 工作站上转换道岔、强行转岔、挤岔恢复、设限与消限必须在无进路状态下进行。轨区设限速度/岔区设限速度有 60 km/h、45 km/h、30 km/h、25 km/h、20 km/h、10 km/h 六种。

（4）信号联锁系统实行站级控制时，表 4-7-2 中的 LOW 操作命令必须经行调同意或在现场进路、道岔、侧防安全检查等确认工作完成后方可实施。

表 4-7-2　须现场检查确认或经行调同意后方可操作的命令

序号	按钮名称	运营期间操作依据	非运营期间操作依据
1	强行站控	经行调同意	经行调同意
2	重启令解	经行调同意	按施工计划要求执行，或经行调同意
3	全区逻空	经行调同意	按施工计划要求执行，或经行调同意
4	封锁区段	经行调同意	按施工计划要求执行，或经行调同意
5	解封区段	经行调同意	按施工计划要求执行，或经行调同意
6	强解区段	经行调同意	按施工计划要求执行，或经行调同意
7	轨区逻空	首列车通过无异常后方可操作	现场检查确认轨道区段无列车或异物占用后
8	轨区设限	经行调同意	经行调同意
9	轨区消限	经行调同意	经行调同意
11	转换道岔	——————	按施工计划要求执行，或所有施工完成并销点，或现场设置专人防护后
12	强行转岔	现场检查确认道岔区域无列车占用后	现场检查确认道岔区段无列车或异物占用后
13	封锁道岔	经行调同意	按施工计划要求执行，或经行调同意
14	解封道岔	经行调同意	按施工计划要求执行，或经行调同意
15	岔区逻空	首列车通过无异常后方可操作或现场检查确认道岔区段无列车占用后	现场检查确认道岔区段无列车或异物占用后
16	岔区设限	经行调同意	经行调同意
17	岔区消限	经行调同意	经行调同意
18	挤岔恢复	现场道岔区段空闲或依据现场抢险负责人报告后	按施工计划要求执行，或所有施工完成并销点，或现场设置专人防护后
19	开放引导	现场检查确认进路监控区段及侵限侧防区段无列车占用后	现场检查确认进路监控区段及侵限侧防区段无列车或异物占用后
20	封锁信号	经行调同意	按施工计划要求执行，或经行调同意
21	解封信号	经行调同意	按施工计划要求执行，或经行调同意
22	关区信号	经行调同意	经行调同意
23	关站信号	经行调同意	经行调同意

（5）在操作 LOW 工作站过程中，操作员必须确认进路要素是以正确的方式显示，否则必须立即停止和取消该项操作，并报告行调。行调根据具体情况，当确认 LOW 不能正常操作时，发布停止使用命令，按 LOW 工作站设备故障进行处理并组织行车。

（6）在更换 LOW 工作站操作员或 LOW 工作站操作员临时离开车站控制室时，应将 LOW 工作站退回到登记进入状态，严禁中断 LOW 工作站工作，进行与行车无关的操作。

（7）LOW 工作站的设备管理人员或维修人员需操作 LOW 工作站时，应征得车站值班站长及行调的同意，以其自己的用户名和口令登录进入系统后，在不影响行车的情况下方可操作。

二、中央级信号工作站（MMI、C-LOW）操作规定

（1）中央级信号系统正常时，行调应使用 MMI 实施中央监控功能，将联锁控制权放于 C-LOW 上；在中央级信号系统出现故障或必要时可将联锁控制权授权至车站，联锁控制权转换时，须按规定对运营状态进行交接。

（2）表 4-7-3 中的 C-LOW 操作命令，必须依据列车运行图或现场检查报告，进行相关安全确认后方可在 C-LOW 上实施。

表 4-7-3　须安全确认后方可操作的命令

序号	按钮名称	运营期间操作依据	非运营期间操作依据
1	轨区逻空	首列车通过无异常后方可操作	由车站人员现场确认轨道区段无列车或异物占用后
2	岔区逻空	首列车通过无异常后方可操作，特殊折返道岔区段必须依据列车运行图检查岔区区段无列车占用后	由车站人员现场确认道岔区段无列车或异物占用后
3	转换道岔	—	按施工计划要求执行，或所有施工完成并销点，或现场设置专人防护后
4	强行转岔	依据列车运行图检查岔区区段无列车占用后	由车站人员现场确认岔区区段无列车或异物占用后
5	挤岔恢复	现场道岔区段空闲或依据现场抢险负责人报告后	按施工计划要求执行，或所有施工完成并销点，或现场设置专人防护后
6	开放引导	依据列车运行图检查进路监控区段及侵限侧防区段无列车占用后	由车站人员现场检查进路监控区段及侵限侧防区段无列车或异物占用后

第五章　车站作业组织与设计

第一节　客运服务礼仪简介

服务礼仪就是服务人员在工作岗位上，通过言谈、举止、行为等，对客户表示尊重和友好的行为规范和惯例。城市轨道交通企业推广学习服务礼仪，不但体现了企业文化，也可有效提高城市轨道交通企业员工的整体素质，提高为乘客服务的水平。本节旨在让学员了解并掌握轨道交通站务员的礼仪内涵，懂得作为一名合格的站务员所必须具备的基础素质。

一、学习内容

1. 仪容礼仪要求

仪容特指人的容貌或人的自然形象。车站服务人员在岗位上，必须按照礼仪要求，对自己的仪容进行必要的修饰和维护。仪容修饰的重点是面部修饰、皮肤修饰、化妆修饰。

（1）面部修饰要求：形象端正，不刻意修饰，宜自然、大方，掌握化妆技巧，遵照洁净、卫生、自然的三原则。

① 眼部：要求洁净、卫生、美观。除工作需要外，不得佩戴墨镜上岗。

② 眉部：要求清洁、美观。男士不描眉，女士不纹夸张眉。

③ 耳部：要求干净、美观。男士不佩戴耳钉、耳环，女士按规定佩戴一副耳钉，直径小于 5 mm。

④ 鼻部：要求干净、美观。保持鼻腔清洁，鼻孔干净，不能流鼻涕，鼻液用纸巾或手帕擦拭。

⑤ 口部：要求牙齿清洁、健康。保持牙齿洁白、口腔干净、清洁、无异味。

（2）皮肤修饰要求：有光泽和弹性。多喝水，多吃含有水分的食物，使用护肤品保养。手部：要求保养、保洁、修饰和防护。指甲长短以手心方向看到指甲不超过 1 mm。指甲修饰以肉色透明为宜，不要做美甲。

（3）化妆修饰要求：淡雅、简洁、适度、庄重、避短。不当众化妆，勿在异性面前化妆，勿在工作岗位上化妆，勿使化妆妨碍别人，勿使妆面出现残缺，勿使妆面离奇出众，不使用他人化妆品，不评论他人的妆容。

2. 仪表礼仪要求

仪表是在个人自然体形基础上的外在包装。车站服务人员穿着统一发放的制服，换季时全站统一更换。制服穿着要求：大小合身，外观整齐，穿着制服应扣上全部纽扣（装饰扣除外）。多人同行时，不可勾肩搭背，不得嬉戏打闹、高声交谈。时刻牢记自己穿着制服，代表着企业，谈吐举止要符合礼仪。不可随意解扣，时刻注意保持仪表完好。

衬衣：穿着统一发放的衬衣；衬衫领子要挺括、平整；衬衫下摆应塞入裤子里；衬衫袖口必须扣上，袖口不可卷起；不系领带时，衬衫的领口应敞开。

领带（领花）：佩戴统一发放的领带（男服务员）或领花（女服务员）。用领带夹固定领带，一般在衬衫第四扣位置；领带的领结要饱满，与衬衫领口吻合；系好后的领带长度以大箭头垂直盖住皮带扣为标准。

鞋袜：制服必须配皮鞋，不能穿旅游鞋、轻便鞋、凉鞋或雨鞋；皮鞋需上油擦亮，袜子要勤换洗。男服务员应穿黑色皮鞋、深色袜子，鞋跟不宜超过 3 cm。女服务员不得穿高跟鞋，袜子以黑色、黑灰色为宜，袜口不能露出衣裙外。

防寒大衣：不可披着、盖着、裹着。应扣好衣扣，不可立领。

工作岗位在办公室的女士宜穿套装；女士穿着裙子注意丝袜颜色，宜黑灰或肉色，宜穿连裤袜，不能露袜口；皮鞋不能有太多装饰品；不能穿奇装异服；佩戴的首饰应与个人气质、制服相配，与工作环境相协调。在车厢或车站范围，即使不当班，穿着制服也应按规定穿戴整齐。

3. 言谈举止礼仪要求

言谈举止礼仪就是关于行为举止的规范，泛指人们的身体所呈现出来的各种姿势，即身体的具体造型，它是一种体态语言。

车站服务人员在与乘客交流、沟通时应尽量采取平视，以示平等。凝视时间不大于 30 s，切忌长时间盯住乘客脸部的某处凝视。目光凝视区域以双目为上线，唇心为下顶点所形成的倒三角形区域。

头部肢体语言：依靠头部的动作传递的信息。点头表示同意、可以或"对、正确"；摇头表示"否定、不可以"。

手势语：依靠手的动作传递信息，有助于化解语言障碍的阻隔，常见用于聋哑人群或沟通双方口头语言不同的人群间。

4. 职业道德与服务意识

首先，要求热爱本职工作，忠于职守，这是站服人员职业道德的一个基本要求，也是爱岗敬业的具体体现。

其次，要文明待客，热情服务。包括：

① 文明礼貌，尊重乘客。

② 方便周到，热情服务。

③ 遵章守纪，顾全大局。遵章守纪、维护正常运营；顾全大局、提高运营效率。

④ 仪表端庄，站容整洁。

⑤ 钻研业务，讲究艺术。

⑥ 团结互助，协作配合。

5. 员工心态调整

（1）贯彻"乘客至上、服务为本"的经营宗旨：站务员的工作平凡而艰苦，要适应纷繁的社会环境，服务人员必须贯彻"乘客至上，服务为本"的经营宗旨，迫切需要增强员工的工作热情和职业责任心，以提高营运服务质量，争取较高的社会信誉。

（2）摆正与乘客之间的关系：城市轨道交通的主要服务性质决定了站务员与乘客的关系，必须是服务与被服务的关系；同时，也决定了站务员的主要职责是为乘客服务。站务员的一切言行要服从于乘客的利益，不能要求乘客"不能这样，必须那样"，而是要尽量设法满足乘客对乘行的需要。当然，有时为了维护正常的运行秩序，保证乘客的乘行安全，需要对乘客提出一些乘车要求，但这是与乘客的根本利益相一致的，它同因为"乘客有求于我"而必须"听我的"在本质上是有区别的。

（3）文明礼貌、尊重乘客：站务员每天要同许多乘客打交道，在为乘客服务的过程中，要一切从维护乘客的利益出发，必须首先做到时刻尊重乘客，这是站务员的一个起码要求。

（4）树立窗口意识：城市轨道交通是一个城市的流动文明窗口，服务人员就是这一"窗口"的重要代表。城市轨道交通管理的水平和服务质量要看这个"窗口"，乘客最关心的是这个窗口，国外宾客会通过这个"窗口"看中国。所以，服务人员必须牢固树立"窗口"意识，以"窗口无小事"的意识，规范自己的行为举止，展示城市轨道交通的文明规范。

二、学习要求

（1）了解并掌握轨道交通站务员的礼仪内涵，从仪容、仪表、言谈、举止等方面学习和体会站务员的礼仪要求。

（2）掌握岗位常用文明用语，练习与乘客的沟通技巧。

（3）学习各种乘客纠纷、投诉案例，分析案例中站务员工作存在的问题及正确处理的方法。

第二节　地铁售检票设备简介

AFC 系统可以极大地减少票务工作人员的劳动强度，使乘车收费更趋于合理，减少逃票现象，提高地铁运营效率和收益。同时，AFC 系统还可以减少现金流通，避免人工售票、检票过程中产生的各种漏洞和弊端，并对客流量、运营收入等综合业务信息进行汇总分析，为决策者增强客流分析预测的能力，合理地调配资源，以提高运营单位的经营管理水平。售检票设备作为 AFC 系统的操作终端，每位站务员都必须了解其基本组成结构和工作原理，掌握设备的常规操作方法。

一、学习内容

1. 自动售票机（TVM，Ticket Vending Machine）

自动售票机设于车站非付费区，用于乘客自助式购买地铁单程票和对储值票进行充值。

自助购票的基本过程包括购票选择、接收购票资金、自动出票及找零等过程，在必要时还可以打印充值凭证等。自动售票机主要实现如下功能：

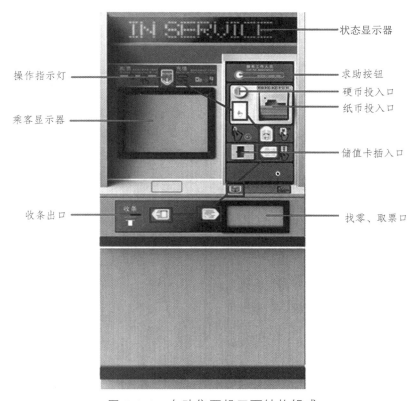

图 5-2-1　自动售票机正面结构组成

- 接收乘客的购票选择，并在购票过程中给出提示信息即操作指导。
- 可以接受乘客投入的现金（或储值票、信用卡等其他付费介质）并自动完成识别，对无法识别的现金（或储值票、信用卡）予以退还。
- 自动计算乘客投入的现金数量及购票金额，自动找零。
- 自动完成车票校验、车票发售及出票。
- 对各部件的工作状态进行自动监测，并向车站计算机系统上报工作状态。
- 接受车站计算机系统下发的参数和控制命令，并执行相应的操作。
- 存储并上传交易信息。
- 对本机接收的现金及维护操作进行管理。

自动售票机以主控单元为核心，辅以现金处理装置、车票处理装置、乘客显示器、打印机、电源等模块，还可以根据需要，配置触摸屏、运营状态显示器、银行卡读写器及密码键盘等部件。

（1）主控单元

TVM 主控制部采用 32 位工业级微处理器，阻抗电磁噪声的性能良好（VCCIClassA），能一天 24 h 工作，并能提供充分的指定功能。即使电源中断，数据也不会丢失。TVM 主控

161

制部设有时钟，显示日期及时间，其误差为±1 s/d 以内。时钟的电源使用电池，电池的寿命为 10 年以上。

图 5-2-2　自动售票机背面结构组成

主控制器主控单元采用嵌入式工控机来实现，有良好的抗电磁干扰性能，能保证整机全天 24 h 不停机的稳定运行。主控制器负责运行控制软件，完成车票处理、现金处理显示、数据通信、状态监控等功能。

（2）现金处理模块

现金处理设备按照功能划分可以分为两大类，即现金识别设备和现金找零设备。如果按照现金的类型划分，还可以进一步划分为硬币识别设备、纸币识别设备、硬币找零设备和纸币找零设备。其中，硬币识别设备一般可以识别 4~6 种不同的硬币，纸币识别设备一般至少可以识别 6 种以上的纸币。

图 5-2-3　纸币处理模块（左）和硬币处理模块（右）

纸币识别设备通常包括入币口、传输装置、识别模块、暂存器和钱箱等部件。当纸币通过入币口被送入识别器后，纸币传输装置将纸币输送到纸币识别模块，识别模块将对纸币进行面额和防伪标记的识别，合法的纸币将被送入纸币暂存器，不合法（无法识别）的纸币将被退回给乘客。当乘客取消交易时，纸币暂存器内的纸币可以从退币口返还给乘客。当乘客确认交易后，纸币暂存器内的纸币将被转入纸币钱箱内。纸币钱箱采用全密封的结构，通过两把安全锁来保证现金安全。当纸币钱箱从安装座上拆下时（即固定用安全锁打开时），钱箱入库将自动关闭，从而保证更换钱箱的工作人员无法直接接触到纸币。只有使用另一把钥匙才能将钱箱打开，清点收到的现金。

在配置自动售票机的现金处理设备时，通常硬件识别设备和硬币找零设备是必须配置的，同时可以根据实际需要确定是否需要配置纸币识别设备及纸币找零设备。因此，要求自动售票机在结构设计上必须是模块化的，以保证设备可以灵活的配置各种部件。在实际使用中，硬币识别设备和纸币识别设备允许识别的币种除了识别设备本身的设置以外，还可以通过运营参数设置。同时，允许找零的个数也应由参数设置。

2. 自动检票机（AG，Automatic Gate）

自动检票机安装于车站付费区与非付费区的交界处，用于实现自动的进出站检票，要求能适应地铁车站的强磁干扰、尘土、高温、振动等恶劣工作环境，具有防潮、防火、防酸设计。其主要功能包括：

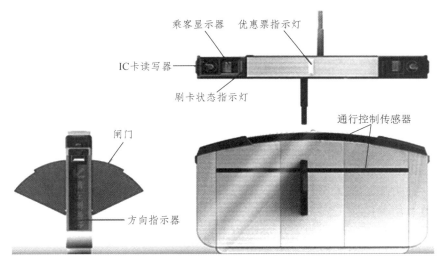

图 5-2-4　扇门式自动检票机外观结构

● 自动对车票进行有效性检验，对有效车票进行相应处理后放行乘客，对无效车票拒绝放行。

● 对车票处理结果给出明确的提示信息。

● 对通道的通行状态给出明确的提示。

● 对特殊车票的使用给出明确的提示。

● 对需要回收的车票执行回收操作。

● 对各部件的工作状态进行自动监测。并向车站计算机系统上报工作状态。

● 接受车站计算机系统下发的参数和控制命令，并执行相应的操作。

● 存储并上传交易信息。

● 接受紧急按钮信号并控制设备的操作。

自动检票机一般包括乘客显示器、方向指示器、警示灯及蜂鸣器、读写器及天线、通道阻挡装置、乘客通行传感器（门式检票机适用）、主控单元、票卡传送/回收装置、维修面板/移动维护终端接口、电源模块（含 UPS 或电池）、机身和支持软件等部分。

图 5-2-5　扇门式自动检票机内部结构

（1）主控单元

主控单元是自动检票机的核心，完成软件控制、车票处理、数据处理、销售数据处理、数据记录、数据通信和对自动检票机的控制与监视等任务，一般选用高可靠性、低功耗的通用型嵌入式计算机设备或工业级计算机设备，需要具有丰富的外部接口以支持外部设备的连接，并需要保留部分接口以支持未来设备的扩展。

（2）读写器与天线

票卡读写器的安装位置符合乘客右手持票习惯。针对不同的设备应用，相应的票卡读写器执行充值和消费操作。读写器有效读写距离 10 cm，交易速度在 200～1000 ms 之间。读卡器对票卡的操作满足一卡通对票卡应用流程标准要求、安全认证模块（SAM）的安全保密处理要求和交易数据处理要求。

图 5-2-6　票卡读写器结构图

（3）通行传感器

自动检票机一般采用两种传感器：透过型传感器和漫反射型传感器。

透过型传感器由红外线发射端和接收端成对构成。当乘客进入通道，阻断红外线的传播，传感器向传感器逻辑控制板发送信号（处于 on 状态）。通过一组传感器返回信号进行分析，即可准确的判断乘客的通行情况。安装于低位的传感器，可以检测到通道内儿童的通行情况，保证儿童的通行安全。

漫反射型传感器：一只传感器同时具有发射端和接收端，发射的射线遇到物体反射回来，接收端接收到反射信号向通行控制单元发送检测到物体的信息（处于 ON 状态）。反射型传感器的使用，可以实现对通行乘客身高的检测，既保证了检票机的身高检测功能，又使检票机变得更美观，给乘客带来良好的乘车感受。

每对（个）传感器都不是单独使用的，通行控制单元对一组或者所有传感器的检测反馈信息进行分析处理，保证通行控制的准确性和安全性。自动检票机通行传感器分布如图 5-2-7 所示。

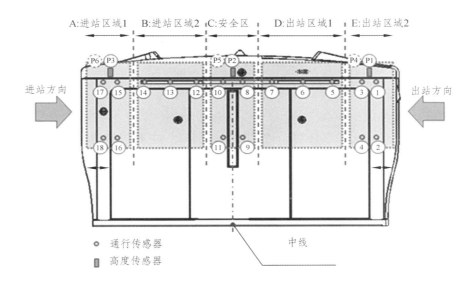

图 5-2-7　扇门式自动检票机侧面传感器布局图

（4）方向指示器

方向指示器位于检票机面向乘客的前面板上，显示通道的通行方向标志，远距离指示乘客通道的通行状态，方向指示器的设计确保乘客在 30 m 外的距离可以明辨标志的内部和含义。方向指示器及乘客显示器关于"通行"与"禁行"的标志统一，采用国际通用的标志，且配有中文说明文字，以图形加文字的形式提示乘客，如图 5-2-8 所示。

图 5-2-8　方向指示器

（5）扇门

扇形门装置是一种得到广泛应用的检票机阻挡装置。扇形门装置由扇形门、机械控制结构和控制板组成，如图 5-2-9 所示。当扇门需要动作时，控制板驱动电动机，通过减速齿轮提供动力给转换器，在操作杆连接处产生力矩，通过电磁铁传递运动，带动扇门运动。控制板负责对机械的控制功能机传感器信号的管理。

图 5-2-9　扇门结构图

（6）车票处理装置

车票处理装置负责完成车票读写、传送及回收处理，主要包括两大部分：车票读写设备和车票传送装置。车票处理装置的形式与车票的制式紧密相关，对不同的车票制式，车票处理装置的设计也不同。

带有票箱的车票处理装置通常需要配置两个票箱，并实时监控票箱的状态，在票箱未安装、票箱将满或票箱已满时需要向主控单元发送相关信息，主控单元将相关信息上传到车站计算机系统。票箱通常还需要具有计数功能，或由主控单元进行计数。车票处理装置应可以根据主控单元的命令将车票回收到指定的票箱中。

3. 半自动售/补票机（BOM，Booking Office Machine）

半自动售/补票机通常安装在售/补票房或车站服务中心内，采用人工方式完成票务处理、车票发售、加值、车票分析（验票）、退票及其他票务服务，因此 BOM 机又称为人工售/补票机或票房售/补票机。

BOM 机通常由主控单元、乘客显示器、操作显示器、票卡发送装置（可选）、读写器与天线、键盘与鼠标、机身、电源模块（含 UPS 或电池）、支持软件等部件组成，如图 5-2-10 所示。主控单元一般选用高可靠性工业级计算机设备，也可以选用高档的商用计算机，需要具有丰富的外部接口以支持外部设备的连接，并需要保留部分接口以支持未来设备的扩展。

主机：由主控单元和电源模块组成，如图 5-2-11 所示。

IC 票卡发售模块：由对车票进行读写的票卡读写器和用于发售 IC 车票的车票处理模块组成，如图 5-2-12 所示。

图 5-2-10　半自动售票机系统组成

图 5-2-11　半自动售票机主机结构图

图 5-2-12　IC 卡发售模块结构图

操作员触摸屏显示器：为操作员提供人机对话的界面显示，带有红外触摸屏。

乘客显示器：每套 BOM 配置 1 ~ 2 个乘客显示器，安放在方便乘客阅读的地方，为乘客提供相关信息的显示，并带有一定的语音提示。

桌面 IC 卡读写器：针对不同的设备应用，相应的 IC 卡读写器执行充值和消费操作。读写器有效读写距离 10 cm，交易速度为 200~1000 ms。读卡器对票卡的操作满足一卡通对 IC 卡应用流程标准要求，满足 SAM 安全保密处理要求和交易数据处理要求。

4. 自动查询机和便携式检票机

（1）自动查询机

自动查询机简称 TCM 机（Ticket Checking Machine），安装在非付费区，如图 5-2-13 所示，供乘客自助查看车票的信息即有效性，读取过程不修改车票上的任何数据。自动查询机具有车票查询和乘客服务信息查询等功能。

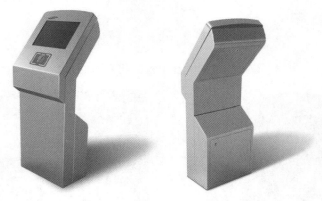

图 5-2-13　自动查询机示意图

车票查询功能用于读取票卡信息，工作人员将车票在阅读器/天线出示后 1 s 内，能显示车票查询的内容有：车票逻辑卡号、车票类型、余额/使用次数、车票有效期、车票无效原因、交易历史等。乘客服务信息查询的信息由后台定制下载，可以接受 Flash、图片、文本文件，内容可包括 AFC 系统介绍、AFC 系统使用指南和地铁公告等。

（2）便携式检票机

便携式检票机是一种移动设备，具有检票和验票的功能，如图 5-2-14 所示，由车站工作人员随身携带，用来对乘客所持车票进行核查，能方便地在收费区内对有关票卡的有效性进行检验并显示检验结果，为及时解决票务纠纷提供帮助。

图 5-2-14　便携式检票机结构示意图

车票有效性检查的内容有：密钥安全性检查、黑名单检查、票种检查、车票状态检查、有效期（使用时间）检查等。便携式检票机可以显示的车票信息有：车票编号、车票余值、车票有效期、车票进/出站状态、车票历史交易记录等。

二、学习要求

（1）了解城市轨道交通自动售检票系统的现状，掌握自动售检票系统的概念和内涵。

（2）了解自动售检票系统的组成结构。

（3）掌握自动售票机、自动检票机和半自动补票机的基本构造。

第三节 车站售检票作业

售检票工作是车站票务作业的主要组成部分，每位票务员都必须熟练掌握售检票作业的内容和作业程序。

一、学习内容

1. 纸票发售作业

纸票一般在人工售检票模式情况下发售。目前的城市轨道交通基本均采用自动售检票模式，但特殊情况下也会发售应急纸票。

城市轨道交通车站会在以下特殊情况时出售纸票：

● 车站 TVM、BOM 全部故障或停电导致车站无法出售 IC 卡单程票时，可由站长经行车调度员授权后决定售卖纸票。

● 在对全线预制票进行合理调配后，且预制票将售完的情况下，乘客经车站员工引导后，TVM 能力仍不足时，可由站长经行车调度员授权后根据客流情况决定出售纸票。

● 大客流情况下票务系统无法应付或其他特殊情况下，可由站长经行车调度员授权后决定出售纸票。

（1）正常情况下的纸票检票操作程序

● 乘客进站时检票人员撕下乘客纸票的副券Ⅰ。

● 乘客出站时检票人员核查乘客所持纸票上的站名、日期章以及纸票票价无误后，撕下乘客纸票的副券Ⅱ，对超程使用的纸票出站时，车站员工也需撕下相应的副券联。

● 若乘客的车票超程时，需在票务处补足相应的车费（乘客携带的行李票超程时，乘客需补交行李相应的超程费用）。

（2）特殊情况下的纸票操作程序

● 纸票售卖站值班站长向控制中心行车调度员通报售卖纸票的信息；行车调度员将售卖纸票的车站和时间通知其他车站。

● 其他车站接到控制中心行车调度员的"××车站出售纸票"的通知后，安排员工做好持纸票乘客的引导和检票的准备工作；持纸票乘客到达本站时，车站员工打开边门，引导乘客到边门检票。

● 车站停止售卖纸票后，应立即向控制中心行车调度员汇报停止售卖纸票时间；行车调度员通知其他车站。

（3）采用降级模式售卖纸票前作业准备

当班行车值班员（或综控员）负责通过 SC 监控器监视各终端设备运行状态，基本要求为：

- 按照值班站长的指示进行车站各种 AFC 终端设备的设置。
- 根据值班站长的指示，向 LC 提出设置降级模式的申请。
- 根据 LC 命令进行模式设置，并及时报告值班站长。
- 在通讯中断时，负责通过电话将本站设置降级模式的具体情况及时报告 LC；同时在接收到 LC 关于其他车站设置为降级模式的通知后及时在 SC 上进行模式记录，并报告值班站长。

2. 普通单程票发售作业

（1）自动售票机自助购买普通单程票

利用自动售票机自助式购买普通单程车票的流程如下：

- 选择购票张数。
- 投入对应数量的 1 元硬币或 5 元、10 元的纸币。
- 点击"确定"或"取消"。
- 若点击"确定"，在下方出票口处取出票卡及找零硬币。
- 若点击"取消"，投入的钱币退回，返回主界面。

选择购票张数

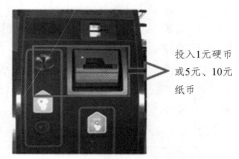
投入1元硬币或5元、10元纸币

（a）TVM 机主界面　　　　　　（b）TVM 机硬币、纸币投入口

图 5-3-1　自动售票机售票界面

（2）半自动售票机发售普通单程票

AFC 系统为每个操作员都设定了唯一的操作员号（ID）和密码，任何人使用 BOM 机时，必须首先使用 ID 和密码登录设备，才能进入设备的操作界面进行操作。

站务员发售单程票时，将待发售的单程票放在读卡区，进入单程票发售界面，点击"单程票发售"按钮，如图 5-3-2 所示。

（3）预制单程票发售作业

预制单程票由车票主管部门提前制作并配发到车站，以应对设备故障或大客流时乘客购票困难的问题。预制单程票属于预赋值票，在车站售票问询处或临时票亭通过人工进行售卖，它的特点是已赋值，具有较长使用期限，可以在沿线各车站进站乘车。

预制单程票的发售应具备以下条件：客流较大时，车站站厅等待购票的乘客持续增多，在自动售票机发售和票务处半自动售票机无法缓解排队现象。

图 5-3-2 半自动售票机单程票发售界面

3. 储值票作业

（1）储值票发售

储值票发售是指第一次发售充值，即储值票开卡。票务员将要发售的储值票放在储值票读卡区，单击主界面的储值票按钮，在储值票操作中单击储值票发卡，储值票发卡时，需向乘客收取一定数额的押金。

图 5-3-3 BOM 机储值票发售（左）、充值（中）、退卡（右）界面

（2）储值票充值

票务员为乘客办理储值票充值时，将储值票放在读卡区，单击储值票按钮，进入储值票充值操作界面。

（3）储值票退卡

乘客将储值票退卡时，票务员将要退的储值票放在储值票读卡区，单击主界面的储值票按钮，在储值票操作中单击储值票退卡。储值票退卡时，在检查储值票完好后，须向乘客返还押金。

4. 车站检票作业

（1）进站检票机工作流程

● 使用一张非接触式 IC 卡进入读卡区范围。

● 读卡器将对车票进行有效性检查。

● 若为有效票，则自动将进站站名、进站时间和设备号等信息写入车票中，然后打开扇门，检测到乘客通过后关闭扇门并返回到开始状态。

● 若为无效票（车票无效条件：过期、次序错误、余额不足、黑名单车票、非本市发行的 IC 卡等），则提示车票无效或报警，并维持扇门关闭状态禁止通行。

（2）出站检票机工作流程

● 使用一张非接触式 IC 卡进入读卡区范围。

● 检查车票有效性和车费。

● 若为有效票：单程票、福利票、出站票则自动写入注销信息并回收；定值票、储值票、计次票等扣除相应乘车费用和乘次；员工票、车站工作票等免费车票写入相应记录则扇门打开，检测到乘客通过后关闭扇门并返回到开始状态。

● 若为无效票或费用不够，则提示无效或欠费，并维持扇门关闭状态禁止通行。

（3）双向检票机工作流程

● 双向检票机具备进站检票机和出站检票机两种功能。

● 双向检票机可设置为进站检票机状态、出站检票机状态或是进/出站检票机状态。

● 当检票机处于进站状态时，设备自动执行进站检票机的工作流程；当检票机处于出站状态时，设备自动执行出站检票机的工作流程。

5. 自动检票机更换票卡箱操作

（1）取票卡箱操作：当自动检票机 AG 回收车票票箱满时，应及时更换新空票箱或将票箱中的车票取出。

第一步：开启维修门，操作维修面板。

更换 A 票箱的维修面板操作流程（位于左侧维修门上）：① 输入员工 ID 及密码；② 选择"卸下 A 票箱"；当选择"卸下 A 票箱"后，票箱 A 指示灯由"常亮"变为"闪烁"。

图 5-3-4　维修面板及对应票箱指示灯闪烁

第二步：推回对应票箱盖板并将锁打至"关"的位置。推回及拉出票箱盖操作如图 5-3-5 所示；插入钥匙顺时针扳动至"开"的位置。

第三步：向下按动"拨动开关"，使托槽下降。拨动开关位于票箱的底端，向上拨动是使托槽上升，向下拨动是使其下降。

票箱盖

票箱盖被推回状态　　　　　　　　票箱盖被拉出状态

图 5-3-5　第二步操作过程示意图

① ②③④ ⑤⑥⑦⑧ ⑨

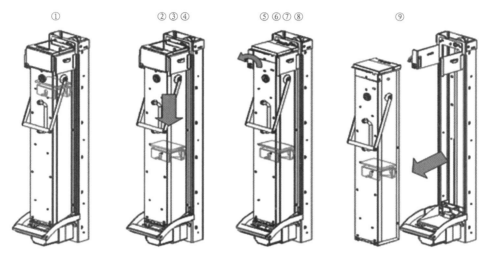

图 5-3-6　票卡箱更换操作步骤

杠杆

电机

拨动开关

图 5-3-7　拨动开关位置图

第四步：逆时针拨回"杠杆"，双手取下票箱。

（2）安装票卡箱操作

将装满单程票的票箱拆卸下后，更换上空的票箱。安装票箱的工作过程如下：

● 利用票箱前面的把手，以水平方向把票箱小心地安装在托槽内。

● 检测票箱安装到位（检查票箱 ID）。

- 向上拨动"拨动开关"，即将拨动开关打到"ON"位。
- 托槽移动机构带动托盘向上移动。
- 检测车票最高位置：当检测到车票最高位置到达指定的位置时，托槽停止移动。
- 将票箱顶部工作锁打至"开"位（顶盖板锁机构松开）。
- 固定托槽的机构松开，打开票箱盖板。
- 回收或售模块初始化。
- 票箱安装完毕后，在维修面板中选择安装票箱，退出维修面板并注销，关好维修门。

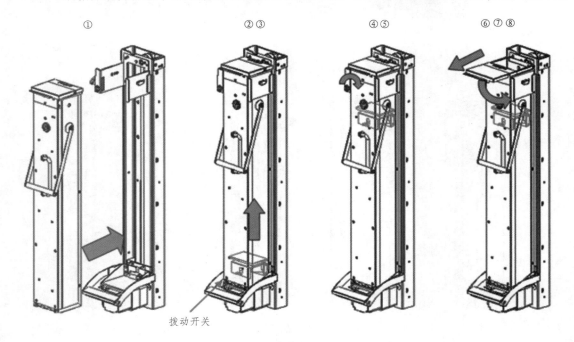

图 5-3-8　安装票卡箱操作步骤

6. 便携式验票机的使用

便携式验票机简称 PTCM，具有验票和检票功能。操作员可以在付费区或非付费区通过切换，完成验票、进站检票、出站检票功能。在操作员使用便携式验票机 PTCM 进行检票作业时，应用本人 ID 和密码登录，使用结束后必须及时签退。便携式验票机 PTCM 的使用和归还应进行签名登记。

① 开机：按"POWER"键，听到"嘀"的一声。

② 关机：较长时间按住"POWER"键直至听到"嘀嘀"的声音。

③ 登录：选择"F1"或"F2"键，进入登录界面：输入操作员编号和密码后，按"ENTER"键；如果没有操作员参数，则直接按"ENTER"键登录。

④ 电池使用：界面的右上角有当前电池容量状态。

⑤ 车票处理：可以将车票插入"插卡槽"，也可以直接置于"天线"上方；注意工作区域选择。

- 启动主程序：按"F1"键进入登录界面，登录后进入维护主界面；

● 工作区域选择：按"F4"键可实现当前工作区域的切换；

● 退出主程序：在主界面下，按"CLEAR"键进入退出确认界面，这时按"ENTER"键退出主程序。

● 验票查询：验票功能主要是查看设备的基本信息、卡上的交易历史，以及对车票的有效性进行分析；在主界面下，按"1"键，进行车票查询；注意在验票前首先要确认所在的工作区域，因为不同区域可能的验票结果完全不同。

● 进站检票：进站检票功能相当于进闸机的功能；在主界面下，按"2"键，进行进站检票；注意进站检票只能在"非付费区"进行。

● 出站检票：出站检票功能相当于出闸机的功能；在主界面下，按"3"键，进行出站检票；注意出站检票只能在"付费区"进行。

● 数据统计：数据统计功能是统计设备本地保存的交易数量信息；在主界面下，按"4"键。

⑥ 数据通信：数据通信功能是指 PTCM 与车站设备监控系统（SEMS）之间的通信功能，包括时钟同步、参数同步、数据上传、软件同步等。界面显示设备工作状态为"通信模式"，则已建立通信。

二、学习要求

（1）熟悉和掌握正常和非正常情况下纸票发售作业程序。

（2）熟悉和掌握单程票发售作业程序。

（3）熟悉和掌握储值票发售作业程序。

（4）熟悉和掌握车站检票作业程序。

（5）了解票卡箱的更换操作作业办法。

第四节　车站客运服务作业

近年来我国地铁的服务质量有了很大的改善，但乘客对地铁的投诉仍然主要集中在对员工服务质量的投诉上。如何提高服务质量，减少乘客投诉的发生已成为急需解决的问题之一。本节将地铁服务划分为站厅服务、客服中心服务和站台服务三部分，总结介绍相关乘客服务技巧。

一、学习内容

1. 站厅服务

对于城市轨道交通客运服务来说，最容易发生纠纷的是乘客进出站的服务，因此，站厅层被称为客运服务关键而艰难的一个场所。同时，乘客文化层次差异较大，客流量不断增加，也给站厅服务增加了难度。

站厅服务主要包括乘客的进出闸机服务、乘客问询服务、帮助重点乘客服务等，基本要求如下：

● 保持服饰整洁，不配戴夸张饰品，当班时应精神饱满，避免显露疲态；适当时候，向乘客友善点头微笑或主动问候。

● 留意附近的环境和设备，如遇上设备故障，应尽快报告、及时处理，以免引起乘客的不便。

● 确保通道、站厅卫生清洁无杂物，无积水。如发现地面不清洁或有水，应通知保洁人员，放置"小心地滑"的告示牌。

● 留意进站乘客，并注意乘客出入闸机情况，如遇上票务问题，应做出适当处理，如需要，应指示乘客前往客服中心。

表 5-4-1　站厅服务常见问题及解决方法

遇到的问题	解决的方法
1. 遇见第一次使用自动售检票设备的乘客	（1）耐心指导乘客如何使用自助购票设备，尽量让乘客自己操作，注意避免直接接触乘客财物，以免发生不必要的纠纷。 （2）耐心指导乘客如何刷卡进站，并提醒乘客要妥善保管票卡，出站票卡需要回收
2. 乘客使用购票设备时出现卡币	（1）检查设备状态，如显示卡币，则按规定办理。 （2）如显示正常，则由站务人员购票给乘客看。若卡币，则按规定为乘客办理，若无卡币，向乘客解释
3. 乘客出站时卡票	（1）查看闸机的状态，发现确实卡票，则按规定办理。 （2）找到车票后，向乘客询问该车票的信息，确认车票是否为该乘客的，并做好相应的解释工作。 （3）若车站计算机没有报警，打开闸机也没有找到车票，请 AFC 维修人员到现场确认，情况属实，对乘客做好解释工作
4. 发现携带大件行李的乘客	（1）礼貌地和乘客沟通，建议其使用升降机或走楼梯，并引导其从宽闸机进出站。 （2）如果乘客携带了超过地铁要求的大件物品，应及时提醒
5. 当遇到成人、身高超过 1.2 m 的小孩逃票或发现违规使用车票的乘客	（1）应立即上前制止，并要求其到售票处买票。 （2）若乘客故意为难工作人员，可以找公安配合。 （3）若发现违规使用车票的乘客，可按法制程序执行，必要时找公安配合
6. 出现票务问题需要前往客服中心办理	（1）耐心地和乘客解释清楚，礼貌地用手掌指示前往的方向。 （2）若情况许可，最好能陪同乘客前往解决问题，以免乘客重复指出问题和需要
7. 发现有大量乘客在站厅或出入口聚集，迟迟未进站	（1）上前了解情况，询问是否需要帮助。 （2）让这群乘客在乘客相对少的地方等待，尽量不影响到客流的正常进出。 （3）要对其是否为非法团体有一定的敏感性（报告上级）

2. 客服中心服务

客服中心位于车站的非付费区，担负整个车站的售票、补票、处理坏票，是车站最繁忙的场所之一。客服中心作为车站服务的前沿阵地，它的服务水平的高低直接影响整个车站的服务质量。

客服中心服务主要包括：充值服务、乘客投诉处理、售票、补票、处理坏票等票务服务。客服中心服务的基本要求如下：

● 保持制服整洁，不佩戴夸张饰品；当班时应精神饱满，避免显露疲态；乘客购票时，要主动热情，态度和谐，面带笑容。

● 售票时，应做到准确无误；对乘客表达不清楚的地方，要仔细询问清楚以免出错；在任何情况下，车票、收据与找赎应同时交给乘客，并提醒乘客当面点清找赎钱款。

● 熟悉售票、补票、处理坏票、车票分析的基本操作程序，能够有效率地处理票务问题。

● 仔细聆听顾客的问询，耐心听取乘客的意见；在乘客说话时，保持眼神接触，并且点头表示明白或给予适当回应。

● 对于来到客服中心的乘客，应主动问好，耐心及有礼貌地向他们收集信息，弄清乘客的需要，解决乘客遇到的问题，如未听清乘客的需要，必须有礼貌地说："对不起，麻烦您再讲一遍"。

表 5-4-2 客服中心服务常见问题及解决方法

遇到的问题	解决的办法
1. 乘客购买单程票卡	收：收取乘客购票的票款； 唱：讲出票款金额，重复乘客要求的购票张数和车票类型； 操作：在 BOM 上选择相应功能键，处理车票； 找零：清楚说出找赎金额和车票张数，将车票和找赎的零钱一起礼貌地交给乘客，并提醒乘客当面点清
2. 乘客给一卡通充值	把一卡通、收据和找赎的零钱一起交给乘客，提醒乘客当面点清
3. 处理乘客付给的残钞	（1）不接受缺损四分之一以上的纸币； （2）拒不接受破旧、辨认不清面值的纸币； （3）其余流通的人民币都应该按规定收取（再小的零钱也要接受，不论数量多少）
4. 处理乘客付给的假钞	（1）不直接告诉乘客是假钞，只要求乘客更换； （2）可以报告值班站长或请求公安协助； （3）如遇到数量较多的假币，应立即报告值班站长或请求公安出面处理
5. 乘客要求退票	（1）向乘客解释单程票一律不给退票； （2）如要办理储值票退票，则需要到指定的储值票发放点办理
6. 当遇到找不开零钱时	（1）应有礼貌的询问乘客是否有零钱； （2）如乘客没有零钱，应请乘客稍等或提示乘客兑换零钱地点
7. 发现有乘客插队时	用有礼貌而又坚定的语气提醒他："麻烦您先排队，我们会尽快为您办理"
8. 乘客在票亭前排起长队	（1）遇到有不耐烦的乘客时，应适当加以安慰："对不起，请您稍等，我们会尽快办理"。 （2）如果需要较多时间接待某位乘客，可以向其他同事请求帮助
9. 乘客投诉时	（1）清楚地了解问题之后，先向乘客表示抱歉和理解他们的不满，并最好能在乘客提出要求前就能提出若干解决问题的建议； （2）如果顾客仍然不满意、生气，可以寻求上司帮助，这时也要向他表示歉意，并解释已经向上司寻求帮助，请他稍等

3. 站台服务

站台服务是车站服务的重要组成部分，在早晚高峰时，站台上来往乘客较多，稍有疏忽就有可能发生安全事故，尤其是在乘客上下车时容易混乱，工作人员和乘客之间也容易发生纠纷。因此，站台服务需要将安全和服务技巧相结合。

站台服务主要包括：乘客候车服务、乘客安全服务、重点乘客服务、乘客广播、乘客秩序维护等。站台服务的基本要求如下：

● 保持制服整洁，不佩戴夸张饰品，当班时应精神饱满，避免显露疲态。

● 确保站台环境清洁，留意站台设备，如发生故障，能及时保修，以免引起乘客的不便。

● 留意乘客安全，个别乘客站在安全线以内时，应给予适当提醒，协助乘客安全进出车厢，维持站台秩序，方便开关车门。

● 留意站台上乘客的需要，如看到乘客有任何困难（身体不适、行动不便等），应主动上前了解情况，并尽量提供帮助，必要时可以向其他同事请求协助。

● 遇到特殊事件时，能正确及时地进行站台广播。

表 5-4-3　站台服务常见问题及解决方法

遇到的问题	解决的方法
1. 发现乘客站在黄色安全线以内候车	应及时提醒乘客，如果乘客没有退后，应立即上前制止该乘客的行为
2. 发现携带大件行李的乘客	应主动提醒乘客注意安全，防止行李碰伤其他乘客或掉下轨道，并向其解释到达目的地时应使用升降机或走楼梯，不能使用自动扶梯
3. 发现乘客采用蹲姿候车	应及时上前了解情况，看乘客是否有身体不适，如没有，应提醒乘客："为了您的安全，请勿蹲姿候车"
4. 遇见身体不适的乘客	应主动上前询问情况，并指引他们到候车椅上休息，如果情况严重，则通知车站控制室处理
5. 发现乘客在站台上吸烟	应立即上前制止，并有礼貌地解释："对不起，为了您的安全，车站内不允许吸烟，请您灭掉烟头，谢谢您的合作"
6. 遇到客流高峰期	应引导乘客到人数较少的车门上车，并有礼貌地提醒站台上的乘客先下后上
7. 乘客企图冲上准备关门的列车	应阻止乘客（避免和乘客有直接碰触）并有礼貌地提醒："请勿靠近车门，请等候下班列车"
8. 发现有乘客在站台上逗留	若发现有长时间逗留在站台不出站的乘客，应主动上前询问情况，避免发生逗留的乘客跳轨等紧急情况发生
9. 乘客有物品掉下轨道	站务员应立即提醒并安抚乘客。"为了您的安全，请勿私自跳下轨道"，"请您放心，我们工作人员将会立即为您处理，谢谢您的合作"

二、学习要求

（1）了解站厅服务、客运中心服务、站台服务的基本要求。

（2）熟悉和掌握站台服务、客运中心服务、站台服务的常见问题及解决办法。

第五节　突发事件的客流组织作业

一、学习内容

1. 大客流事件

大客流是指车站在某一时段集中到达的，客流量超过车站正常客运设施或客运组织措施所能承担的流量时的客流。

根据大客流产生的影响和后果不同，可分为一级大客流和二级大客流。一级大客流指站台聚集人数达到或大于站台有效区域的 80%，并且持续时间大于实际行车时间间隔。这种情况会给乘客及轨道交通运营安全造成影响，存在明显的安全隐患。二级大客流指各车站根据本站的正常乘客数量进行比较，站台聚集人数达到站台有效区域的 70%，并有持续不断上升的趋势。

车站大客流事件的影响因素有：车站出入口及通道的设置、站厅的面积、站台的面积、楼梯与通道的通过能力、自动售检票设备的通过能力和列车输送能力等。

（1）客运组织原则

① 地铁控制中心（OCC）负责地铁线路的客流组织工作，车站的客流组织由值班站长负责。

② 在大客流的情况下，车站应采取有效措施对车站人流进行控制。客流控制应遵循由内至外，由下至上的原则。

③ 如站台乘客数量大于站台容积能力，必须进行入闸机控制点的客流控制，控制乘客前往站台的数量。

④ 如果站台乘客数量大于站台容积能力，站厅乘客数量大于站厅容积能力，就必须对出入口控制点进行控制，临时限制或者不允许乘客进站。

（2）处置措施

具体处置措施包括：增加列车运能、增加售检票能力、做好进站客流组织工作、做好出站客流组织工作和采取临时疏导措施等。如某车站大客流限流措施如下：

① 第一级限流措施：

● 半自动售票窗口减缓售票速度或停止售票。

● 监票员在东、西厅进站闸机前拉设导流带阻止乘客进站，组织乘客沿出入口通道顺序排队，视站台情况放行乘客分批进站。

● 值班站长向站区领导或邻站值班站长请求相邻站区或车站协助采取限制进站或停止进站的措施，实现区域联动的限流方式。

● 请求××号线××站协助采取延长乘客走行距离，减缓乘客换乘速度的措施。

② 第二级限流措施：

● 在采取第一级限流措施的基础上，将 B、C 出入口关闭，留 A、D 出入口只出不进，组织乘客顺序排队，视站台、站厅情况放行乘客进站。

- 通知××号线××站封闭换乘通道。

（3）应急预案

各城市轨道交通运营企业制定的大客流组织应急预案各不相同，大致内容及程序如下：

- 值班站长及时报告行调，行调通过监控系统加强对车站客流情况的监控。
- 车站应加强现场的疏导工作，增加工作人员，利用隔离带、铁马做好秩序维护和服务组织工作。
- 车站应在适当位置增设临时售票点，出售预制票，避免 TVM 前乘客排长队购票的情况出现。
- 车站根据现场情况，利用告示牌、临时导向标志、车站控制室广播设备、手提广播，适时做好乘客的宣传、引导工作。
- 车站行车值班员应通过监控系统，加强对现场情况的监控工作。
- 车站应加强对出入口、站厅、站台客流的监控及疏导，避免站厅非付费区内人员过度拥挤或流通不畅。
- 车站应根据客流情况，实行楼梯和自动扶梯、闸机、出入口三级控制。
- 当站台发生拥挤时，车站应采取关闭部分自动售票机、进站闸机的措施，以减缓乘客购票进站速度，控制进站客流，或在某些出入口实行单向疏导方式，缓解站内客流压力。
- 站台保安应密切注意站台和列车情况，一旦发生列车上乘客拥挤，乘客上车有困难时，车站应立即向控制指挥中心请求加开列车。
- 列车驾驶员发现有乘客上不了车或影响车门、屏蔽门关闭时，应及时报告行调，并通过广播引导乘客有序上车。

2. 紧急疏散

疏散是指在紧急情况下，利用一切通道和出入口迅速将乘客从危险区域全部转移到安全区域，按照疏散地点不同可分为车站疏散和隧道疏散。

（1）车站疏散

车站疏散需要轨道交通运营企业各个部门的高度配合，力争在最短的时间内完成客流的转移。对于城市轨道交通运营企业而言，这种疏散办法应定期进行现场模拟演练，让每位员工充分了解自己的岗位职责及作业程序。

行车调度员的行动见表 5-5-1。

表 5-5-1　车站疏散——行车调度员行动表

步骤	行动
1	根据情况需要召唤 110、119、120 等紧急服务，协助疏散车站及相邻车站
2	通知有关车站实施车站疏散，并告知其相关的行车安排、清客安排
3	指示环控调度员，值班站长接管环控系统控制权，以便在车站进行控制
4	根据情况需要关断有关区段的电力供应
5	指示驾驶员驶过疏散车站时不要停车

车站员工的行动见表 5-5-2。

表 5-5-2 车站疏散——车站员工行动表

步骤	负责人员		行动
1	值班站长	确定事故的种类及地点	1. 通过 CCTV 查看事故现场; 2. 派站务人员前往现场,调查事故原因; 3. 上报行车调度员及通知所有车站员工; 4. 确定是否执行紧急疏散程序
		指挥抢险,进行疏散	1. 通过 PA/PIS 宣布疏散车站(注意:避免引起乘客恐慌); 2. 在上级领导未到达前担任现场指挥
			如乘客被困站台,要求行车调度员安排一列空车前往站台
			通知车站内其他人员(如施工人员、商铺租户等)离开车站并前往集合地点报到
			命令车站员工执行车站紧急疏散计划,组织乘客撤离车站
			视情况需要: 1. 要求行车调度员召唤 119、110、120 等紧急服务; 2. 如需救援人员支持,安排一名站务人员到紧急出入口引导救援人员进站; 3. 要求行车调度员不要放车进站
			若车站内有火警或冒烟而需作出紧急通风安排,则要取得环境系统控制权,并操作环境系统控制设备
		指挥撤离	1. 疏散完毕后,检查是否还有乘客滞留,安排员工关闭车站出入口; 2. 如灾害危及车站员工安全,组织员工到紧急出入口集合
2	车站员工	组织乘客疏散	1. 在车站 IBP 盘上操作 AFC 紧急放行模式,使闸机扇门全部打开; 2. 将 TVM 设为暂停服务
			开启相应的环控模式
			1. 组织乘客撤离,需要时用扬声器疏散乘客; 2. 按停扶手电梯或转用适当的运行模式; 3. 为伤残人士提供协助
		关闭车站	完成疏散后: 1. 检查所有乘客是否已离开车站; 2. 张贴车站关闭的通告; 3. 前往集合地点报到
3	值班站长	恢复服务	1. 当事故处理完毕后,确认线路出清; 2. 上报行车调度员,得到确认后恢复正常运营; 3. 通过 PA 系统通知乘客服务恢复正常

(2)隧道疏散

● 车站值班站长在上级领导未到达前担任临时现场指挥。

● 接到行车调度员或列车驾驶员需要隧道疏散的通知后,通知各岗位员工执行车站疏散程序。

● 开启隧道灯,需要时开启隧道风机进行排烟(或由环控调度员开启)。

● 带领车站员工,穿好荧光服,携带应急灯、无线对讲机等设备前往隧道疏散现场,负责引导乘客前往车站站台疏散。

● 疏散完毕,在确认乘客全部离开和线路出清后,报告行车调度员,关闭车站。

- 消防、公安人员到达车站后，告知有关情况，协助其参加抢险应急工作。

3. 清客

清客是指当车站或列车出现异常时，需要将乘客从某一区域全部转移到另一区域。清客可分为非紧急/紧急情况清客、设备故障清客、列车失火或冒烟清客、清客至站台、清客至轨道等多种情况。

（1）清客的规则

各城市轨道交通运营企业制定的清客程序、人员分工都有所不同，但大致遵循以下规则：

- 清客前必须获得行车调度员的授权，除非在危及乘客安全或与OCC的通信中断等紧急情况下，列车驾驶员或车站值班站长才可未经授权进行清客。
- 列车驾驶员应尽可能将列车驶至下一站或在指定的站台清客，避免在两站之间清客。
- 清客期间，以下轨道不得行车：乘客下车后途经的轨道；乘客可由隧道门或交叉口进入的轨道。直至完成清客，证实所有乘客已撤离轨道后，上述轨道才可解除行车限制。
- 一般情况下，若没有车站员工的协助不得清客，除非发生了极度紧急、严重威胁乘客生命安全的情况，方可由列车驾驶员单独组织清客。
- 为防止乘客偏离清客路线或被障碍物绊倒，必须安排员工在道岔、交叉口、隧道口及其他有潜在危险的地方驻守。协助清客的员工应携带手提灯、扩音器、无线电对讲机等设备，同时应特别注意疏散过程中伤残人士的安排。
- 任何员工或乘客进入轨道前，必须亮起隧道灯。
- 凡是清客至轨道的情况，都必须关断牵引电流。
- 列车完成在轨道清客的程序后，必须安排车站员工巡查所有下车乘客可能经过的轨段，确保区间内已无任何乘客或障碍物，然后才可恢复正常行车。
- 实施清客时，应召唤公安、消防等应急救援人员协助。

（2）非紧急情况下清客

非紧急情况是指清客工作按照正常的途径得到授权，有充裕时间做好相关准备工作。包括行车调度员的行动（表5-5-3）、值班站长的行动（表5-5-4）和车站员工的行动（表5-5-5）。

表5-5-3　非紧急情况下清客——行车调度员行动表

步骤	行动	
1	停止相关轨道上的所有行车	1. 即将清客的轨道需停止； 2. 乘客离开车厢后可能途经的轨道需要停止
2	指示列车驾驶员做好清客前的准备	1. 停止所有列车运作，只维持无线电正常操作； 2. 前往即将清客的一端候命； 3. 待车站员工抵达后即可清客
3	通知环控调度员	关断牵引电流，做好防护措施
4	命令受影响区域的值班站长执行清客程序	1. 亮起隧道灯，关掉鼓风扇，采取相关保护措施； 2. 向有关值班站长查证：列车停止的正确位置，指示其在何处清客，在列车哪一端清客

步骤		行动
5	确认清客已结束	与驾驶员确定： 1. 所有乘客已离开车厢； 2. 是否有伤残人士还留在车上
		与值班站长确定： 1. 所有乘客已撤离车厢及轨道； 2. 要求值班站长派员工步行巡视各轨段，并确定轨段已畅通无阻
6	恢复正常运作	接获值班站长通知轨道已畅通后，指示： 1. 牵引电流送电； 2. 驾驶员限速将列车驶往下一站； 3. 根据情况，部分或全部恢复正常运作

值班站长接获行车调度员通知执行清客程序后，按表 5-5-4 所示程序执行。

表 5-5-4　非紧急情况下清客——值班站长行动表

步骤		行动
1	与行车调度员确定清客事宜	1. ATS 控制台显示所有被停止的列车的正确位置； 2. 清客的位置，在列车的哪一端清客； 3. 牵引电流已关闭，安全保护措施已做好
2	接管环控系统操作权	视情况需要，关掉鼓风扇，亮起隧道灯
3	安排车站员工执行隧道清客程序	1. 指派 1 名车站员工负责执行清客程序； 2. 至少再派 1 名员工陪同前往列车现场
		根据情况需要，加派员工前往： 1. 任何有潜在危险的位置，提醒乘客注意安全； 2. 在清客范围内协助引领乘客； 3. 引导离开车厢的乘客经站台两端的楼梯前往车站
4	清客结束后，向行车调度员报告	向执行清客程序的车站员工确认：所有员工和乘客已离开轨道
5	安排车子员工进行轨道巡查	1. 接获行车调度员通知，要求进行轨道巡查； 2. 安排两名车站员工步行前往下一个车站，确认该区间畅通无阻； 3. 每确定一段指定轨道畅通无阻后，向行车调度员汇报
6	恢复列车正常运作	接获行车调度员通知后，恢复正常运作

负责清客的车站员工的行动见表 5-5-5。

表 5-5-5　非紧急情况下清客——车站员工行动表

步骤		行动
1	前往清客现场	1. 带上手提灯、无线对讲机等应急物品； 2. 确保隧道灯已亮起，牵引电流已关断，保护措施已做好
2	抵达现场开始清客	1. 至少两名车站员工共同前往列车现场，抵达现场后立即开始清客； 2. 指示同行的车站员工：带领乘客前往指定车站，引领乘客使用站台两端的楼梯，以加快疏散速度； 3. 协助驾驶员清客； 4. 乘客中若有伤残人士，安排车站员工或自愿协助的乘客陪同； 5. 确定车上乘客已全部撤离后，收回逃生踏板

步骤		行动
3	返回车站，沿途巡查轨道	1. 沿途巡视轨道，确保轨道上没有遗留乘客或障碍物，安全保护措施已拆除； 2. 抵达车站后，向值班站长报到

（3）列车发生火警——单端清客至轨道

列车因为发生火警停在隧道内，产生烟雾或刺激性气味的浓烟时，必须立即进行清客。以单端清客至轨道的一般处理程序为例，行车调度员和值班站长的行动见表 5-5-6 和表 5-5-7。

表 5-5-6　列车火警单端清客至轨道——行车调度员行动表

步骤		行动
1	阻止列车进入火警范围	1. 阻止任何其他列车进入受影响的轨道范围； 2. 停止以下轨道上的所有行车：事发列车所在轨道相邻的轨道，乘客离开车厢后可能途径的轨道
2	与列车驾驶员沟通清客事宜	1. 确定清客方向； 2. 向驾驶员证实轨道安全，可以开始清客
3	通知环控调度员做好防护安排	1. 关闭牵引电流； 2. 确定导烟的方向； 3. 执行相关火灾模式
4	命令受影响区域的值班站长执行清客程序	1. 亮起隧道灯，关掉鼓风扇，做好相关保护措施； 2. 向有关值班站长查证：停下列车的正确位置，指示其在何处清客，在列车哪一端清客
5	召唤紧急服务	请求 119、110、120 等紧急服务支持
6	下达清客命令	通知受影响列车的驾驶员开始清客
7	进行导烟、排烟工作	联络需要导烟的车站，指示其值班站长： 1. 亮起隧道灯； 2. 监视环控系统的操作状况
8		联络需要排烟的车站，指示其值班站长： 1. 亮起隧道灯； 2. 做好准备，一旦浓烟进入站台范围，立即疏散车站
9	维持受影响范围内的列车运作	最大限度维持与受影响轨道相邻隧道内的行车

值班站长接获行车调度员通知执行清客程序后，按表 5-5-6 程序执行。

表 5-5-6　列车火警单端清客至轨道——值班站长行动

步骤	行动
1	按情况需要，亮起隧道灯
2	1. 若烟雾冲入站台范围，疏散车站； 2. 若烟雾未冲入站台范围，派人到区间协助清客，引领乘客到站台
3	紧密监视环控系统的操作

4. 隔离

隔离是指采用某种方式或设备人为地隔开人群或封闭某个区域。根据造成隔离的原因，隔离的组织有以下四类。

（1）非接触纠纷隔离

乘客发生口头纠纷时，离现场最近的工作人员要立即上前调节，必要时要把纠纷双方分别带到人少的地方（或车站会议室），进行劝说和调解。如有其他乘客围观，应及时劝离现场，维持好车站正常秩序。

（2）接触式纠纷隔离

乘客发生肢体冲突时，离现场最近的工作人员要立即赶到现场，与车站保安人员一起把打架双方隔开，并通知地铁公安到场。车站控制室通知值班站长赶到现场处理，将肇事双方移交地铁公安处理。车站要及时疏散围观的其他乘客，并寻找目击证人填写事件记录。

（3）客流流线隔离

当车站某一端排队购票队伍与进、出客流发生交叉干扰时，车站工作人员可利用伸缩铁质围栏、隔离带、警戒绳、铁马等设备器具人为地隔开人群，保持进、出客流畅通，并利用手提广播引导一部分乘客到人少一端购票进站，避免乘客排长队的现象发生。

（4）疫情隔离

车站发现有恶性传染疫情时，必须采取隔离组织办法，关闭各出入口，列车通过不停车，对与疑似人员有过密切接触过的物品、人员进行消毒、隔离，未经防疫部门的许可不得离开车站。

二、学习要求

（1）熟悉和掌握大客流事件的作业办法。
（2）熟悉和掌握车站紧急疏散时的作业办法。
（3）熟悉和掌握发生车站清客时的作业办法。
（4）熟悉和掌握乘客隔离作业办法。

第六节　突发事件的应急处置作业

一、学习内容

1. 车站失火的应急处置

火警处理的首要原则是保障乘客及工作人员的生命安全。

● 火警警报响起时，值班站长通过 FAS、BAS 系统确认报警位置，派 1 名车站员工前往该范围查看。

● 车站员工：携带无线电对讲机前往事发地点，找出报警原因；实时通知值班站长是否发生火警，火警是否已触动了防火系统。

- 如警报为误报，值班站长要及时通知行车调度员及站内所有员工。
- 若发生火警，现场员工视情况需要手动操作防火系统；或在安全的情况下，使用灭火器灭火；与现场保持安全距离，并警告其他人远离该处，直至消防人员到场。
- 值班站长确定火警警报属实后，若火势较大，应立即通知行车调度员召唤消防人员到场，并遵照车站疏散程序组织乘客撤离。
- 启动车站排烟模式。
- 乘客疏散完毕后，关闭车站出入口（紧急出入口除外）。
- 如火势很大，值班站长应组织员工撤离车站到紧急集合地点集中，并安排人员在指定出入口引领消防人员到现场灭火。
- 消防人员到场后，值班站长汇报有关情况，将灭火工作交给消防人员，并加入到应急处理救援工作中去。
- 协助事故调查工作。
- 值班站长接到可以恢复运营的指令后，清理现场，恢复运营。

车站在运营期间失火的一般应急处理程序见表 5-5-7。

表 5-5-7　车站运营期间失火应急处理程序

程序				负责人
事故发生	1	确认火灾的真实性	火警警报响起时，迅速从 FAS 确认位置，立即指派一名站务人员携带无线对讲机到现场确认，同时通知值班站长	行车值班员
			立即到达现场查看，找出响起警报的原因，确属火警，立即向值班站长汇报以下内容：火警的详细位置；火势如何（冒烟、明火）；如果可能，查出原因；初步估计车站设备、人员受影响的程度及范围	站务人员
		火警属实	启动 FAS 系统，监控 FAS 系统设备的联动情况	行车值班员
			立即赶到事发现场，视情况指示行车值班员向行车调度员汇报以及是否召唤紧急服务	值班站长
事故发生	2	立即向行车调度员汇报	报告人的姓名、职务及联系电话	行车值班员
			火警事发的时间（时、分）、准确地点	
			火势大小、烟的浓度	
			估计起火原因，火势是否可以控制	
			估计受影响的大概人数、是否影响乘降	
			是否有人受伤、是否有设备损毁	
	3	召唤紧急服务	通过行车调度员召唤紧急服务（地铁公安、119、120 等）	行车值班员
火势可以控制时				
事故处理	1	现场人工灭火	火势较小，在确保安全的情况下，立即人工启动灭火系统或使用灭火器灭火	值班站长现场员工
	2	操纵环控系统	启动车站排烟模式，设定紧急通风安排，监控环控系统的运转，如果模式不能正常运转立即通知行车调度员	行车值班员

		程序		负责人
事故处理	3	疏散现场乘客，维持车站秩序	立即到达现场，在确保人员安全情况下进行灭火，准备组织疏散乘客	站务人员
			开启相应 PA、PIS，使其他人远离起火地点，宣传以稳定乘客情绪	行车值班员
			根据情况，实施车站大客流管理措施	站务人员
			必要时关闭车站控制室内部空调，避免烟雾弥漫	行车值班员
	4	恢复正常运营	火势扑灭后，与事故负责人确认具备运营条件后，恢复正常运营	值班站长
火势无法控制时				
事故处理	1	车站紧急疏散	立即通过手持电台向所有人员下达车站紧急疏散指示	值班站长
			在车站控制室 IBP 盘上按压紧急停车按钮	行车值班员
			通过 PA、PIS 通知乘客并进行疏散	
			通知所有工作人员撤离，并报告集合地点	
			向其他邻近车站的值班站长请求人力支援	值班站长
			在车站控制室 IBP 盘上启动紧急模式，按压 AFC 紧急按钮，打开所有闸机扇门	行车值班员
	2	关闭车站	立即引导乘客离开站台，从各出入口出站，并阻止乘客进站	站务人员
			确保所有乘客安全离开后，关闭车站出入口并张贴"车站关闭"通告	
	3	等待救援人员抵达现场	担任临时事故处理负责人	值班站长
			在指定出入口等待救援人员，并带他们到达事发地点	站务人员
			撤离后，检查站台、站厅是否还有乘客，并将结果上报给事故负责人	站务人员 值班站长
	4	火灾扑灭后，恢复运营	在火灾扑灭后，根据上级命令，同时根据列车、车站的毁损情况，经消防部门同意后全面或局部重新开始运营	值班站长

2. 站外失火的应急处置

当车站外发生火灾时，因为空气的流动会使烟气扩散至站内，对站内乘客产生巨大威胁，因此，车站员工应正确操作车站环控系统，确保站内乘客的生命安全。

（1）一旦发现烟气经由通风井进入站内，必须执行相关程序，阻截烟气继续进入。

值班站长：

① 由行调处取得该车站环控设备的控制权。

② 将车站公共范围的通风设备关掉。

③ 通知行车调度员将有关通风设备关掉，关闭相应的风闸。

行车调度员：指示环控调度员操作有关环境控制系统设备。

（2）一旦发现有烟经由车站入口扩散到公众范围，应执行下列程序：

值班站长：

① 通知行车调度员，说明烟的浓度。

② 关闭有关的入口。

③ 取得该车站环控设备的控制权，操作环控设备。

行车调度员应指示各邻站的值班站长：

① 取得所管辖车站的环控设备的控制权。

② 将车站公众范围的通风设备关掉。

③ 操作环境控制系统设备，帮助驱散受影响车站的浓烟。

各邻站值班站长应取得所管辖车站环控设备的控制权。

3. 乘客受伤事故的应急处置

在地铁运营过程中，若乘客在地铁运营范围内感到不适、发病、昏迷或因意外事故受伤等事件，车站工作人员应按照以下程序处理。

（1）车站现场工作人员发现或接到受伤乘客求救时，应立即报告当值值班站长并赶赴现场，了解伤（病）者情况及初步原因。

（2）如因地铁设备造成事故，应立即停止该设备运作（影响列车运行的设备除外），并报告车站控制室。

（3）疏散围观群众，寻找目击证人，收集、记录有关证人资料。

（4）需要时，对乘客外伤进行简单的包扎处理。

（5）如调查需要，应保护好现场，必要时对有关区域进行隔离，并用相机记录现场有关情况。

（6）必要时，根据值班站长安排，站务人员到紧急出入口引导急救中心人员进站。

（7）必要时协助警方进行事故调查。

4. 列车撞人、撞物事故的应急处置

车站发生撞人、撞物等事故后，各站务岗位人员应急处理程序如下：

行车值班员应立即向行调、公安派出所报告，通知值班站长、站区长等上级领导。

值班站长应立即到达现场并在上级领导及公安人员未到达之前担任现场负责人，组织指挥现场处理工作：

（1）指定专人负责挽留两名以上非地铁员工的目击者作为人证，索取证明材料，证人有急事不能留下时，应记下其工作单位、家庭住址及联系电话等。

（2）利用车站广播设施做好乘客宣传解释工作，劝导乘客改乘其他交通工具。

（3）售检票人员维护好站厅秩序，依据现场情况采取限制售票或停止售票方式控制乘客进站。

（4）需下站台查看及处理时，必须在接触轨停电后由现场负责人指定专人进行。

（5）现场查看时，在未发现之前或当事人未死亡的情况下，严禁送电、动车，找到被轧者后应查看其伤亡情况，无法断定是否死亡的一律按伤者处理，应设法将其尽快移至站台。

（6）如被轧者未亡，尽一切努力避免动车救人，但在只有动车方可救人的情况下，由现场公安人员做出动车决定。

（7）需对伤者进行救护时，应及时通知市急救中心，指派专人到指定出入口迎候救护车辆。

（8）如当事人已经死亡，其位置不妨碍列车运行，可先行送电通车；如其位置妨碍列车运行，可将尸体移上站台或移至边墙、道沟等不侵界位置，再行送电、通车，必要时再次停电处置，做好标记。

（9）除现场处理以外的其他车站工作人员应做好遣散围观乘客，维护站台站厅秩序工作。

5. 恐吓事件的应急处置

当地铁工作人员接到电话、书面或电子邮件等各种形式的恐吓信息时，应按下列应急预案开展工作：

（1）接获恐吓信息后，地铁员工应立即向其上级领导报告。控制中心（OCC）应立即向公安部门报告该恐吓事件，并通知受影响车站的值班站长、行车线上的列车驾驶员及各紧急救援抢险部门。

（2）由公安部门确定恐吓信息的真实性，在车站进行不公开或公开的搜索行动。

（3）车站接到恐吓信息后，不公开搜索程序。

● 值班站长安排停止所有清洁工作，依次搜索所有公众范围及所有非公众范围，及时将最新进展通知值班经理。

● 公安人员前往有关车站，参与搜索行动，与值班站长保持密切联系，了解搜索工作的最新进展。

● 若发现可疑物品或有毒气体，值班站长应立即封锁现场，决定局部或完全疏散车站，并立即通知值班经理。进行疏散前，必须先搜索所有疏散路线，确保疏散乘客的安全。

● 若未发现可疑物品或有毒气体，值班站长应报告公安人员负责人，请示是否进行二次搜索。公安人员负责人向所有搜索人员查询搜索情况，将搜索结果上报上级公安部门。

6. 爆炸事件的应急处置

（1）车站发生爆炸后，就近岗位站务人员应迅速准确查明爆炸发生的时间、地点、涉及列车的车次、人员伤亡等情况，立即向行车值班员报告。

（2）行车值班员接到站务人员报告后，应立即向行调、公安派出所报告，通知值班站长、站区长等各级领导。

（3）值班站长应立即到达现场并在上级领导及公安人员未达到之前担任现场负责人，组织指挥现场处理工作。

7. 不明气体袭击事件的应急处置

（1）车站发生不明气体袭击后，就近岗位站务人员应迅速佩戴防护装备，迅速查明事件发生的时间、地点、涉及列车的车次、人员伤亡等情况，立即向行车值班员报告。

（2）行车值班员接到站务人员报告后，应立即向行调、公安派出所报告，通知值班站长、站区长等各级领导。

（3）行车值班员应立即采取措施，防止其他列车进入车站。

（4）行车值班员应立即通知机电人员启动防灾应急模式，关闭相关车站送排风系统。

（5）值班站长应立即到达现场并在上级领导及公安人员未达到之前担任现场负责人，组织指挥现场处理工作。

8．水灾应急处置

当给水管道破裂、地下车站和隧道进水等危及运营的情况发生时，车站有关人员应按下列程序进行处置。

（1）任何员工一旦发现水灾发生，应立即报告值班站长以下情况：水灾发生的位置、流量、水源来自哪里、哪些设备可能会受到影响。

（2）值班站长向行调报告：本站发生水淹事故，本站受到影响的区域、是否影响乘降及受影响设备的情况。

（3）值班站长携带防洪装备赶往事发位置，命令站务人员和保洁人员前往水灾区域。

（4）值班站长到达现场后评估情况，向行调汇报最新进展，视情况需要请求机电等部门人力支援。

（5）站务人员尝试用防洪板、沙包或其他填充物阻断水源或抑制流量，在周边用提示牌和警戒线布置禁行区。

9．地震应急处置

地震发生后，值班站长立即向行调汇报：是否影响行车；是否有人员、设备、线路、车辆受损；是否需要召唤紧急服务（公安、急救、消防）。

一旦确定发生四级以上强度的地震，值班站长必须安排车站员工：

（1）亮起所有隧道灯；

（2）检查所有系统是否运作正常，特别是供电、通信、信号及环境控制系统运作状况；

（3）在确保自身安全的前提下，巡视车站建筑、设施，巡视出入口及站外情况，发现有任何异常情况，立即通知值班站长。

值班站长接到车站巡视结果后，立即向行调、故障报警中心报告设备、结构损毁的情况。

如果站台有列车停车，按照行调指示立即对列车进行清客作业。

停止所有作业，察看是否有工作人员或乘客受伤。若发现有任何人员受伤，则立即展开救助工作。

如发现建筑物损毁或阻塞，应立即疏散、封锁危险区域，安排人员驻守，制止他人接近。

如地震强度较大，建筑物、设备设施损毁严重，则应立即执行车站紧急疏散程序。

10．大风、沙尘天气的应急处置

当风力超过 7 级时可对车站运营造成影响，接到控制中心（OCC）发布的有关恶劣天气的信息后，车站须检查悬挂物，以免脱落物砸伤乘客及员工；指派专人对站台上的可移动物品进行加固；督促保洁人员清理车站卫生；露天段车站做好停运、客流疏散准备；如有其他异常立即上报控制中心（OCC）。

11．雪天应急处置

值班站长应通知所有工作人员，通报恶劣天气的相关情况，做好雪天应急处置工作。

（1）站务人员在出入口、楼梯口铺设防滑垫和提示牌，同时组织人力及时清扫出入口积雪。

（2）值班站长通知保洁人员注意出入口、楼梯口等区域的卫生状况。

（3）站务人员在客流量较大的出入口疏导乘客进出站。

（4）行车值班员通过 PA、PIS 系统向进站乘客宣传安全、防滑的事项。

（5）行车值班员通过 CCTV 系统密切关注进出站的客流变化，并随时向值班站长汇报。

（6）值班站长要随时掌握运营现场和天气情况，并随时做好延长运营时间的准备工作。

（7）地面线路有道岔的车站，应做好道岔的清扫及融雪工作。

12. 站台紧急停车按钮被触发的应急处置

（1）站台岗员工或乘客按下站台上的紧急停车按钮。

（2）对应的紧急停车按钮指示灯点亮，车站控制室和站台监察亭 IBP 盘上对应站台的指示灯点亮，车站 ATS 工作站和控制中心（OCC）调度员工作站对应区域显示紧急停车，显示报警信号。

（3）车站值班员扳动车站控制室 IBP 盘上的紧急停车开关至"急停"位置。

（4）站台岗员工赶往事发地点，采取适当的措施处理该事件，并保持站台、车站控制室、OCC 联系畅通，必要时请求协助。

（5）在确定处理完情况后，站台岗员工用钥匙复位被激活的紧急停车按钮，并通知车站值班员，处理完毕后给驾驶员显示"一切妥当"手信号。

（6）车站值班员扳动车站控制室 IBP 上对应的紧急停车开关至"复位"位置。

（7）车站值班员复位 ATS 工作站上的事件，使 ATS 系统复位，并记录该次事件的时间、紧急停车按钮启动的原因及事件处理经过。

13. 列车内乘客报警按钮被触发的应急处置

（1）接到车内乘客报警按钮被触发的信息，立即赶往事发现场并核实：报警启动的原因、启动报警按钮的车次或车门，请示值班站长是否需要列车退行。

（2）使用车内乘客报警按钮扬声器与驾驶员沟通，寻找启动报警按钮的原因，进行乘客救援工作。

（3）确定情况稳定后，车站员工必须将车内报警按钮复位，离开列车，向驾驶员显示"一切妥当"手信号。

（4）行车调度员通知列车驾驶员，车站已将车内报警按钮复位。

（5）站台岗员工在日志中详细记录该次事件发生的时间、原因、被启动的报警按钮的编号及事件处理经过。

14. 乘客物品掉落轨道的应急处置

（1）坠落的物品不影响行车

● 站台岗员工接到报告后，立即赶往现场查看情况，向行车值班员报告：该物品不影响行车。若该车站未安装屏蔽门，站台岗员工应在第一时间明确告诉乘客"请勿擅自跳下轨道，工作人员会尽快妥善处理"。

● 站务人员应立即安抚乘客，告知乘客将在当日运营结束后下轨道拾回物品，请乘客留下联系方式，第二日到车站领回物品。

（2）坠落的物品影响行车

● 站台岗员工接到报告后。立即赶往现场查看情况，若该物品影响行车，则立即按压站台侧紧急停车按钮。

● 站台岗员工向行车值班员、值班站长报告该物品影响行车，需立刻处理。

● 行车值班员上报行调，经批准后，按动车站控制室内紧急停车按钮，做好防护，通知站务人员可以进行拾物处理。

● 站务人员立即携带夹物钳、隔离带到现场，隔离该处屏蔽门。夹不起的物品，安排人员从站台两端的楼梯或使用下轨梯进入轨道拾回物品。

● 站务人员将物品取回后，确认线路出清，恢复屏蔽门的使用，向行车值班员汇报。

● 行车值班员及时取消紧停，并向行调汇报。

● 做好相关记录，将物品归还乘客。

15. 车站照明失效的应急处置

（1）车站照明部分熄灭情况

● 事故发生后，值班站长立即向行车调度员报告：车站照明系统部分失效，应急照明是否已经启用，是否影响车站其他设备的正常运作，车站是否有列车停靠及列车的相应位置，车站内乘客滞留情况。

● 值班站长或行车值班员联系故障报警中心，获取相应的故障信息，召唤人力支援。

● 值班站长立即下达车站紧急疏散指示。

● 行车值班员通过 PA、PIS 系统，通知乘客情况，稳定乘客情绪。

● 站务人员就近取用应急照明备品，站于重要位置为乘客提供照明和保护，加强宣传，稳定乘客情绪。

● 票务岗位员工保管好票款，适时放慢售票速度。根据客流情况，合理关闭部分进站闸机、自动售票机进行客流控制。

● 一旦照明系统无法恢复时，所有员工随时做好乘客疏散的工作。

（2）车站照明全部熄灭情况

● 事故发生后，值班站长立即向行车调度员报告：车站照明系统全部失效，应急照明是否已经启用，是否影响车站其他设备的正常运作，车站是否有列车停靠及列车的相应位置，车站内乘客滞留情况。

● 值班站长或车站值班员联系故障报警中心，获取相应的故障信息，召唤人力支援。

● 值班站长立即下达车站紧急疏散指示。

● 车站值班员通过 PA、PIS 系统，通知乘客进行疏散，稳定乘客情绪，疏导乘客向站台中部靠拢。

● 站务人员就近取用应急照明备品，站于重要位置为乘客提供照明和保护，加强宣传，稳定乘客情绪，密切关注站台边缘地带，确保乘客安全。

● 票务岗位员工立即停止售检票作业，保管好票款及有效票证，做好与乘客的解释工作。

● 站务人员打开全部闸机和应急疏散门，立即引导乘客从各个出入口出站，同时阻止乘客进站，确认乘客全部疏散后，关闭出入口并张贴通告。

● 对于进站列车、停靠站台的列车、即将出站的列车均需暂时停止运行，开启列车全部灯光（含前、后大灯），为疏散乘客提供照明，在得到行车值班员允许后方可继续运行。

二、学习要求

熟悉并掌握以下情况下车站工作人员的应急处置程序：车站失火、站外失火、乘客受伤、列车撞人撞物、恐吓事件、爆炸事件、不明气体袭击事件、水灾事件、地震事件、大风沙尘天气事件、雪天、站台紧急按钮被触发、车内报警按钮被触发、乘客物品掉落轨道、车站照明失效等。

第七节　车站接发车作业

由于国内城市轨道交通信号系统普遍实现中央级控制（ATS），列车实行自动驾驶运行，城市轨道交通车站原则上不办理接发列车作业。只有在信号联锁故障，需人工排列进路组织列车运行及列车开到区间因故障要退回车站等特殊情况下才须办理接发列车作业。

一、学习内容

1. 车站行车岗位

根据车站工作组织框架（图 5-7-1），车站与行车有关的岗位有值班站长和行车值班员。

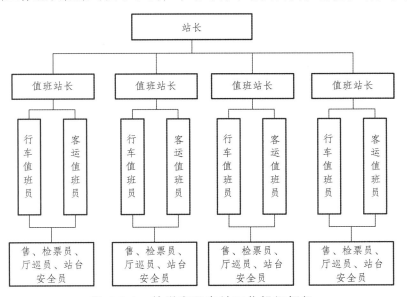

图 5-7-1　轨道交通车站工作组织框架

（1）站长

站长代表运营公司在车站行使属地管理权，全面负责车站的现场管理，负责本站的消防、安全、行车、施工、票务、服务和客运组织等工作，直接控制车站的运作及其系统运行。

站长对车站员工有岗位临时调整权（车站内部）、监督考核权、晋升推荐权，对车站员工奖金按考核规定进行分配。

（2）值班站长

值班站长一般负责本班全站的日常行车、客运管理、乘客服务、事故处理、设备日常管理、安全管理、员工培训等工作。

（3）行车值班员

行车值班员是一个车站的中枢控制岗位，保证城市轨道交通列车的运行安全和正点，负责对车站的行车组织、设备运行、安全保证等集中调度、统一指挥。车站行车作业实行单一指挥制，车站行车值班员是车站行车作业的组织者和指挥者。

助理车站行车值班员的岗位职责包括：接送列车，监护列车运行，交递调度命令及行车凭证，手信号发车，调车作业现场组织，进行站线巡视和协助乘客乘降组织。在不设助理车站行车值班员岗位时，上述职责由站务员承担。

2. 接发列车作业程序

轨道交通车站接发列车的基本程序为：办理闭塞、布置与准备进路、开（闭）信号或交接凭证、送迎列车、开通区间五个步骤。

（1）办理闭塞

闭塞的实质是同一区间在同一时间内只允许一列车占用。办理闭塞实际上就是使出发列车取得占用区间的许可权。

城市轨道交通系统一般都采用自动闭塞，即随着列车的运行自动完成闭塞作业。

新线在全线投入正式运营前采用半自动闭塞时，须由区间两端车站行车值班员在 ATS（或 LCW）工作站上排列进路办理闭塞，当区间两站闭塞表示灯均亮绿灯即表示闭塞完成。

当基本闭塞设备故障须采用代用闭塞法——电话闭塞法时，主要由区间两端车站行车值班员通过行车电话发出电话记录号码来办理闭塞。

（2）布置与准备进路

接发列车进路的划分：进路是指列车运行或调车作业走行的路径，前者称为列车进路，后者称为调车进路。列车进路可分为接车进路、发车进路和通过进路。

进路的布置：在城市轨道交通系统中，接发列车的关键是正确及时地准备好列车进路，值班站长或行车值班员必须亲自布置和确认进路是否准备妥当。布置准备进路时，一定要确定车次和列车占用线路情况。

准备进路：准备进路与联锁设备有关。

（3）开闭信号

当集中联锁站接发列车进路准备好后，信号自动开放。由于轨道电路的作用，当机车或车辆第一轮对越过信号机后即自动关闭。

（4）交接凭证

凭证是指发车信号机显示的进路信号以外的"证件"，如路票、列车进入封锁区间的"调度命令"等。交接凭证时要认真检查是否正确，注意安全，一般应停车交付。收回凭证后，要确认凭证是否正确，并及时注销保管。

（5）迎送列车

站台接发列车作业人员应在《车站行车工作细则》规定地点立岗迎送列车，注意列车运行状态，发现危及行车安全情况时，立即采取紧急措施。

（6）开通区间

接发列车作业完毕后，半自动闭塞区间和电话闭塞须开通区间，使区间恢复空闲，保证不间断地接发列车。半自动闭塞区间开通区间时，由区间两端站车站值班员拉出闭塞按钮或按压复原按钮，区间两站的闭塞表示灯熄灭即表示区间开通。

3. 接发列车作业步骤及用语

中央信号联锁故障，联锁站联锁设备良好，需人工在微机联锁区域操作员工作站上（LOW 工作站）排列进路，此时联锁站需办理接发列车作业。联锁站接车作业步骤及用语见表 5-7-1，发车作业步骤及用语见表 5-7-2。

表 5-7-1 接车作业步骤及用语

作业程序	作业步骤及用语			说明事项
	值班站长	行车值班员	站台站务员	
一、听取预告	1. 根据"行车日志"和 LOW 工作站显示，确认接车线路空闲 2. 听取发车站预告"××次预告"并复诵，通知 LOW 操作员"排列××次接车进路"			
二、准备进路、开放信号	4. 确认接车进路防护信号开放正确后，复诵"进路防护信号好了"，并通知发车站	3. 听取值班站长"排列××次接车进路"后，在 LOW 工作站上排列列车进路，确认进路防护信号开放好后口呼"进路防护信号好了"		
	（办理发车作业程序）			（列车通过）
三、接车	5. 听取发车站报点，复诵并填写"行车日志"		7. 站台服务人员复诵"××次开过来，准备接车"，并立岗接车	
	6. 通知站台服务人员"××次开过来，准备接车"并听取汇报		8. 监视列车到达（通过）即注意站台乘客安全	
	9. 监视列车到达	10. 监视列车到达（通过）		
四、报点	11. 向发车站报点："××次（×点）×分×秒到（通过），并填写"行车日志"			

表 5-7-2　发车作业步骤及用语

作业程序	作业步骤及用语			说明事项
	值班站长	行车值班员	站台站务员	
一、发车预告	1. 根据"行车日志"和 LOW 显示，确认发车线路空闲，向前一 LOW 工作中预告"××次预告" 2. 填写"行车日志"			
二、准备进路、开放信号	3. 听取前一发车站报点"×次×分×秒开"并复诵，接到接车站准备好接车进路的通知，客车进站后排列列车发车进路 4. 通知 LOW 操作员"排列×次发车进路" 6. 确认发车进路好后，复诵"进路防护信号好了"	5. 听取值班站长"排列×次发车进路"的命令后，排列发车进路。进路排列好后，口呼"进路防护信号好了"		
三、发车	7. 通知站台站务人员"××次发车进路好了"		8. 确认后三节车门关闭好后，向驾驶员显示"车门关闭好了"的手信号	
	11. 监视列车运行	10. 监视列车运行，直至列车出清联锁区	9. 监视列车运行及注意站台乘客安全	
四、报点	12. 向接车站报点："××次（×点）×分×秒开" 13. 填写《行车日志》 14. 向行调报点："××次（×点）×分×秒开"			

二、学习要求

（1）了解车站行车相关岗位和职责。

（2）熟悉车站接发列车作业程序。

（3）了解车站接发车作业步骤及用语。

第八节　车站列车折返作业

售检票系统的布设位置将车站空间划分为付费区和非付费区，同时售检票系统也是车站对客流加以控制的部位。本实验主要是针对自动售检票系统，开展设施布局设计和能力检算，旨在帮助应用课本知识解决实际问题。

一、学习内容

1. 列车折返模式

（1）列车自动折返（AR 模式）：该模式仅在某些特定区段使用。对于站前折返，列车进入到达线站台即完成了折返作业，最后由此发车；对于站后折返，列车以允许的速度从到达停车线自动驾驶进入和驶出折返线，最后进入发车股道。当列车进入折返线停车时，列车自动转换前后驾驶室的控制权，原列车的后驾驶室控制列车前进。

（2）ATP 监控的人工驾驶模式折返：该模式下，对于站前折返，列车进入到达线即完成折返作业，最后由此发车；对于站后折返，列车在驾驶员驾驶下从到达股道进入和折出折返线，最后进入发车股道。当列车进入折返线停车时，列车自动转换前后驾驶室的控制权，原列车的后驾驶室控制列车前进。

（3）人工折返：在某些站的存车线及其他临时列车运行交路需要的折返线路，可按非自动转换模式折返。根据行程组织要求，可在车上配备 1~2 名驾驶员。

2. 调度集中控制时的列车折返作业

（1）行车调度员

列车在进行折返作业前，应清客、关车门。列车折返的调车进路由行车调度员人工排列或中央 ATS 自动排列。在车站有数条折返进路的情况下，应在折返作业办法中规定优先采用的列车折返模式，明确列车折返优先经由的折返线或渡线。在办理列车折返作业时，如折返列车尚未起动，需临时变更列车折返模式，可在通知折返列车驾驶员后，变更列车折返调车进路。

在人工排列列车折返进路时，折返列车凭调车信号显示进入折返线或折返停车位置。在自动排列列车折返进路时，折返列车凭发车表示器的稳定白灯显示进入折返线或折返停车位置。列车停妥后，驾驶员应立即办理列车换向作业，然后凭道岔防护信号机的准许越过显示进入车站出发正线。

在列车人工驾驶时，列车进出折返线的速度根据有关规定由驾驶员人工控制；在列车自动驾驶时，列车进出折返线的速度按接收到的速度码自动控制。

（2）驾驶员（以站后无人折返为例）

折返时的作业主要是到达驾驶员与折返驾驶员进行交接，并组织列车进行折返。列车在折返站进行折返有人工折返和自动折返两种方式。

运营列车结束服务到达终点站停车标处，显示出现折返图标，AR 黄灯亮，列车停稳，左侧车门打开，按压"AR"按钮，确认显示屏上的折返图标背景由蓝色变为黄色，"AR"黄灯灭。与折返驾驶员交接完毕，根据站务人员的清客完毕手信号及进路防护信号机的开放信号，关闭列车车门；进入驾驶室本务驾驶员关闭主控钥匙，锁好驾驶室侧门；本务驾驶员锁闭驾驶室侧门行至头端墙处，操作自动折返按钮（DTRO），列车自动起动进入折返线，并自动折返到对面站台，完成无人折返作业。

3. 车站控制时的列车折返作业

列车折返的调车进路由车站行车值班员人工排列。原则上，车站行车值班员按优先采用的列车折返模式排列折返进路，如要变更列车折返模式，必须得到行车调度员的同意。

折返列车进出折返线或折返停车位置的作业过程和速度控制，与调度集中控制时列车折返作业的办理相同。

二、学习要求

（1）了解车站列车折返模式的种类。

（2）掌握调度集中时车站列车折返作业办法。

（3）掌握车站控制时车站列车折返作业办法。

第九节　地铁 AFC 设备配置布局设计

售检票系统的布设位置将车站空间划分为付费区和非付费区，同时售检票系统也是车站对客流加以控制的部位。本节主要是针对自动售检票系统，开展设施布局设计和能力检算，旨在帮助应用课本知识解决实际问题。

一、学习内容

依据车站客流情况，为车站配置自动售检票机的数量和摆放位置。要求运用书中关于售检票设备数量的计算方法确定车站自动售检票机的数量，配置数量考虑车站超高峰情况，绘制平面图说明摆放位置和进出站组织，最后对设施的服务水平作出评价。

AFC 系统设计能力应满足超高峰客流量的需要，设备配置数量按近期超高峰客流量计算，按远期超高峰客流量预留位置与安装条件。

1. 售检票机数量的确定

售票可分为人工售票、半人工售票及自动售票三种。人工售票与半人工售票亭的尺度相同，半人工售票的方式为人工收费找零、机器出票。售票机是主要售票设备。

人工售票亭、自动售票机的数量计算公式如下：

$$N_1 = M_1 \frac{K}{m_1} \tag{5-9-1}$$

式中　M_1——使用售票机的人数或上、下行方向上车的客流总量（按高峰小时计），人/h；

K——超高峰系数，选用 $1.1 \sim 1.4$；

m_1——小时售票能力，人工售票每小时售票能力，取 1 200 人/h，自动售票机每小时售票能力，取 600 人/（h·台）。

进站检票口数量计算公式如下：

$$N_2 = M_2 \frac{K}{m_2} \tag{5-9-2}$$

式中　M_2——高峰小时进站客流量（上、下行方向），人/h；

K——超高峰系数，选用 $1.1 \sim 1.4$；

m_2——检票机每台每小时检票能力，取 1 200 人/（h·台）。

出站检票口数量计算公式如下：

$$N_3 = M_3 \frac{K}{m_3(1-\alpha_{\text{中断}})} \qquad (5\text{-}9\text{-}3)$$

式中　M_3——高峰小时出站客流量，人/h；

　　　K——超高峰系数，选用 1.1 ~ 1.4；

　　　m_3——检票机每台每小时检票能力，取 1 200 人/（h·台）；

　　　$\alpha_{\text{中断}}$——出站客流中断系数，为高峰小时内出站客流中断时间所占的比重。

2. 车站售检票机平面布置图绘制

调查某地铁车站售检票设备情况，绘制平面布置图，并列表说明各设备功能、使用时间、使用数量等情况。平面布置图要求按照给定的比例绘制。

3. 车站售检票系统评价

车站售检票系统评价指依据车站客流情况，考虑车站配置自动售检票机的数量和摆放位置，对设施的服务水平作出评价。

二、实验步骤

1. 选定研究对象、制定实验计划

根据实验要求，确定适合的地铁车站作为调查实验对象，并制定实验工作方案、调研计划，拟定实验步骤。

2. 实地调研与数据采集

在实验计划指导下，准备实验设备，开始实地调研，将情况填写到表 5-9-1 中。

表 5-9-1　车站自动售、检票机的配置

	售票口数量		自动检票机类型			自动检票机数量		自动检票口数量		检票口距出口距离（m）
	人工	自动售票机	单向	双向	总数	出站	进站	出站	进站	
A 口										
B 口										
C 口										
...										

3. 客流调查

在高峰时段，开展售检票客流调查，样本要求 15 min 的数据流不少于 1 000 个。

（1）调查表格

一般车站的多个出入口共用车站售检票设备。为详细记录所有需要的数据，设计了客流到达间隔时间统计表（表 5-9-2），前两列是不同进站口（如 A 口、B 口）分别测量时，各自客流的到达时刻记录；第三列是在将两个口的客流看作一个整体的情况下，总的客流的到达时刻记录；后面三列的含义类似。

表 5-9-2　客流到达间隔时间统计表

调查地点：　调查日期：__年月日__
调查时段：　天气情况：

分别到达时刻		合并到达时刻	分别到达间隔		合并到达间隔
A 口	B 口		A 口	B 口	

合并到达间隔和到达时刻是指在同一时间下，将 A 口、B 口的客流看成一个客流来源作为系统的输入客源，以便真实反映系统运营状况。

（2）调查方法

为了尽量保证数据的全面性和同步性，不同站口调查员事先将表对准，然后一人在 A 口，一人在 B 口，等时间一到就开始测量。

测量工具为秒表。时间显示格式为：小时：分钟：秒：百分之一秒。具体操作方法是：站在进站口（对于出站客流，则为一组出站检票机）旁边，以进站口的墙壁轮廓线为参照物（对于出站客流，以一组出站检票机的入口轮廓线为参照物），观察乘客是否跨过这一界限，每到达一名顾客按一下暂停按钮，记录下来每两次断点之间的间隔时间，从而得出乘客的到达间隔。对于出站客流，站在一组出站检票机旁边记录。

4. 数据整理与分析

整理录入调研数据，根据实验要求分析各类测量数据，运用数学分析软件获得数据的统计学特性，计算与售检票能力评估相关的各项物理参数。

（1）计算车站售检票设备理论数量。考虑超高峰情况，计算车站售检票系统的配置数量，与车站实际配备情况进行对比。

（2）分析乘客到达时间分布。利用 Excel 对到达间隔时间数据进行统计，确定分布函数，并进行假设检验。常用分布有泊松分布、负指数分布、正态分布和爱尔朗分布等，学习者应根据实际调查数据情况选择分布函数和检验方法。

（3）结果分析。分析当售检票机数量配置不同时的设备利用率、乘客排队百分比、乘客平均排队长度、乘客平均排队时间等指标，并给出优选方案。最后，针对突发大客流和紧急疏散情况，分析车站售检票机系统排队情况。

三、实验要求

本实验的要求如下：

（1）提交实验实测数据、分析数据以及实验过程中的中间结果文件。

（2）以某个轨道交通车站为实验背景，进行相关的物理参数的测量与分析实验工作。应清楚描述轨道交通车站售检票布局、能力和服务水平。

第十节　车站站台能力分析与评估

车站站台是轨道交通总乘客乘降列车的主要场所，也是乘客的候车空间。轨道交通作为大容量公共交通，其乘客在车站的交换量很大。因此，车站站台承载乘客的能力对运营组织具有重要影响。准确评估车站站台能力对优化列车运营组织、提高站台服务水平、保障乘客安全具有重要意义。

本节旨在了解车站站台能力评估的基本流程、方法与实施步骤，学习基础数据的收集与分析技术；掌握与运用车站站台能力评估方法，确定实验中所采用分析方法与模型的参数标定方法；掌握车站站台能力评估模型，计算车站客流乘降量、站台客流密度分布、站台承载能力及站台服务水平等指标。

一、学习内容

1. 楼梯及通道乘客通行能力的计算

根据实验要求，确定适合的地铁车站作为调查实施对象，并制定实验工作方案、调研计划，拟定实验步骤。

2. 实地调研与数据收集

在实验计划指导下，准备实验设备，开始实地调研，记录各项数据，包括车站站台平面布局及设施物理尺寸、乘客乘降量等数据。

3. 数据整理与分析

整理录入调研数据，根据实验要求分析各类测量数据，运用数学分析软件获得数据的统计学特性，计算与站台能力评估相关的各项物理参数。

二、实验步骤

以选定的地铁车站为对象开展实验，按如下步骤安排实验过程。

1. 实地调研，收集相关数据

相关数据应包括车站站台平面布局图、乘客乘降量、站台空间尺寸参数等。站台尺寸的统计格式见表 5-10-1，乘客乘降量数据统计格式见表 5-10-2。

表 5-10-1　站台尺寸数据统计表

某站台相关数据	站台有效长度（m）	
	站台宽度（m）	
	柱子宽度（m）	
	楼梯加自动扶梯宽度（m）	
	换乘口面积（m²）	
...	...	...

表 5-10-2　高峰时段内每列车乘降人数统计表

序号	上车人数（人）	下车人数（人）	列车间隔（min）
1			
2			
…			

2. 对调研数据进行整理与分析

依据站台宽度计算公式，检验站台能力与乘降量是否匹配。根据站台设置形式的不同，站台宽度计算公式分为：

（1）侧式站台宽度。

$$B_1 = \frac{MW}{L} + 0.48 \qquad\qquad (5\text{-}10\text{-}1)$$

式中　B_1——侧式站台宽度（m）；

　　　M——超高峰小时每列车单向上下车人数；

　　　W——人流密度，按 0.4 m^2/人计算；

　　　L——站台有效长度（m）。

（2）岛式站台宽度

$$B_2 = 2B_1 + C + D \qquad\qquad (5\text{-}10\text{-}2)$$

式中　B_2——岛式站台宽度（m）；

　　　B_1——侧式站宽度（m）；

　　　C——柱宽（m）；

　　　D——楼梯、自动扶梯宽（m）。

三、实验要求

本实验的要求如下：

（1）提交数据文件：提交实验实测数据、分析数据以及实验过程中的中间结果文件。

（2）提交实验报告：以某个轨道交通车站为实验背景，进行与车站站台能力计算相关的物理参数的测量与分析实验工作。应清楚描述轨道交通车站的布局、各种站型相关设施的物理尺寸与能力、计算方法以及实验流程等。

第十一节　地铁车站楼梯设计

车站楼梯及通道是轨道交通站内通行能力的瓶颈。本节主要针对车站楼梯及通道系统，开展设施能力检算，旨在帮助应用课本知识解决实际问题。

一、实验内容

基本内容：结合车站设计图，分析车站超高峰客流情况、楼梯及通道能力，最后提出改进建议。

1. 楼梯及通道乘客通行能力的计算

楼梯及通道是连接地铁站台、站厅以及换乘站之间的交通通道。使用中，可分为单方向使用、双方向使用。单方向使用的楼梯及通道，在同一通道内无反向交叉客流，旅客在通道内能较正常通行，不会产生阻塞与拥堵。该项设备由站台通道与跨线通道两部分组成，当两者能力不相等时，应以其限制能力部分的宽度为计算依据。

（1）单向走行楼梯/通道需要的通行能力 N 按下式计算：

$$N = \frac{A}{t} \qquad\qquad (5\text{-}11\text{-}1)$$

式中　N——楼梯/通道每分钟需要的通行能力（人/min）；

　　　t——规定到达（或发出）一列车，旅客使用设备的时间（min）；

　　　A——在 t 分钟内，使用设备的一列车或几列车的旅客人数（人）。

（2）天桥、地道现有通行能力 N'，按下式计算：

$$N' = \sum \frac{B}{b} \times n \qquad\qquad (5\text{-}11\text{-}2)$$

式中　N'——设备每分钟现有通行能力（人/min）；

　　　B——楼梯/通道的宽度（m）；

　　　b——一条步行道/楼梯的宽度（m）；

　　　n——一条步行道/楼梯每分钟的旅客通行能力（人/min）。

2. 自动扶梯数的计算

以出站客流乘自动扶梯向上到达站厅层考虑。

$$N = \frac{K}{n_1 n} \qquad\qquad (5\text{-}11\text{-}3)$$

式中　N'——预测下客量（上、下行）（人/h）；

　　　K——超高峰系数，取 1.1～1.4；

　　　n_1——每小时输送能力，取 8 100 人/h（自动扶梯性能为梯宽 1 m，梯速 0.5 m/s，倾角 30°）；

　　　n——自动扶梯的利用率，按 80% 计算。

3. 步行楼梯宽度的计算

楼梯的尺寸一般要在满足防灾要求的基础上，根据客流量计算确定。可采用如下公式计算：

$$B = \frac{Q}{N} + M \qquad\qquad (5\text{-}11\text{-}4)$$

式中　B——楼梯宽度（m）；

　　　Q——远期每小时通过人数（人）；

　　　N——楼梯的通行能力（人/h，见表 5-11-1）；

M——楼梯附属物宽度（m）。

也可以利用如下公式计算：

$$B = \frac{NK}{n_2 n} \qquad\qquad (5\text{-}11\text{-}5)$$

式中　　*N*——预测上客量（上行）（人/h）；

　　　　K——超高峰系数，取 1.1 ~ 1.4；

　　　　n_2——楼梯双向混行通行能力，取 3 200 人/（h·m）；

　　　　n——步行楼梯利用率，按 70%计算。

楼梯及通道最大通行能力见表 5-11-1。

表 5-11-1　楼梯及通道最大通行能力

名称		每小时通行人数（人）
1 m 宽楼梯	单向下楼	4 200
	单向上楼	3 700
	双向混行	3 200
1 m 宽自动扶梯		8 100
1 m 宽自动人行道		9 600

4. 楼梯能力的检验

根据在车站的实地调查数据统计乘客楼梯通道的通行能力，绘制走行距离——通行能力图，分析通行能力因素，给出提高通行能力的对策和建议。

二、实验步骤

1. 选定研究对象、制定实验计划

根据实验要求，确定适合的地铁车站作为调查实验对象，并制订实验工作方案、调研计划，拟订实验步骤。

2. 实地调研与数据收集

在实验计划指导下，准备实验设备开始实地调研，按照 1∶1 比例绘制车站平面图，记录各项数据，表格样式见表 5-11-2。

表 5-11-2　车站楼梯的配置

	衔接区域	主要功能	宽度（m）	台阶数量	平台数量	备注
楼梯 1						
楼梯 2						
…						
自动扶梯 1						
自动扶梯 2						
…						

3. 楼梯通行能力的计算

根据在车站的实地调查数据，统计乘客楼梯及通道的通行能力，绘制走行距离——通行能力图，分析通行能力因素，给出提高通行能力的对策和建议。

4. 楼梯宽度检验

测量楼梯宽度。

三、实验要求

本实验的要求如下：
（1）提交实验实测数据、分析数据以及实验过程中的中间结果文件。
（2）以某个轨道交通车站为实验背景，进行相关的物理参数的测量与分析实验工作。应清楚描述轨道交通车站楼梯布局。

第十二节　地铁车站出入口设计

车站的出入口是地铁与外界的唯一联系，发生火灾后，人员只能由通向地面的车站出入口进行疏散。车站出入口也是轨道交通车站抑制站内客流量过大的控制点。本节主要是针对车站出入口，开展设施能力检算和人性化设计分析，旨在帮助应用课本知识，解决实际问题。

一、实验内容

1. 出入口数量的确定

出入口数量通常是根据车站规模、埋深、平面布置、地形地貌、城市规划、道路、环境条件等，并按照车站远期预测高峰小时分向计算设计客流量后再综合确定。我国《地铁设计规范》（GB50157—2003）规定：车站出入口的数量，应根据客运需要与疏散要求设置，浅埋车站不宜少于 4 个出入口。当分期建设时，初期不得少于 2 个。小站出入口数量可酌减，但不得少于 2 个。

原则上，根据客流量计算出入口的数量时，应选择站点远景年高峰小时双向客流中较大的客流量 Q_{max} 作为最大客流量。计算步骤为：假设在某一确定服务水平下，通道内行人的平均流率为 q，地铁站每个出入口通道的设计有效宽度为 w_q，则出入口通道的数量为：

$$n = \frac{Q_{max}}{q \times w_q}$$

（5-12-1）

2. 出入口布局方案的设计

地铁车站出入口通常是根据设计人员的经验，结合各个车站所在位置的地面建筑及街道的具体情况进行布置。一般都把出入口位置选择在吸引客流量大、与地面交通换乘方便的地方，或者直接利用附近商场、地下人行通道等设施，以节省工程造价。出入口的布置不仅要考虑其交通疏散功能、经济引导功能，还要考虑在事故状态下对人员安全疏散和救援实施的影响。

出入口间的布置方式有并列布置和交错布置两种。假设一个车站有两个出入口，则其布置方式如图 5-12-1 和图 5-12-2 所示。

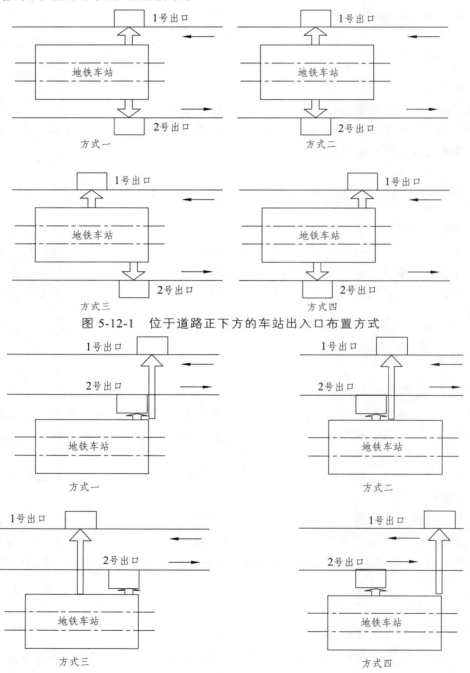

图 5-12-1　位于道路正下方的车站出入口布置方式

图 5-12-2　位于道路一侧下方的车站出入口布置方式

3. 出入口宽度的确定

出入口宽度按照车站远期预测高峰小时的设计客流量经计算确定。但考虑到客流不均匀的影响，宽度设置要有一定富余，即根据出入口位置，主客流方向以及可能产生的突发性客流分别乘以 1.10～1.25 的客流不均匀系数。车站出入口宽度的总和应大于该站远期预测超高峰小时设计客流量所需的总宽度。出入口的最小宽度不应小于 2.5 m。兼作城市地下人行过街通道的车站出入口，其宽度应根据城市过街客流量加宽。

出入口步行楼梯宽度可按下式计算：

$$B_n = \frac{Mab_n}{C_t N} \tag{5-12-2}$$

式中　B_n——出入口步行楼梯宽度（n 表示出入口序号）；

　　　M——车站高峰小时设计客流量，人/min；

　　　a——超高峰系数，取 1.2～1.4；

　　　b_n——出入口客流不均匀系数，取 1.10～1.25（n 表示出入口序号）；

　　　C_t——步行楼梯通过能力，人/h；

　　　N——出入口数量。

实际出入口宽度还应根据平面布置等实际情况确定。

出入口的最小宽度一般不小于 2.5 m。考虑到紧急情况下，乘客不可能按平常的有序流动特征进行疏解，而是并排最大限度地利用出入口宽度逃生。所以，对某些站点出入口还应在设计宽度基础上适当加宽。

4. 出入口能力的检验

（1）出入口能力以单位时间内通过的人数来衡量。

（2）出入口的步行楼扶梯及通道的通过能力应大于车站内部步行楼梯和自动扶梯的疏散能力之和。

（3）地铁车站出入口的各部分（门厅、楼梯等）应保证相同的通行能力，并以通过能力最低的一个数据作为该出入口的实际通过能力。

（4）出入口通道及楼梯的宽度，均满足在远期高峰小时客流量的情况下发生火灾时，在 6 min 内将一列车和站台候车乘客及工作人员疏散完毕。每小时每米宽的通道通过能力按 5 000 人计算。

5. 出入口能力分析

结合车站设计图，分析车站超高峰客流情况、出入口能力，并结合周边土地利用提出改进建议。

6. 出入口车站引导设计评价

分析现有引导系统的优缺点，进行改进设计。

二、实验步骤

（1）选定研究对象、制订实验计划

根据实验要求，确定适合的地铁车站作为调查实验对象，并制订实验工作方案、调研计划，拟订实验步骤。

（2）实地调研与数据采集

设计调查表格，进行实地调查和数据采集。

（3）完成数据分析

包括：① 进行出入口能力检验；② 确定出入口数量；③ 出入口布局方案设计；④ 出入口宽度确定；⑤ 出入口方案服务水平仿真评价。

根据实验内容，写出实验结果及分析报告。

三、实验要求

本实验的要求如下：

（1）提交实验实测数据、分析数据以及实验过程中的中间结果文件。

（2）以某个轨道交通车站为背景，进行出入口测量与分析实验工作。

第十三节　换乘站流线设计

随着轨道交通系统建设步伐的加快，网络环境下的运营组织成为相关部门关注的焦点。作为轨道网络中不同线路的衔接点，换乘站以及换乘枢纽是轨道交通系统运营组织与管理的关键环节。换乘站内的流线设计是否合理关系到乘客走行距离、时间的长短、不同流向的干扰交叉、整体换乘效率等方面，是轨道交通系统运营组织效率与服务水平高低的重要评价指标。

本节旨在了解换乘站流线设计分析的基本流程、方法与实施步骤，学习基础数据的收集与分析技术；掌握与运用换乘站流线分析技术，确定实验中所采用分析方法与模型的参数标定方法；掌握换乘站流线设计效果的评价分析方法，计算换乘流线分布密度、换乘客流强度、换乘区域服务水平、换乘方便系数等指标。

一、实验内容

1. 选定研究对象、制订实验计划

根据实验要求，确定适合的地铁车站作为调查实验对象，并制订实验工作方案、调研计划，拟订实验步骤。

2. 实地调研与数据采集

在实验计划指导下，准备实验设备开始实地调研，记录各项数据，包括车站平面布局及空间尺寸、换乘流线、乘客运动行为特性（速度、密度等）等。

3. 数据整理与分析

整理录入调研数据，根据实验要求分析各类测量数据，运用数学分析软件获得数据的

统计学特性，计算换乘流线相关各项物理参数。

二、实验步骤

以选定的地铁网络中某换乘车站为例开展实验，按如下步骤安排实验过程。

1. 实地调研，收集相关数据

包括车站平面布局图、换乘流线、客流运动行为参数等。影响换乘流线设计与能力的关键——通道与站台参数记录格式见表 5-13-1。

表 5-13-1　通道及站台参数统计表

项目	参数	数值
×出入口通道	长度	
	宽度	
×站台	长度	
	宽度	
×换乘通道	长度	
	宽度	
×换乘楼梯	长度	
	宽度	

2. 对调研数据进行整理与分析，获得相关运动行为特性参数

（1）客流量统计分析。高峰时段、平峰时段以及节假日对进出站客流、换乘客流进行统计，记录表格见表 5-13-2。

表 5-13-2　客流量统计表

测量日期：测量时间：

进口	A 进站	A 出站	B 进站	B 出站	…	1 换 2	2 换 1	…
客流量（人/h）								

（2）换乘站基本流线分析按对收费区的区域划分进行流向分析，计算各部分区域面积（表 5-13-3）。计算基本流线数量与分布情况（表 5-13-4）。

表 5-13-3　各部分区域面积表

分区	面积	支柱面积	通道开口面积	楼梯面积	乘客可用面积

表 5-13-4　换乘站基本流线数量及分布统计表

区域	流线属性	流线数量	总计
	进站		
	出站		
	换乘		

区域	流线属性	流线数量		总计
	接出设施与支柱及站台边缘间隙	进出站		
		换乘		
	其他	进出站		
		换乘		

（3）换乘站流线性能分析。包括流线分布密度、客流强度、区域服务水平以及换乘方便系数等。其中，换乘方便系数为实际的换乘距离（时间）与适宜的换乘距离（时间）的比值。

三、实验要求

本实验的要求如下：

（1）提交实验实测数据、分析数据以及实验过程中的中间结果文件。

（2）提交实验报告。以某个轨道交通换乘车站为实验背景，进行站内换乘客流流线设计相关物理参数的测量与分析实验工作。应清楚描述轨道交通车站的布局、各种流线相关设施的物理尺寸与能力、乘客换乘运动行为物理数据、计算方法以及实验流程等。

要求学习者掌握城市轨道交通换乘车站流线设计与分析，主要包括以下内容。

（1）换乘流线分布密度

整个站台流线数量分布密度较大处集中在接出（或接入）设施与支柱及站台边缘间隙处、接出设施开口处以及进出站楼梯口等处。分析计算结果见表 5-13-5。

表 5-13-5　流线数量分布密度统计表

区域位置	流线数量（条）	区域纵向宽度（m）	流线分布密度（条/m）
接入设施与支柱及站台边缘间隙处			
接出设施与支柱及站台边缘间隙处			
接出设施开口处			
进出站楼梯口处（对称）			

（2）换乘客流强度

相关换乘设施高峰时段客流强度与分布统计见表 5-13-6。

表 5-13-6　换乘站高峰客流强度及分布统计表

区域	流线属性	客流量（人/h）	总计流量（人/h）	流率（人/m·min）
	进站			
	出站			
	换乘			

区域	流线属性	客流量（人/h）		总计流量（人/h）	流率（人/m·min）
	接出设施与支柱及站台边缘间隙	进出站			
		换乘			
	其他	进出站			
		换乘			
…	…	…	…	…	…

（3）区域服务水平

根据表 5-13-7 中所示的车站服务水平等级，计算车站不同区域服务水平等级，结果计入表 5-13-8。

表 5-13-7　车站服务水平分级表

服务水平	人均面积（m²/人）	流率（人/m·min）	分级表示
A	>3.24	23	蓝
B	3.24～2.32	33	绿
C	2.32～1.39	49	黄
D	1.39～0.93	66	橙
E	0.93～0.46	82	红
F	<0.46	82	褐

表 5-13-8　车站不同区域服务水平等级表

车站名称	区域	流率（人/m·min）	服务水平	分级表示
	A			
	B			
	…			

（4）换乘方便系数

平均换乘距离取换乘站的站台中点之间的距离，计算结果填入表 5-13-9。

表 5-13-9　车站换乘方便系数表

换乘方向	平均换乘距离（m）	换乘方便系数
1 换 2		
2 换 1		
…		

第十四节　车站设计图绘制

本实验旨在培养学员掌握使用 AutoCAD 软件绘制城市轨道交通车站设计图的基本技术，初步了解绘制城市轨道交通车站工程设计图纸的一些基本规范。

一、实验内容

本实验的基本内容为：通过测量实际车站得到的数据，使用 AutoCAD 软件绘制车站平面图、剖面图。具体包含以下两部分内容。

1. 了解和掌握 AutoCAD 软件的基本绘图功能和常用软件命令

阅读 AutoCAD 相关教程，结合实际操作练习，熟悉 AutoCAD 软件的界面和基本功能，了解使用 AutoCAD 软件绘制二维图形的基本操作步骤和常用软件命令，掌握运用 AutoCAD 软件绘制城市轨道交通车站设计图所需要的软件命令。

绘制车站设计图需使用的 AutoCAD 基本命令见表 5-14-1，掌握表中所列命令的用法是绘制车站设计图中各种设备的基础。

表 5-14-1　使用 AutoCAD 软件绘制车站设计图的基本命令

类别	命令	说明	类别	命令	说明
绘图命令	LINE	创建直线段	修改命令	ERASE	删除对象
	PLINE	创建二维多线段		MOVE	移动对象
	RECTANG	绘制矩形多线段		COPY	复制对象
	MTEXT	绘制多行文字		PEDIT	编辑多线段
标注命令	DIMLINEAR	线性尺寸标注		ARRAY	阵列复制对象
	DIMALIGNED	对齐尺寸标注		ROTATE	旋转对象
	DIMRADIUS	半径尺寸标注		FILLET	给对象加圆角
	DIMANGULAR	角度标注	格式命令	LAYER	图层管理
	DIMSTYLE	标注样式管理器		STYLE	文字样式

另外，在将绘制完成的图形输出到打印机或绘图仪时，还需要掌握"PLOT"等与打印相关的命令。

2. 使用 AutoCAD 软件绘制城市轨道交通车站设计图

图纸内容包括城市轨道交通车站站台层和站厅层的主要设备及连接站台层、站厅层、地面层的通道设备，见表 5-14-2。

表 5-14-2　车站设计图包含的主要设备

站台层	站台平面、站台立柱、屏蔽门、卫生间、电梯（直梯）
站厅层	站厅平面、售票室、售票机、检票机、电梯（直梯）
通道设备	通道、楼梯、自动扶梯

绘制完成的完整图纸应包含图框、图标、车站平面图、车站纵剖面图和车站横剖面图。

二、实验步骤

1. 实验前的准备

本实验开始前，学习者应通过实地测量既有地铁车站内部得到数据。这些数据应包含站内各个设备轮廓的尺寸和相对位置，这也是绘制车站设计图的数据基础。

2. 熟悉 AutoCAD 软件界面

本实验开始前，学习者在 Windows 系统安装 AutoCAD 软件，通过自行学习相关教程，熟悉 AutoCAD 绘图工作界面，了解 AutoCAD 命令输入方法。

3. 图纸布局和准备工作

为使最终输出的图纸布局美观，在绘制车站各部分设备图形之前，应先规划好图纸布局。

车站设计图采用 A3 图幅（420 mm×297 mm），绘图比例为 1∶1 000，即车站设备实际尺寸 1 m 等同于图纸尺寸 1 mm，且等同于 AutoCAD 尺寸 1 图形单位。

（1）图纸布局与图框尺寸

图纸边框距离左侧边界 25 mm，距离右侧、上侧、下侧边界各 5 mm，图标区位于右下角，建议尺寸为 100 mm×40 mm，如图 5-14-1 所示。图框线条采用粗实线（粗线宽度为 0.5 mm，下同）。

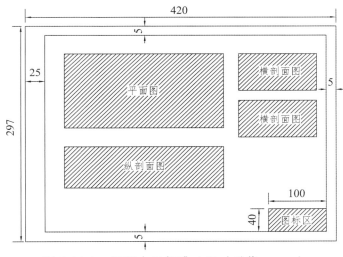

图 5-14-1　图纸布局标准（尺寸单位：mm）

（2）图标区内容及尺寸

图标区内容及尺寸如图 5-14-2 所示。图标区文字采用字高为 4 mm 的宋体字。图标外框线条采用粗实线，内部线条采用细实线（细线宽度为 0，下同）。

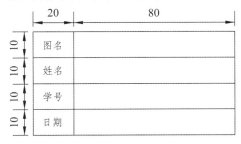

图 5-14-2　图标区内容及尺寸（尺寸单位：mm）

（3）图形区域布局

平面图、纵剖面图、横剖面图基本布局如图 5-14-1 所示。图中的区域名称采用字高为 4 mm 的宋体字，在区域名称下绘制一条细线以突出显示。车站设备轮廓线条采用粗实线，标注辅助线采用细实线，中轴线采用细点划线。

4. 车站设备绘制

完成图纸准备工作后，即可按照实地测量所得数据，运用表 5-14-1 列出的 AutoCAD 命令，在图纸上绘制车站设备。

5. 将图形输出到打印机或绘图仪

将安装有 AutoCAD 软件的计算机直接连接到打印机或绘图仪，在 AutoCAD 软件环境中打开图形文件，执行"PLOT"命令，在打印对话框中选用 A3 幅面，正确设置打印参数并完成打印。在设置打印参数的过程中，需要特别注意在"打印比例"选项中设置比例为"1：1"（1 mm=1 图形单位）。

三、 实验要求

（1）绘图基本要求

绘制车站设计图的基本要求是：数据标注清晰，空间关系正确。

（2）成果提交要求

车站设计图绘制完成后，学习者需向教师提交一份 AutoCAD 图形文件（dwg 格式）和一份打印图纸。打印图纸为 A3 幅面，采用白纸单色打印。

（3）成果评分标准

● 各设备之间的空间位置关系正确，与既有车站实际情况一致。

● 各设备轮廓形状与既有车站现状一致，轮廓尺寸绘制正确。

● 图纸布局符合图 5-14-1 的样式，平面图、纵剖面图、横剖面图区域间距适中且平面图与纵剖面图纵向对齐。

● 尺寸、角度的标注与所绘设备图形一致。

● 图框、图标、平面图、纵剖面图、横剖面图齐全，各绘图区域内所应显示的设备齐全，图名齐全，标注齐全。

● 图框线条、图标线条、设备轮廓线条采用粗实线，图形中轴线采用细点划线，其他线条采用细实线。

● 图纸文字分为四种：图标文字、设备名称标注文字、设备尺寸标注文字、图形名称文字。同种文字的样式应保持一致。

第六章   网络运营组织优化

第一节   网络乘客满意度调研与分析

顾客满意度模型可以定量地衡量产品或服务的质量，可以揭示顾客对产品或服务质量不满的原因，从而引导产品或服务提供方找到质量改进的方法和措施。本实践旨在让学员了解轨道交通乘客满意度调研的意义、工作思路和调研方法等，通过组织实施一次调研活动，培养学生理解和掌握乘客满意度调研分析工作的基本思路和工作步骤。

一、知识简介

1. 乘客满意度调研的必要性

城市轨道交通的乘客满意度是指乘客对城市轨道交通服务的感知效果（结果）与其期望值相比较后，所形成的愉悦或失望的感觉状态。通过乘客满意度调查，能准确、及时地与乘客沟通，系统地了解乘客的感知及需求的变化，监控运营服务绩效与行业现状，及时采取针对性策略，进一步提高服务水平，为城市轨道交通充分发挥运送能力起到良好的导向作用。此外，通过对比前后时期的乘客满意度调查，为检验相关策略的实施效果、评估资源投入价值提供量化依据。

2. 乘客满意度调研的方法

乘客满意度可以通过以下几种研究模型，综合测量乘客对各个影响因素的评价水平和重视程度，确定乘客总体满意度。

（1）影响力系数分析模型

运用回归分析的方法，分析乘客对城市轨道交通服务的关注面，了解乘客各项需求（图6-1-1）。

（2）满意度提升模型

通过对满意度指标与影响力的矩阵分析，分析出服务组织需重点改善的服务方面。图6-1-2为某次地铁乘客满意度调研结果，图中信息宣传、人员服务和设备设施三个指标落在高于影响力平均值、低于乘客满意度平均值的关键改进区，需进行重点改善。

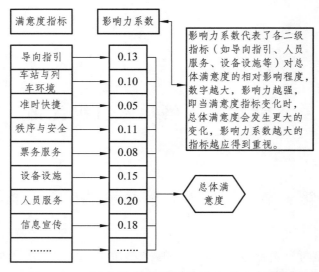

图 6-1-1　城市轨道交通乘客满意度研究模型

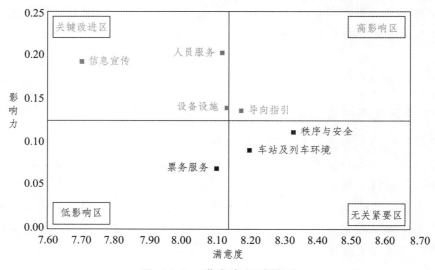

图 6-1-2　满意度提升模型

（3）对应分析模型

该模型是多维图示分析技术的一种，广泛应用于市场细分、概念测试、广告研究等方面。通过对多维数据进行综合分析、交叉分析，多方位、形象地展示两个或多个分类变量之间的关系。图 6-1-3 是运用对应分析法生成的散点图，直观地描绘了某地乘客乘坐地铁出行目的与乘坐频率之间的关系。从图 6-1-3 中可以看出，乘坐地铁上学/放学回家的乘客每周乘坐频率接近 7~8 次，而外出办事、公干、跑业务者的乘坐频率则为每周 1~2 次，逛街购物、探亲访友者每周乘坐频率低些，平均每周少于 1 次。

（4）欧洲乘客满意度指数模型

通过了解乘客对城市轨道交通的品牌印象、质量预期、质量感知、价值感知、抱怨、忠诚度等影响因素的重视程度，客观、准确地确定乘客总体满意度水平，如图 6-1-4 所示。

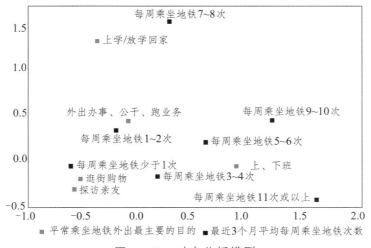

图 6-1-3　对应分析模型

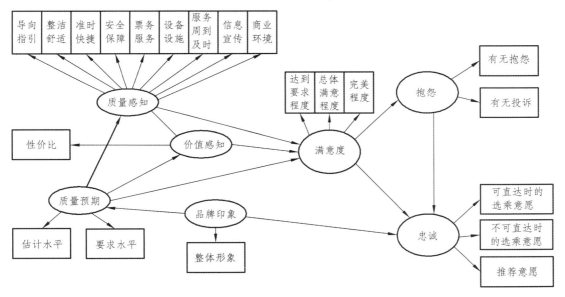

图 6-1-4　欧洲乘客满意度指数模型

3. 乘客满意度调研的实施步骤

（1）确定调研频率。乘客满意度调研周期一般为半年一次，这样可以保证乘客满意度调研的稳定性和连续性，保证调研结果客观、合理。

（2）设计调研计划书。计划书一般包括调研背景、目的、调研思路、调查设计、预期成果提交、调研质量管控等几大部分。其中，最重要的是调研思路和调查设计。调研思路包括调研层次、分析的数据与技术、运用价值等方面；调查设计则更为详细地介绍具体调研步骤，一般包括研究对象、抽样方法、样本量、调查方法、执行安排和研究大纲等。

（3）定量调研问卷设计及定性访问大纲设计。定量问卷是用于衡量乘客对各方面服务评价的量表，而定性访问大纲则是用于提醒主持人或访问员对所要了解的问题进行较好的把握和管控。

（4）运作执行。根据定量问卷和定性访问大纲，对符合访问条件的被访者进行现场访问，收集足够样本量的评价。

（5）审核问卷和录入数据。对收集上来的问卷进行质量审核，对符合质量要求的问卷进行数据录入。

（6）审核和分析数据。对录入的数据进行检查审核，对发现有误的数据进行剔除或修正，然后对数据进行运算和分析。

（7）撰写报告。根据分析结果撰写研究报告。

（8）提出建议。针对当期的研究结论提出相应的建议。

4．乘客满意度的应用情况

广州地铁、上海地铁、深圳地铁、北京地铁、南京地铁等均已开展乘客满意度调研工作，其中广州地铁、深圳地铁、南京地铁分别委托豪森威市场研究有限公司进行了长达 4 年、共 15 期的乘客满意度调研服务，其调查结果为城市轨道交通服务质量和运营管理水平的提高提供了重要依据。

南京地铁已委托第三方开展了 3 期乘客满意度调研，通过各期乘客满意度整改提升项目的落实，实现了运营服务质量的持续改进，促进了客流不断提升，进一步打造了"人文地铁"服务品牌。如：2007 年 10 月南京地铁进行了第 3 期乘客满意度调研，调查采取在出闸机处等距抽样的方法，随机邀请乘客进行面对面的问卷访问，就导向指引、车站与列车环境、准时快捷、秩序与安全、票务服务、设备设施、人员服务、信息宣传 8 个二级指标、73 个三级指标进行打分。经过 1 周的实地访问，共完成问卷 833 份。通过对调查数据的统计分析和综合评价，乘客满意度得分为 8.32 分，高出前两期得分，乘客满意度处于良好状态。与前两期乘客满意度调查相比，第 3 期在品牌印象、质量感知、价值感知、满意度、抱怨、忠诚度等服务环节的满意度得分都有较为明显的提升，满意率也显著提高。其中，准时快捷是乘客最满意的服务环节，票务服务的满意度和满意率提升最为明显。在此次调查中也发现有些方面需进行重点改进：如信息宣传方面，地铁站内应进一步加大对城市历史文化、旅游景点等公益信息的宣传；导向指引方面，需进一步加强车站进出口周边信息指引的有效性等。针对需改进的问题，南京地铁及时落实整改提升方案，有效地解决乘客关心的突出问题，提高运营服务水平，为广大乘客提供"更快、更好、更安全、更舒适"的运营服务，真正做到地铁工作对人民负责，地铁行业让人民满意。

二、调研实践

以所在城市轨道交通网络为对象，组织实施一次乘客满意度调研，参考有关资料确定评价指标体系，据此设计问卷，确定样本数量和抽样方式，开展问卷调查，收集调查数据并整理分析，得出当前轨道交通客运服务水平的现状和改善建议。

三、实践要求

调研结束后，提交分析报告，报告需包含以下内容：

（1）轨道交通乘客满意度评价指标体系的详细设计。

（2）调查问卷的设计方案。

（3）调查方案的设计方案。

（4）调查实施过程及遇到的问题。

（5）调查数据入库及初步统计分析。

（6）基于××模型乘客满意度详细分析。

（7）客运服务水平现状及改善建议。

第二节　网络换乘协调方案设计

换乘站是城市轨道交通网络中不同线路的交汇节点，科学合理地进行换乘站的协调优化对增加换乘便捷性，提高网络运行效率有重要意义。本实践旨在让学员了解轨道交通网络换乘协调的意义、种类和基本思路，通过对递阶换乘协调优化方案问题的建模和算法介绍，使学员初步掌握网络换乘协调优化方案设计的基本思路和求解步骤，培养学生对轨道运输问题独立设计算法和编程求解的能力。

一、知识简介

1. 网络换乘协调的特征

网络化运营管理通过综合协调的手段处理线路间的互联制约关系，将换乘枢纽作为疏解矛盾、均衡运能的关键节点，以取得全网协调的一致性，提高系统的整体效益。在实际运营中，从决策者的角度来说，不但要把握总体协调，还要从实际需求出发，对协调策略的实施有所侧重，主要体现在换乘站方面。

（1）在一定换乘时间的基础上，通过建立不同方向列车在换乘站的时间衔接，能够大幅度缩减乘客换乘的候车时间，提高服务水平。衔接方向的选择主要考虑本站换乘客流量、列车开行间隔、后续站点的地理位置及客流量等因素。

（2）以不同方向间列车的运力衔接为基础，使各条线路在换乘枢纽处运能与运量的匹配得以优化，避免了部分列车的换乘客流集聚而其他列车载客率低的失衡现象，使线网的运能配置均衡化。

（3）通过运营组织协调、客流组织及信息化手段，提高换乘枢纽的运营效率，避免因客流大量滞留而增大设施资源的负荷，改善舒适度。

（4）非高峰时段列车运行间隔较长，通过时序衔接，尽可能缩短换乘候车时间。共峰及高低峰穿插时段运行间隔较短，在缩减线网整体候车成本的条件下，协调侧重建立更多的衔接，可以减少滞留客流量，促进运能与运量匹配的均衡化。

（5）当区间运行时间、停站时间一定时，线网多个换乘站的衔接方案往往会相互矛盾，需根据换乘枢纽的相对重要程度做出取舍，使协调程度的差距加大。因此，对于整体网络协调而言，相对有效性是决策人员识别运营方案是否符合实际需求的依据。

各条线路客流的流量、流向决定了网络列车运行的疏密程度，并与各线客流的特征时段相一致，包括正常运营、特殊时期，如城市举办大型活动、突发事件，以及日间早、晚高峰与平峰的划分等，尤其需考虑换乘站交会线路的时段穿插的特殊性。网络内衔接市中心区域、客流量大的方向一般作为主要协调方向，而位于市郊区域、重要度相对较低的换乘站的协调程度就偏低。网络运营组织不可能保证所有换乘枢纽的列车最佳衔接，以网络协调层次为基础建立的协调方案是以满足网络整体需求为目标的，因而各换乘枢纽的协调不可避免地表现出差异性。

2. 网络换乘递阶协调分析

以轨道交通网络结构为基础，将多线交汇的换乘站看作网络的节点，用连接弧连接各个节点，构成换乘枢纽网络。对单个换乘节点而言，根据线路的走向特征及承担运送客流的重要程度选择主要协调线路，排定各线列车的到发时刻，建立衔接方案。在中间站及区间运行时间一定的条件下，即弧长不变、相邻两节点的最优衔接方案可能出现矛盾，而矛盾的焦点集中在多线交汇的换乘站，网络协调的目标即是解决节点间的冲突。

对于大规模网络而言，每个换乘站都具有各自的状态和控制参数，整个网络的状态是各换乘站共同作用的结果。将轨道交通网络系统视作动态大系统，根据分解协调原理，建立换乘点衔接——网络协调的二阶协调结构，将系统划分为：衔接层，即换乘站内部处理列车匹配关系的基本层；协调层，对换乘节点间的运能均衡配置，在此基础上建立网络列车的协调方案。首先独立地平行求解每个换乘站的优化问题，然后通过多个换乘站的影响关系反复协调，最终获得整个系统的优化解。换乘站的协调体现在乘客抵站下车，经换乘走行到达目标线路站台时，所需列车恰好待停，乘客无需等待直接换乘，从而加快客流集散速度，使"无缝衔接"得以实现。此外，各换乘站与所连接线路的客流量、站点设置、列车运行组织相适应，存在相对的独立性。因此，协调的关键在于对网络节点内部衔接关系的处理。

3. 换乘协调方案的构建

（1）换乘节点的协调方案

衔接层主要是对交汇线路的列车在换乘站到发时序进行匹配，计算列车运行的关键参数。协调须保证因衔接而对系统综合成本的节省不小于列车运行调整产生的额外耗费，否则协调不成立。因此衔接方案的优劣以换乘站的综合成本最小为目标来衡量，包括运营成本和运输服务消费过程的乘客总成本两部分。

当列车在中间站、折返站停留时间一定时，运营成本与开行列车数、每列车的单位运营成本有关。引入弹性时间 Δt，表示可达成衔接的最大时限，即可调时间范围为 $[0, \Delta t]$。弹性时间可通过换乘时间、列车运行时间等的微调以及到发时刻的调整实施。换乘站 U 的 r 条线路的运营成本为：

$$C_U^L = \sum_{i=1}^{r} \Big[Z_t \big(T_i + \Delta t_i \big) / t_i^{G\min} \Big] \qquad （6-2-1）$$

式中　T_i——列车运行周期；

　　　$t_i^{G\min}$——高峰时段的列车运行间隔；

Z_i——列车一次运行的运营成本。

此外，换乘站经协调后线路的能力利用负荷应当均衡，列车出发、到达时间间隔的方差在一定程度上可以表示列车运行的均衡程度，因此要求时间偏差度 C_U^J 最小化。

$$C_U^J = \sum_{i=1}^{r} \sum_{k \in N_i} \left[D\left(t_{U_i}^{FG}\right) + D\left(t_{U_i}^{DG}\right) \right] \qquad (6\text{-}2\text{-}2)$$

式中 N_i——线路 l_i 开行列车数；

$t_{U_i}^{FG}$、$t_{U_i}^{DG}$——列车的发车间隔、到达间隔。

换乘客流是在任意两条线路之间转换的客流，对线路 $l_i h$ 方向的某次列车而言，U 站上车客流为：

$$M_{U_i,h} = \sum_{j=1}^{r-1} \sum_{\theta=1}^{2} S_{ij\theta}^h + Z_{U_i,h} \qquad (6\text{-}2\text{-}3)$$

式中 θ, h——线路的上下行方向变量，$\theta, h \in (1,2)$；

$S_{ij\theta}^h$——线路 $l_i\theta$ 方向、向线路 $l_i h$ 方向换乘的客流量；

$Z_{U_i,h}$——由站外进入搭乘 $l_i h$ 方向的客流。

客流量是构建协调方案的基础参数之一，可通过实际运营数据或客流调查取得。鉴于客流的日间变化特性，需分时段进行相应地组织。

乘客在换乘站耗费的总成本包括换乘成本和进入该站候车的成本。受换乘站结构、网络客流分布差异等的影响，一般难以使所有线路均得到协调，交汇线路数大时尤为困难，因此列车衔接方案多为两种状态并存：线路间可协调状态；不能达成协调时以普通换乘计。非协调状态下的乘客换乘时间包括相对较为固定的纯换乘时间和等待时间。而可协调状态下的平均换乘时间 $t_{U_{ij}}^H$，包括正常衔接、列车延误下可衔接、因延误衔接失败三种情形。

$$t_{U_{ij}}^H = t_{i0} + U_{t_i}^G + \mathrm{d}\Delta t_i - \left(t_{j0} + V_{t_j}^G\right) + \nu k'_{U_{ij}} + (1-\nu) k''_{U_{ij}} \qquad (6\text{-}2\text{-}4)$$

式中 t_{i0}——l_i 的初始发车时间；U 为 l_i 自 t_{i0} 后的发车数；

t_{j0}——l_j 初始发车时间；

ν——l_j 的列车为衔接 l_i 某一列车至相应时刻的发车数；

$k'_{U_{ij}}$——延误可衔接下的延误时间；

$k''_{U_{ij}}$——衔接失败的延误时间；

$k'_{U_{ij}}$，$k''_{U_{ij}}$ 均在 $[0, t_i^G]$ 内随机取得，当不存在延误时，$k'_{U_{ij}} = 0$，$k''_{U_{ij}} = 0$。

延误可衔接情况下尽管能够满足换乘客流的接续，当换乘客流量很大时，因线路间匹配换乘时间的减少，仍会造成部分客流来不及换乘而在站内滞留。因延误引起换乘失败时所有换乘客流被迫在站内滞留，停留时间增长，致使换乘站服务设施紧张，服务水平下降，这种情况下对协调的弹性时间的要求更高，一般采用适当增大弹性时间范围来缩减影响的程度。结合式 6-2-4，协调与非协调状态下乘客的换乘总成本为：

$$C_{U_i}^H = \sum_{k \in N_i} \sum_{h=1}^{2} \sum_{j=1}^{r-1} \sum_{\theta=1}^{2} \left\{ T_{U_{ij}} \left(t_{U_{ij}}^H + t_{U_i}^W\right) S_{U_{ij}\theta}^h \lambda_U + \left(1 - T_{U_{ij}}\right) \left[t_{i0} + U_{t_i}^G + \mathrm{d}\Delta t_i - \left(t_{j0} + V_{t_j}^G\right) + \nu k'_{U_{ij}} + (1-\nu) k''_{U_{ij}} \right] S_{U_{ij}\theta}^h \lambda_U \right\}$$

$$(6\text{-}2\text{-}5)$$

式中　$T_{U_{ij}}$——0-1 变量，0 为可协调，1 为不能协调；

　　　　$t_{U_{ij}}^{H'}$——纯换乘时间，包括乘客上下车时间和换乘走行时间，因换乘站子系统而异；

　　　　$t_{U_i}^{w}$——非协调状态下的平均等待时间，以 $t_i^G/2$ 计；

　　　　v——0-1 变量，0 为延误致衔接失败，1 为延误可衔接；

　　　　λ_U——乘客耗费的单位时间价值。

　　乘客的候车成本只对由站外进入的乘客而言，表示为：

$$C_U^W = \sum_{i=1}^{r} \sum_{k \in N_i} \sum_{h=1}^{2} (Z_{U_i h} \overline{t}_{U_i} \lambda_U) \qquad (6\text{-}2\text{-}6)$$

式中　$\overline{t}_{U_i}$——进入 U 站乘客的平均候车时间。

　　由以上可推知乘客在 U 站的总成本为：

$$C_U^P = \sum_{i=1}^{r} C_{U_i}^H + C_U^W \qquad (6\text{-}2\text{-}7)$$

　　综上，整合多个目标使换乘站的综合成本最小化为：

$$C_U = \min(X C_U^L + W C_U^J + h C_U^P) \qquad (6\text{-}2\text{-}8)$$

　　约束条件：

$$(T_i + \Delta t_i) m_i v_i / t_i^{G_{\min}} \geqslant M_{ih} \qquad (6\text{-}2\text{-}9)$$

$$t_{i0} + U_{t_i}^G - (t_{j0} + V_{t_j}^G) \geqslant t_{U_{ij}}^{H'} \qquad (6\text{-}2\text{-}10)$$

$$0 \leqslant k_{U_{ij}}' \leqslant t_{i0} + U_{t_i}^G + \mathrm{d}\Delta t_i - t_{j0} - V_{t_j}^G - t_{U_{ij}}^{H'} \qquad (6\text{-}2\text{-}11)$$

$$0 \leqslant t_{i0} + U_{t_i}^G + \mathrm{d}\Delta t_i - t_{j0} - V_{t_j}^G - t_{U_{ij}}^{H'} < k_{U_{ij}}'' \qquad (6\text{-}2\text{-}12)$$

$$t_{iU'}^D = t_{iU}^F + \sum_{x \in f(V)+1} t_{iVV'}^Y + \sum_{x \in f(V)} (t_{iV}^F - t_{iV}^D) \qquad (6\text{-}2\text{-}13)$$

$$(T_i + \Delta t_i) / N_i \geqslant I \qquad (6\text{-}2\text{-}14)$$

$$t_{ivv}^{Y_{\min}} \leqslant t_{iVV'}^Y \leqslant t_{iVV'}^Y + \Delta t_{iVV'} \qquad (6\text{-}2\text{-}15)$$

$$t_a \leqslant t_{i0} + U_{t_i}^G \leqslant t_b, t_a \leqslant t_{j0} + V_{t_j}^G \leqslant t_b, t_a \leqslant t_{i0} \leqslant t_b, t_a \leqslant t_{j0} \leqslant t_b \qquad (6\text{-}2\text{-}16)$$

$$0 \leqslant t_{U_i}^W \leqslant t_{U_i}^G, 0 \leqslant \overline{t}_{U_i} \leqslant t_{U_i}^G, 0 \leqslant \Delta t_i \leqslant t_{U_i}^G \qquad (6\text{-}2\text{-}17)$$

$$t_{i0} \geqslant 0, t_{j0} \geqslant 0, U \in N_i, d \in N_i, V \in N_j \qquad (6\text{-}2\text{-}18)$$

式中　X, W, h——重要度系数；

　　　　m_i——列车编组辆数；

　　　　v_i——列车定员数；

　　　　$t_{iU'}^D$——到达邻接换乘站 U' 的时间；

　　　　t_{iu}^F——U 站的发车时间；

　　　　$f(V)$——U，U' 间的中间站数；

　　　　$t_{iVV'}^Y$——U，U' 的子区间内，相邻中间站 V，V' 的区间运行时间；

I ——最小列车追踪间隔时间；

$t_{iVV'}^{Y\min}$ —— V ， V' 区间以最高车速计得的运行时分；

$\Delta t_{iVV'}$ —— V ， V' 区间的缓冲时间，根据经验取得。

式（6-2-9）保证了配备的运能能够输送所有客流，式（6-2-10）是建立衔接的基本条件，要求列车到、发时间的间隔能够满足合理换乘，式（6-2-11）是列车有延误但仍可衔接的条件，式（6-2-12）是因列车延误而衔接失败的条件，式（6-2-13）描述了邻接换乘站的到、发时间关系约束，式（6-2-14）可控制列车运行间隔大于最小列车追踪间隔，式（6-2-15）用于控制区间运行时间的可调范围，式（6-2-16）保证了计算列车的到达、出发时间在需求时段 $[t_a, t_b]$ 范围内，式（6-2-17）表示乘客的候车时间、弹性时间服从列车运行间隔时间的时限约束。

（2）网络协调层的综合优化

换乘站子系统的列车衔接方案确定后，将方案中的共用变量以参数形式传递到协调层，作为协调变量，审核方案间是否存在矛盾，若在弹性时间范围内仍不能满足条件，则调整协调变量，可达到该约束条件下的次优性能，但保证了整体网络的效益。协调过程以网络层次关系为基础，考虑客流量和线路区段的地理位置等因素。若衔接结果在网络协调层没有冲突，且能够满足协调的精度要求，则将该站的衔接策略作为下一轮计算执行的基础策略固定下来，通过互连线路依次推定其他换乘站的列车衔接时间。协调层的总体目标是使网络系统的综合成本最小化，即

$$C = \min\left(eC_U^* + Y\sum_{U=1}^{E-1} C_U\right)$$ （6-2-19）

式中 E ——网络换乘节点的数目；

C_U^* ——网络主协调换乘站的总成本；

C_U ——其他换乘站的综合成本；

e, Y ——权重。

4. 算法设计

换乘站子系统衔接方案的计算过程相对独立，通过并行求解获得。换乘条件考虑存在延误但可衔接和因延误衔接失败的情况，列车的延误按照预设比例随机生成，其他均按列车正点计。初始化过程中，列车运行间隔、区间运行时间等参数按照原有单线运营组织数据载入进行迭代运算。

协调层的任务是对子系统的方案进行优选、调整，当网络规模大时可采用优化算法提高运算效率。基础算法描述如下：

（1）协调层初始化。提取换乘站的衔接方案，选择主协调换乘站 U_0 及线路 l_0 ，时段 $[t_a, t_b]$ 内 l_0 某方向列车的运行参数：到发时刻 $t_{U_0}^D$ 、 $t_{U_0}^F$ ，运行间隔时间 t_0^G ，弹性时间 Δt_0 等，作为审核其他衔接方案的参照标准；

（2）单点衔接方案初验。搜索与 U_0 相邻的换乘站 U' ，推算同向列车在 U' 的到发时刻 $t_{U'0}^D$ 、 $t_{U'0}^F$ ，代入 U' 的衔接方案，若 U_0 与 U' 间有第二条线路 l_1 相连，则检验是否满足约束条件，与 l_1 的列车运行时间有否冲突，证明原方案的可行性；否则搜索继 U' 后的换乘站；

223

（3）单点衔接的适应性调整。若 U' 的衔接方案不能满足，利用弹性时间 Δt_0 的变化范围调整，检验是否满足，若仍不满足，则标记 U' 衔接方案失效；

（4）构造单点协调方案。按照线路 l_0 列车在 U_0 的运行时间参数计得 U' 站的匹配时间，置入换乘站子系统的衔接方案计算过程，在满足衔接时间的精度要求下，生成 U' 站新的衔接策略，加以固定；

（5）协调方案的价值检验。计算主协调换乘站与已固定方案的换乘站的总成本 C_U^*、C_U，即在协调层计算总成本 C，若较未协调前目标值趋大，则标记已固定方案失效，转④重新调整；

（6）按照 U_0 标准衔接方案推算的其他站匹配时间，经调整仍无法得到衔接，则按照协调优先级的条件集 $\Theta_l = \{ A_1(x_1, x_2, \cdots), A_2(x_1, x_2, \cdots), \ldots, A_n(x_1, x_2, \cdots, x_i, \cdots) \}$，其中 $A_1, A_2, \ldots, A_n$ 为换乘站协调次序集，对应的 $x_1, x_2, \cdots, x_i$ 为换乘站交汇线路的协调次序。舍弃优先级较低的线路的衔接，生成 U' 的次优衔接策略，转⑤；

（7）自 U_0 邻接的换乘站始，迭代至所有换乘站衔接方案遍历完毕，综合已固定方案的各项参数，获得网络列车的综合协调方案。

二、实践练习

掌握轨道交通网络递阶换乘协调优化的基本思路，学习和理解前述模型及算法步骤，并借助熟悉的编程工具，尝试完成优化算法的编程实现。以某市轨道交通网络为背景，利用所编的算法程序，通过设定递阶协调的优先规则，求得一个具体的衔接方案实例。

三、练习要求

提交的实践报告需包含以下内容：
（1）网络递阶协调优化概述；
（2）选择的轨道交通网络简介；
（3）假设的递阶协调优先规则；
（4）求解算法的源程序代码；
（5）输入条件列表；
（6）计算求得的衔接方案实例；
（7）工作评价及后续展望。

第三节　末班车衔接方案设计

城市轨道交通网络化运营条件下涉及各线路方向的末班列车，为尽量满足末班车时段内乘客的出行需求，在进行末班车运输组织工作时，需科学设置各线路方向末班列车在车站的到发时刻，做好线路间的衔接协调，确保换乘列车的有序衔接。本实践旨在让学员了解轨道交通末班车协调的意义、原则和基本思路，通过对最大满足乘客换乘需求的衔接方案问题的建模和算法介绍，使学员初步掌握末班车衔接优化方案设计的基本思路和工作步骤，培养学生对轨道运输问题独立设计算法和编程求解的能力。

一、知识简介

1. 轨道交通线网末班车衔接的原则

城市轨道交通网络化运营条件下涉及各线路方向的末班列车，为尽量满足末班车时段内乘客的出行需求，在进行末班车运输组织工作时，需科学设置各线路方向末班列车在车站的到发时刻，做好线路间的衔接协调，确保换乘列车的有序衔接。

（1）根据客流方向，优先满足换乘客流量大的线路在换乘节点的最佳换乘，实现市区乘客向市郊方向的出行，加快市区范围内线路的客流运行速度。

（2）保证企业的正常运营，满足企业的特殊衔接需求，如举办大型公共活动时为保证活动结束后进行人员疏散，此时运营企业可能会根据情况对某些车站的末班车到发时间做出适当的调整。

（3）兼顾全网末班车的有效衔接，制定城市轨道交通末班车衔接方案是从整个线网出发，兼顾全局，不能只为满足某个别车站或某些车站客流需求而造成其他车站客流堆积或者乘客搭乘不上末班车的情况。

（4）满足规定的发车时间域要求，特殊情况下，运营时间可依照政府的要求适当延长。当推算的末班车运行时间不符合企业的运营时间范围或与运营条件产生冲突时，应按照企业的实际情况，对末班车运行时间进行适当的调整。

2. 轨道交通末班车衔接优化思路

在城市轨道交通网络化运营条件下，各线路间实现了灵活换乘，这一方面给乘客的出行带来了极大的便利，但另一方面也使得路网运营组织难度增大。网络化条件下须协调好线路间的运营组织关系，具体表现为各线路方向的列车在换乘节点的衔接优化。在"一票换乘"模式下，运营部门需综合考虑站点间路径的多样性，乘客购票后能否顺利实现换乘抵达目的站，即换乘接续的可行性，具体体现在路网末班列车运行时刻的排定上；同时，路网末班列车的运行组织，应使乘客尽快完成换乘前往目的站，减少中途换乘等待时间，这体现出换乘衔接的协调性。在区间运行时分、停站时间均为已知的前提下，根据一定的线路换乘衔接方案，以换乘节点为基点，依次调整各线路不同方向的列车在换乘节点的到发时刻，尽量减少路网上乘客的总换乘等待时间。

因此，城轨末班车衔接优化包括两个部分的内容：一是线路换乘衔接方案的生成；二是列车衔接对协调优化模型的构建。鉴于最优衔接方案只能包含部分列车衔接对，无法保证路网内所有列车衔接对均能实现衔接，因此一般以最大满足换乘客流为目标进行线路衔接方案的生成。

3. 最大满足换乘需求的衔接方案模型

模型假设：

① 不考虑无方向换乘衔接，双向换乘衔接。

② 鉴于列车回库禁止搭载乘客，因此列车回库不予考虑。

③ 假定区段运行时间，车站停站时间固定。

④ 仅考虑全线采用单一交路模式。

⑤ 各线路方向末班列车输送能力满足客运需求。

⑥ 根据实际线网结构情况，仅考虑两线间至多存在 2 个换乘节点的情况。

⑦ 根据实际线网结构情况，仅考虑任意三条线路至多存在 1 个共同换乘节点。

基于上述假设，建立如式 6-3-1 所示的求解城市轨道交通网络末班车衔接方案的模型，该模型以满足路网中换乘客流最大化为目标，既考虑乘客基本换乘需求，又兼顾企业特定的运营要求。

$$\max F(X) = \sum_{i=1}^{m} P_i(X_i)$$

$$s.t.$$

$$X = (X_1, X_2, ..., X_m) 可行$$

$$X_i = (x_1, x_2, ..., x_{\theta_i}) 可行$$

$$\tilde{X} = (\tilde{x}_1, \tilde{x}_2, ..., \tilde{x}_k),$$

$$\hat{X} = (\hat{x}_1, \hat{x}_2, ..., \hat{x}_j) 可行，j \leqslant k 且 \hat{X} \subseteq \tilde{X}$$

$$\hat{X} \subseteq X,$$

$$\theta_i = (C_{2N_{t_i}}^1 \cdot C_{2N_{t_i}+N_{e_i}-1}^1 + C_{N_{e_i}}^1 \cdot C_{2N_{t_i}+N_{e_i}-1}^1)/2$$

（6-3-1）

式中　X——城轨路网末班车衔接方案，包含 m 个换乘节点的衔接方案，当换乘节点间衔接方案不存在矛盾时，X 称为可行衔接方案；

　　　X_i——i 换乘节点末班车的衔接方案；

　　　m——路网的换乘节点个数；

　　　$P_i(X_i)$——衔接方案为 X_i 时，i 节点能实现的乘客换乘数；

　　　$\tilde{X}$——企业要求执行的 k 个特殊列车衔接对集合，$\hat{X}$ 为 $\tilde{X}$ 的子集；

　　　$\hat{X} \subseteq X$——保证衔接方案考虑运营企业的特殊衔接需求，并且特殊衔接对之间不能存在矛盾；

　　　N_{t_i}——通过 i 换乘节点的线路数；

　　　N_{e_i}——终止于 i 换乘节点的线路数；

　　　θ_i——i 换乘节点任一末班车衔接方案包含的列车衔接对个数。

模型中 $X = (X_1, X_2, \cdots, X_m)$ 可行是指各换乘节点间衔接方案不存在矛盾；$X_i = X_i = (x_1, x_2, \cdots, x_{\theta_i})$ 可行是指换乘节点内部列车衔接对之间不存在矛盾；$\hat{X} = (\hat{x}_1, \hat{x}_2, \cdots \hat{x}_j)$ 可行是指企业要求执行的特殊列车衔接对间不存在矛盾。

4. 末班车衔接方案的生成算法

（1）算法的基本思想

已知各线路方向列车相互的换乘客流量，根据列车衔接对的换乘客流量，选取换乘客流量较大且与已有的线路换乘衔接方案中的列车衔接对不冲突的列车衔接对加入到线路换

226

乘衔接方案中，重复该过程，直至线路换乘衔接方案中包含 $\sum \theta_i$ 个列车衔接对。

城市轨道交通网络的线路集合为 R，共有 N 条线路，令路网换乘衔接方案为 $TS1$，$TS1$ 中包含的输送列车集合为 $TR1$，衔接列车集合为 $TR2$。路网上的所有列车衔接对集合为 TS，$\forall (s, v_{im}, b_{jn}) \in TS$，$C^s_{v_{im}, v_{jn}}$ 为衔接列车对 (s, v_{im}, v_{jn}) 的换乘客流量。

其中，(s, v_{im}, v_{jn}) 表示在 s 换乘节点发生的从 i 线上行方向换乘到 j 线下行分方向的末班车衔接对，m 为上行方向，n 为下行方向。

（2）算法的基本步骤

根据"列车衔接对不冲突"的原则，从集合 TS 中逐步挑选出 $\sum_{i=1}^{m} \theta_i$ 个元素，依次添加到末班车衔接方案集合 $TS1$ 中，算法步骤如下：

① 令 $TS1 = \phi$，且 $TS1$ 中的元素个数为 $card(TS1) = 0$，路网上已标记的列车衔接对集合为 TU，令 $TU = \phi$，TU 中的元素个数 $card(TU) = 0$。

② 遍历当前未标记的衔接列车对集合 $TS \backslash TU$，从集合中找出换乘客流量最大的列车衔接对，即 $C^s_{v_{im}, v_{fn}} = \max_{(s, v_{im}, v_{fn}) \ni TS \backslash TU} \left\{ C^s_{v_{im}, v_{jn}} \right\}$，则选取 (s, v_{im}, v_{jn}) 列车衔接对加入衔接方案 $TS1$ 中，并将其作为已标记衔接对，即此时 $TU = TU \bigcup \left\{ (s, v_{im}, v_{jn}) \right\}$。

③ 若 $card(TS1) = \sum_{i=1}^{m} \theta_i$，则算法终止，输出 $TS1$，否则转步骤④；

④ 若当前未被标记的末班车衔接对 (s, v_{im}, v_{jn})，满足 $C^s_{v_{im}, v_{fn}} = \max_{(s, v_{im}, v_{fn}) \ni TS \backslash TU} \left\{ C^s_{v_{im}, v_{jn}} \right\}$，且在 $TS1$ 中顶点 v_{im} 与 v_{jn} 不存在 (v_{im}, v_{jn}) 路径，即选择该衔接对添加到 $TS1$ 中，不构成回路，则转至步骤⑤；

若存在 a 条 (v_{im}, v_{jn}) 路径，此时若选择该衔接对添加到 $TS1$ 中，将构成回路，须对该衔接对所在回路进行时间因素分析，若 a 条回路之间不存在时间条件的冲突，则转到步骤⑤；反之，则表明衔接对 (s, v_{im}, v_{jn}) 不满足时间约束，将其改为已标记衔接对加入 TU 中，$TU = TU \bigcup \left\{ (s, v_{im}, v_{jn}) \right\}$，回转至步骤③。

⑤ 将衔接对 (s, v_{im}, v_{jn}) 添加到 $TS1$ 中，即 $TS1 = TS1 \bigcup \left\{ (s, v_{im}, v_{jn}) \right\}$，$TU = TU \bigcup \left\{ (s, v_{im}, v_{jn}) \right\}$，转至步骤③。

最终得到满足乘客基本需求的全路网衔接关系对集合 $TS1$。

（3）算法的实现

为实现末班车衔接方案的求解，算法步骤中关键在于通过全路径搜索，判断列车衔接对是否能加入衔接方案集合 $TS1$ 中。因此，为进行全路径集的搜索，首先需要实现衔接方案的存储，并利用图的搜索方法进行路径搜索。

① 末班车衔接方案的存储。

列车衔接方案是由列车衔接对集合而成，衔接方案的存储实为列车衔接对的存储。据分析可知：图的存储结构多而复杂，应用亦广泛，对图的存储结构的选择取决于具体的应用和需要。鉴于末班车衔接研究中涉及的分方向线路数（即路网末班车衔接关系图中的顶点数）较少，从占用空间的角度看，用邻接矩阵和邻接表存储列车衔接对，两者的差别并不明显；但是，从两类存储结构的性质来看，根据邻接矩阵能直接判断两点之间是否存在

227

路径，对分析列车衔接对是否相互矛盾至关重要。显然，选择邻接矩阵实现列车衔接对的存储更为方便实用。

建立 n 阶邻接矩阵 $B = (b_{ij})_{n \times n}$，若末班车衔接方案集合 $TS1$ 中存在列车衔接对 (s, v_{im}, v_{jn})，则令 $b(v_{im}, v_{jn}) = 1$，否则 $b(v_{im}, v_{jn}) = 0$，据此进行末班车衔接方案是否存在回路的判断，以确保列车衔接对之间不存在冲突，即衔接方案可行。

② 两点间路径的搜索。

首先利用邻接矩阵的性质，进行衔接列车与输送列车两点间是否存在路径的判断，若存在路径，再利用深度搜索加回溯算法实现两点间全路径集的搜索，从而进行衔接方案可行性判定。

二、实践练习

掌握末班车衔接优化的基本思路，以某市轨道交通网络为背景，通过查找图论等相关资料，学习和理解前述模型及算法步骤，并借助熟悉的编程工具，尝试完成优化算法的编程计算，通过假设情景条件和优化目标，求得一个具体的优化方案实例。

三、练习要求

提交的实践报告需包含以下内容：
（1）末班车衔接优化问题概述；
（2）选择的轨道交通网络简介；
（3）假设的情景条件和优化目标；
（4）建立的优化模型及算法；
（5）算法求解的源程序代码；
（6）计算求得的优化方案实例；
（7）方案评价及后续工作展望。

第四节 网络可达性计算

城市轨道交通进入网络化运营阶段，由于"一票换乘"及各线路运营结束时间不同，乘客在缺乏末班车运营时间和路径时间等信息支持的情况下，容易导致购票成功但无法抵达目的地的情况。网络时间可达性是指由于各条线路运营时间不一致，网络中两个车站不同路径之间的可达性随着时间的推移而变化，它与列车运行图和换乘走行时间、OD 之间的各条有效路径的可达性相关。城市轨道交通网络末班车动态可达性计算能为乘客提供相应的末班车时刻以及可达路径信息查询。本实践旨在让学员了解网络末班车可达性的含义、原则和计算思路，通过对 OD 站间全路径搜索算法和可达性判断规则的介绍，使学员初步掌握网络可达性信息计算的基本思路和工作步骤，培养学生对轨道运输问题独立设计算法和编程求解的能力。

一、知识简介

1.站间可达性的含义

城市轨道交通末班车条件下 OD 站间可达性是指在路网末班车时段内，基于既定的列车运行计划和路网结构，随着列车的逐步运行，根据乘客的出行特征决定的从起点到讫点的可行性。作为城市轨道交通末班车条件下 OD 站点间可达性主要考虑的是 OD 站间时间意义上的可达性。

在城轨运营初期，线路独立运营，OD 站点间仅存在一条路径；而随着路网结构不断复杂，理论上 OD 站间存在多条路径，此时要进行 OD 站点间可达性分析，需要就 OD 站间全部出行路径（简称"全路径"）进行可达性分析。

2.OD 站间的全路径搜索

（1）路径搜索的原则

理性出行者在进行出行路径选择时以减小出行广义费用为目标，因此总是尽可能减少出行总时间或减少换乘，从而尽早地完成出行，而不会在车站和路段上重复走行。因此图论角度的路径搜索约束为：车站和路段不重复原则。

为实现末班车条件下 OD 站点间可达性判断，OD 起讫点间全路径搜索是关键。根据站点间各条路径的可达性分析结果，从而可判断 OD 站点是否可达。

（2）城市轨道交通网络抽象描述

轨道交通网络的几何形态，由城轨系统在城市空间布局中的点、线、面组合而成。根据线网本身的物理网络结构可知，车站与线路是最基本的构成要素，站点越多、线路越长，构成的路网结构越复杂。

根据车站在路网中的作用，可分为以下四类：① 换乘节点：不同轨道交通线路相交的站点；② 端点站：线路的起始站和末端站；③ 复合站：既是换乘节点又是线路端点站的站点；④ 一般车站：线路上处于前三类车站间的中间站点。鉴于前三类站点决定了路径的换乘走向，在此称为"关键车站"。在进行路网抽象描述时仅将关键站点保留。

对于某些较复杂的路网，会存在并线共站段的情况，如上海地铁 3 号线与 4 号线在宝山路至宜山路区段存在并线共站的情形，该并线共站区段上的每个车站均为换乘车站，为简化描述路网，将并线共站段看作单个关键站。

根据线路的物理拓扑结构，可将城轨线路进行分类，如：直线、三型线、Y 型线（或双 Y 型）、O 型线（即环形线路）。在进行路网抽象描述时：① 对于环型线路，可将其视为是首末两端点站相同的直线型线路；② 对于 Y 型（或双 Y 型）线路，可根据列车实际的运行交路将一条轨道交通物理线路视为多条直线型线路，将列车运行交路的两端折返站为其对应的直线型线路的端点站；③ 由于各条线路均对应上下行两个行车方向，为了便于描述，将每条轨道交通线路视为由两条单向线路组成。

（3）OD 站点间路径搜索的思路

如前所述，将网络中的车站分为一般车站和关键车站，其中关键车站决定了路径的走向，因此，路径的搜索应围绕关键车站展开，搜索思路可概括为：① 起讫站点属性判断，即判断 O、D 站点的车站类别，属于关键车站还是一般车站；② 将 OD 站点间路径搜索转化为关键车站间路径搜索。

根据起讫点的属性判断结果，可将 OD 站点间的关系分成四类：① 关键车站→关键车站；② 关键车站→一般车站；③ 一般车站→关键车站；④ 一般车站→一般车站。对于起讫点存在一般车站的情况，需要进行以下处理：

① OD 站点中某一车站属于一般车站：假设起点站 O 为一般车站，寻找与该车站相邻的两个关键车站 S_a、S_b，对应弧段为 (O,S_a)、(O,S_b)，因此该 OD 站点间全路径的搜索问题可转化为搜索 $S_a \to D$ 和 $S_b \to D$ 全路径集 $U_{S_a \to D}$、$U_{S_b \to D}$，最后将对应弧段加入路径集中，即可构成 OD 站点间的全路径集。

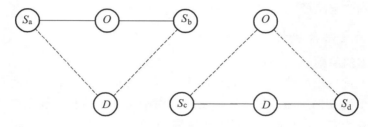

图 6-4-1　单个车站为一般车站

② OD 站点均属于一般车站：分别寻找与 O、D 车站相邻的两个关键车站 S_a、S_b 与 S_c、S_d，对应弧段为 (O,S_a)、(O,S_b) 与 (S_c,D)、(S_d,D)，因此该 OD 站点间全路径的搜索问题可转化为搜索 $S_a \to S_c$、$S_a \to S_d$ 和 $S_b \to S_c$、$S_b \to S_d$ 全路径集 $U_{S_a \to S_c}$、$U_{S_a \to S_d}$ 和 $U_{S_b \to S_c}$、$U_{S_b \to S_d}$，最后将对应弧段加入路径集中，即可构成 OD 站点间的全路径集。

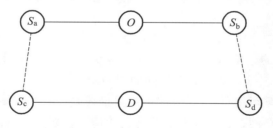

图 6-4-2　一般车站→一般车站

在将任意 OD 对间的路径搜索处理为关键站之间的路径搜索后，只需要搜索到简化路网中的关键站之间的路径集，就能得到整个路网中所有 OD 点对的全路径集。

（4）基于 DFS+回溯算法的全路径搜索

首先建立路网结构图的邻接矩阵表示，可以采用一个二维数组 Matrix 存储。在进行有向图中有向边 (v,v') 的表示时，只需将 $Matrix(v,v')$ 设置为有向边 (v,v') 的权值即可。

根据 DFS 和回溯算法的基本思想可知，搜索 OD 站间全路径主要包括如下步骤：

① 建立储存节点状态的数组 visited[]，将图中所有顶点的访问状态置为 visited[] = 0，即未访问状态。

② 建立一个存储路径节点的栈结构 stack{}，将起点 O 入栈，stack.push(O)，访问状态 visited$[O]=1$，即起点 O 已被访问，此时栈顶节点为 O。

③ 建立 $DFS(v)$ 深度优先搜索函数，寻找栈顶节点的一个非入栈状态的邻接点 X，判断 X 是否为终点 D，若 X 为终点则输出这条路径，从栈顶弹出结点 X，stack.pop(X)，将 X 标记为非入栈状态 visited$[X]=0$；否则继续寻找 X 的一个非入栈状态的邻接点，若此时节点 X 没有除终点外的非入栈状态的邻接点，则从栈顶将结点 X 弹出。

④ 重复步骤③，就可以找到自起点 S 至终点 D 的所有路径；当栈为空时，stack.pop == NULL，算法结束。

根据以上算法步骤可知，寻找 A、D 两点之间的全路径的步骤见表 6-4-1。

表 6-4-1　A、D 节点全路径搜索流程

A、D 节点全路径搜索流程	
Step1	建立一个存储节点状态的数组 visited[]，visited[]=0
Step2	建立一个存储路径节点的栈结构 stack{}
Step3	初始化：stack.push(A)，visited[A]=1
Step4	由节点 A 出发，根据 DFS 函数寻找节点 A 的一个非入栈状态的邻接点 B，stack.push(B)，visited[B]=1
Step5	由节点 B 出发，根据 DFS 函数寻找节点 B 的一个非入栈状态的邻接点 C，stack.push(C)，visited[C]=1
Step6	栈顶节点为 C 没有非入栈状态的邻接点，所以 stack.pop(C)
Step7	stack.push(D)，visited[D]=1；栈顶节点 D 为终点，输出该路径 A—B—D；stack.pop(D)，将 visited[D]=0
Step8	栈顶节点为 B，没有除终点 D 外非入栈状态的邻接点，stack.pop(B)
Step9	栈顶节点为 A，节点 A 除刚出栈的节点 B 外，还有非入栈状态的邻接点 D，stack.push(D)，visited[D]=1；栈顶节点 D 为终点，输出该路径 A—D；stack.pop(D)，将 visited[D]=0
Step10	栈顶节点为 A，节点 A 没有除终点 D 外非入栈状态的邻接点，stack.pop(A)
Step11	此时 stack.pop == NULL，算法结束

3. 基于时间约束的路径可达性判断

OD 站点间的可达性需要根据 OD 站点间全路径集的可达性来判断。路网中"关键车站"决定了路径的走向，同时影响路径的可达性。因此，对于任一条路径而言，影响其可达性的车站为：起点站、终点站和换乘节点（若路径存在换乘）。但对于多交路列车运行的线网而言，影响末班车 OD 站点间路径可达性的车站除上述车站外，还包括运行交路端点站。此处仅考虑了单一交路的情况。

对于不含换乘节点的 OD 站点间路径来说，在末班车由起点站（O 站）开往目的站（D 站）之前任意时刻内，路径具有可达性，即 OD 站间可达；对于包含换乘节点的 OD 站间路

径来说，具备可达性需满足的时间条件为：一是在末班车由起点站（O 站）开往相邻换乘节点之前，二是路径上全部换乘节点均满足换乘的时间要求。

因此，基于时间约束的路径可达性判断规则可表示为：

（1）路径 u 中不含换乘节点的可达性判断

对于此情况仅需判断乘客在起点站 O 是否能赶上该线路沿路径 u 方向的最晚末班车，即判断乘客在 t_o 时刻到达 O 站是否有车可乘。当 $t_o \leqslant t_u^{o,l}$ 时，路径 u 可达；当 $t_o > t_u^{o,l}$ 时，路径不可达。其中，$t_u^{o,l}$ 是线路沿路径 u 方向的最晚末班车离开 O 站的时间。

（2）路径 u 中包含换乘节点的可达性判断

包含换乘节点的路径可达性判断，除进行 t_o 与 $t_u^{o,l}$ 两时刻关系的比较外，还需进行换乘节点是否可换乘的判断。

按照乘客在换乘节点可换乘的条件可知：衔接线路 v_i 的 m 方向最晚末班车在换乘节点 s_i 的离站时间 $t_{im}^{s_i,l}$ 不小于乘客沿输送线路 v_j 的 n 方向到达换乘节点 s_i 的时间 $t_{jn}^{s_i,a}$ 与乘客在换乘节点 s_i 的换乘走行时间 $e_{jn,im}^{s_i}$ 之和。若满足 $t_{jn}^{s_i,a} + e_{jn,im}^{s_i} \leqslant t_{im}^{s_i,l}$，则称在换乘节点 s_i 可换乘。

因此对于包含换乘节点的路径来说，路径 u 可达需满足的条件为：$t_o \leqslant t_u^{o,l}$。且对于任一换乘节点均满足 $t_{jn}^{s_i,a} + e_{jn,im}^{s_i} \leqslant t_{im}^{s_i,l}$。

设 OD 站点间存在一条路径 $u = \{O, s_1, s_2, ..., s_p, D\}$，其中 $s_i (1 \leqslant i \leqslant p)$ 为 u 上的关键车站。$T_u = (t^{s_1,l}, \cdots, t^{s_p,l})$、$T_u' = (t^{s_1,a}, \cdots, t^{s_p,a})$、$\Delta = (e^{s_1}, \cdots, e^{s_p})$ 分别表示在关键车站上末班车的离站时间集合、乘客到站时间集合和换乘时间集合。因此，路径 u 可达的唯一条件为：$\begin{cases} t_o \leqslant t_u^{o,l} \\ T_u' + \Delta \leqslant T_u \end{cases}$。

二、实践练习

掌握网络末班车可达性计算的基本思路，以某市轨道交通网络为背景，通过查找图论等相关资料，学习和理解全路径搜索算法及可达性判断规则，并借助熟悉的编程工具，尝试完成可达性信息的编程计算，通过假设运营时分信息，求得一个具体的可达性信息实例。

三、练习要求

提交的实践报告需包含以下内容：

（1）网络可达性问题概述；

（2）选择的轨道交通网络简介；

（3）假设的运营时分信息简介；

（4）全路径搜索算法的源程序代码；

（5）可达性判断规则的源程序代码；

（6）计算求得的网络可达性信息；

（7）工作评价及后续展望。

第五节　网络客流分配与票务清分

城市轨道交通的迅猛发展加速了其网络化进程。由于基础设施需要巨大的资金投入，所以路网建设需要吸引多元的投资主体；同时，由于运营管理机制的不同，网络化运营需要按线路划分不同的运营主体，所以路网将呈现利益主体多元化的现象。尤其在城市轨道交通自动售检票（AFC）系统实施"一票换乘"的情况下，乘客的出行路径多种多样，因而具体出行路径很难确定。这就产生了清分问题，即如何把 AFC 系统的运费收益合理地分配给参与贡献的经济实体的问题。本实践旨在让学员了解轨道交通票务清分问题的含义、规则和计算方法，通过对多路径概率选择模型的介绍，使学员初步掌握网络票务清分计算的基本思路和方法，培养学生对轨道运输问题独立设计算法和编程求解的能力。

一、知识简介

1. 问题分析

城市轨道交通的快速发展加速了轨道交通的网络化进程，未来的城市轨道交通路网将是一个包含大量换乘节点和多条线路的，具有相当规模和复杂程度的城市公共客运交通网络。为了方便乘客的出行，各城市的轨道交通系统往往都采用了"一票通"的管理方式，即乘客只需要在进站时购票，出站时刷卡即可，而在各换乘站换乘时都实现了"无缝换乘"。这种情况下，往往只记录了乘客出行信息中的 OD 站信息，对于乘客的具体走行路径就难以得知了，这就为统计断面的分时段客流量，制定相应的线路开行方案造成了不便。

所谓"票务清分"问题，就是指轨道交通的票务收入如何在不同经济贡献主体之间进行分摊的问题，由于它关系到不同投资主体的切身利益，因而其准确合理性备受关注。目前针对这一问题，业内讨论过的模型主要有：人工分账清算模型、理想情况清分模型和最短路径清分模型等，在参阅有关文献的基础上，考虑到城市轨道交通网络规模和结构的复杂性，这里采用了一种基于"时距"的多路径概率选择模型，通过输入各时段的客流 OD 信息，分析得出路网中各断面的分时段客流量情况，为票务清分提供依据。

2. 综合出行阻抗函数的建立

在城市轨道交通系统中，乘客的出行时间是路径选择比较重要的环节，所以在这里以"出行时间"作为线网上的阻抗值。

（1）路段阻抗 A_{ij}

路段阻抗 A_{ij} 通过列车在该区间运行时分 t_{ij} 表示，可通过列车运行图中的区间运行时分或列车运行时刻表获得。

$$A_{ij} = t_{ij} \tag{6-5-1}$$

（2）节点阻抗 B_k

节点阻抗可分为如下两种情况：

第一种：乘客乘车通过车站时，乘客在该站继续乘同一列车，此时节点阻抗等于列车在该节点的停站时分，表示为 t_k。

$$B_k = t_k \qquad (6\text{-}5\text{-}2)$$

第二种：在换乘站进行换乘时，乘客在该车站换乘另一条轨道交通线路，此时节点阻抗等于该站的换乘时间乘以换乘放大系数 α。换乘时间包括换乘走行时间和候车等待时间。换乘走行时间与换乘通道距离有关，可以用两换乘站台间的距离除以平均步行速度的比值来确定，也可以通过实测直接获取，而候车时间则跟换乘列车的发车间隔有关：

$$t_k^{pq} = t_{k,走行}^{pq} + t_{k,候车}^{pq} \qquad (6\text{-}5\text{-}3)$$

$$B_k^{pq} = t_k^{pq} \times \alpha \qquad (6\text{-}5\text{-}4)$$

式中　　t_k^{pq}——在 k 站线路 p 转至线路 q 的换乘时间；

$t_{k,走行}^{pq}$——线路 p 的 k 站站台至线路 q 的 k 站站台之间换乘的走行时间；

$t_{k,候车}^{pq}$——在 k 站由线路 p 换乘至线路 q 的平均候车时间，取 q 线上列车发车间隔时间的一半。

综上所述，由路段和节点阻抗构成了轨道交通综合出行阻抗。综合阻抗作为乘客出行路径选择的主要依据，一般来说，阻抗值越小，乘客趋向于选择这条路径的意愿越强；反之亦然。

3. 轨道交通网络的数学建模

（1）结点：普通车站和换乘站；

（2）连接弧：两个相邻车站之间有方向的路段；

（3）弧的权值：对于换乘站之间来说是指在换乘站通道中的换乘时间，而对于普通车站之间或者普通车站与换乘站之间是指列车的区间运行时分。

在规定了结点、连接弧和它们的权值之后，整个城市轨道交通的路网结构就转换为了一个带有权值的有向图，从而把路网中车站之间的乘客出行分布问题转化成了几何图论中的 K 段路径的搜索问题。在进行路径搜索时要注意一个问题，如果起始站是换乘站的话，那么起始站的换乘时间是不计算在路段的阻抗之内的，换句话来说就是同一个换乘站到一个非换乘站的 K 条渐短路径的数目和阻抗应该完全相同。

4. K 短路径搜索算法简介

若有非负赋权有向图 $D=(V, E)$，其中 $V=\{v_1, \cdots, v_n\}$，任 $e \in E$，有权 $W(e) \geq 0$。

定义 1：若 $P_1, P_2, \cdots, P_k$ 为顶点 v_1 至顶点 v 的 k 条路径，$W(P_1) \leq W(P_2) \leq W(P_k)$，现 P 为顶点 v_1 至顶点 v 的任一条路径 $P \in \{P_1, \cdots, P_k\}$，且 $W(P) \geq W(P_k)$，则称 P_k 为顶点 v_1 至顶点 v 的第 k 短路径。

为了建立求第 k 短路径的算法，我们首先引进一些定义和记号。

定义 2：若有路径

$$P = v_1 u_1 u_2 \ldots u_j u_{j+1} \ldots u_q v$$
$$Q = v_1 u_1 u_2 \ldots u_j t \ldots v$$

其中（u_j, t）≠（u_j, u_{j+1}）（特殊情况，$u_j=v_1$），且有 $W(P) \leqslant W(Q)$，则称 Q 为 P 的偏移。

若已取得顶点 v_1 至顶点 v 的第 1 至第 k 短路径 P_1，…，P_k，作

$$P^k=v_1u_1 \ldots u_j \ldots u_q v$$

的部分偏移集合 $F(P_k)$。

为了引进一些记号，先作下述规定：若 e 为 D 中边，P 为 D 中路径，则 $D-\{e\}$ 为将 D 中边 e 取走所得图；而 $D-P$ 为将 D 中属于 P 的边都取走后所得的图。

令 $D0=D-\{(v_1, u) | (v_1, u)$ 为某一条第 i 短路径 P_i 的边，$1 \leqslant i \leqslant k\}$，求 $D0$ 中 v_1 至 v 的最短路径 $Q0$。显然，$Q0$ 为 $\{P_1, \cdots, P_k\}$ 中任一路径的偏移。

一般的，令 $D_j=D-v_1u_1 \cdots u_j-\{(u_j, u) | v_1u_1 \cdots u_j u$ 为某一条第 i 短路径 P_i 的子路，$1 \leqslant i \leqslant k\}$。求 D_j 中顶点 u_j 至 v 的最短路径 Q_j，并将路径 $v_1u_1 \cdots u_j$ 与路径 Q_j 相衔接，得路 Q_j。

若 Q_j 中顶点都不相同，则 Q_j 为 $\{P_1, \cdots, P_k\}$ 中任一路径的偏移。记

$$F(P^k)=\left\{Q_0,Q_1,\cdots Q_q\right\}$$

自然，对任一 $Q \in F(Pk)$，有 $W(Q) \geqslant W(P_k)$。

算法的迭代过程可如下进行：

若已求得顶点 v_1 至 v 的最短路径 P_1 与 P_1 的部分偏移集合 $F(P_1)$，记 $B=F(P_1)$，取 $\tilde{P}$：

$$W(\tilde{P}) = \min\left\{W(Q)|Q \in B\right\}$$

此时，还未确定的从 v_1 至 v 的任一路径 P 必为集合 B 中某一路径 Q 的偏移，从而有 $W(P) \geqslant W(Q) \geqslant W(\tilde{P})$，于是，路径 $\tilde{P}$ 为第二短路径 P_2。

从集合 B 中去掉 $\tilde{P}$，再作 $F(P_2)$，并取 $B=B \cup F(P_2)$，显然，还未确定过的顶点 v_1 至 v 的任一路径 P 为 B 中某一条路径 Q 的偏移。取 $\tilde{P}$：

$$W(\tilde{P}) = \min\left\{W(Q)|Q \in B\right\}$$

则 $\tilde{P}$ 为 D 中顶点 v_1 至 v 的第 3 短路径 P_3。从集合 B 中去掉 $\tilde{P}$，作集合 $F(P_3)$，取 $B=B \cup F(P_3)$。如此继续迭代下去，直至求得所需要的顶点 v_1 至 v 的第 k 短路径。

下面给出 v_1 至 v 的第 $k*$ 短路径算法：

（1）取一条 v_1 至 v 的最短路径 P_1。

$$A=\left\{P^1\right\}, \ B=\varnothing, \ k=1$$

（2）对 P_k 作 $F(P_k)$。

若 $P_k=v_1v$，令 $D0=D-\{(v_1, u)|(v_1, u)$ 为某一条路径 P 中的边，$P \in A\}$，求 $D0$ 中顶点 v_1 至 v 的最短路径 $Q0$，$F(P_k)=\{Q0\}$，转步骤④；

若 $P_k=v_1u_1 \cdots u_j \cdots u_q v$，令 $D0=D-\{(v_1, u)|(v_1, u)$ 为某一条路径 P 的边，$P \in A\}$。求 $D0$ 中顶点 v_1 至 v 的最短路径 $Q0$，$F(P_k)=\{Q0\}$，$j=0$，转步骤③。

（3）判断 j 是否等于 q

若是，则转步骤④；

若否，则令 $D_{j}+1=D-v_1u_1 \cdots u_j+1-\{(u_{j+1}, u)|v_1 \cdots u_{j+1}$ 为某路径 P 中的子路，$P \in A\}$，求 D_{j+1}

中 u_{j+1} 至 v 的最短路径 $\widetilde{Q_{j+1}}$。路径 $v_l u_1 \cdots u_{j+1}$ 与路径 $\widetilde{Q_{j+1}}$ 相衔接，得路径 Q_{j+1}。Q_{j+1} 中有相同顶点时，$j=j+1$，转步骤③；Q_{j+1} 中顶点都不相同时，$F(P_k)=F(P_k)\cup\{Q_{j+1}\}$，$j+1=j$，转步骤③。

（4）$B=B\cup F(P_k)$。

（5）判断 B 是否为空？

若是，则算法终止（v_l 至 v 的路径搜索完毕）。

若否，则取 $W(\tilde{P})=\min\{W(P)|P\in B\}$，$P^{k+1}=\tilde{P}$，$A=A\cup\{P^{k+1}\}$，$B=B-\{P^{k+1}\}$，转步骤⑥。

（6）判断 $k+1$ 是否等于 $k*$？

若是，则算法终止，路径 P_{k+1} 为所求第 $k*$ 最短路径；

若否，则 $k=k+1$，转步骤②。

5. 路径的客流分配比例计算

通过路径的搜索算法得到 K 条渐短路径及其路径的综合出行阻抗之后，接着需要进行路径合理性的判断，经过选择之后再对有效的 K 段路径进行客流分配。

（1）有效路径集的筛选

首先，运营时间主要是通过综合考虑乘客的起始站和换乘站的首末班时间来确定的，在某一个时间段内，如果 K 条可选渐短路径集合中的某条路径在运营时间之外，则该路径不作为有效路径参与客流的分配。路径的运营时间通过该路径起点站的有效运营时间来表示，起点站的有效运营时间为起点车站的首末班时间和该路径中各首末班时间反推起点站时间的交集。

其次，综合出行阻抗函数值的容许区域判断。由于一对 OD 车站的来说，由于可行路径比较多，搜索出的两站之间的 K 条可选的渐短路径集合中，假设最短路径的阻抗值为 $T_{\min}$，如果次短路径或者次次短路径的综合阻抗值较最短路径的综合阻抗值超过某一个阈值（设该值为 $T_{\max}$），则认为该次短路径不是合理的路径。该阈值可以采用相对值和绝对值综合确定，形式如下：

$$T_{\max}=\min\{T_{\min}\times(1+m),T_{\min}+U\} \tag{6-5-5}$$

式中　$T_{\max}$——有效路径的综合出行阻抗值的上界；

　　　m——比例系数；

　　　U——常量。

（2）多路径的概率选择模型 P_i，$i=1$，…，k

设 OD 两站之间的条有效路径集为 $\{L\}$，选择路径的 L_i 概率为 P_i，$i=1$，…，k，$P_i=f(T_i)$。假设有效路径的综合出行阻抗分别为 $T_i, i=1,\ldots,k$，并且其阻抗值按升序排列，即 $T_1\leqslant T_2\leqslant\cdots\leqslant T_k$。那么对于 P_i，有如下特性：

① $\sum_{i=1}^{k}p_i$，即任意两车站之间全部有效路径客流分配的比例之和等于 1；

② 若 $T_i=T_j$，则 $P_i=P_j$，即阻抗值相等的路径被选择的概率也相同；

③ $1\geqslant p_1\geqslant p_2\geqslant\cdots\geqslant p_k$，即阻抗值越大的路径被选择的概率越小；

④ 若 T_i 非常接近 $T_{\min}$，则 P_i 应该很接近 P_1，即当阻抗在 $T_{\min}$ 附近时，P_i 的下降速率比

较小；

⑤ 随着阻抗值的增加，P_i 的递减速率将迅速增加，即路径被选择的概率将迅速减小。

鉴于上述路径集合的特点，在表示路径的综合出行阻抗超过最短路径综合出行阻抗的程度表示为：$x_i = \dfrac{T_i - T_{\min}}{\min(T_{\min} \times m, U)}$，同时引入效用值来衡量路径被选择的有效程度，采用正态分布来拟合反映乘客的出行路径选择行为，用式 6-5-6 表示：

$$S_i = \frac{1}{\sigma\sqrt{2}} e^{-\frac{x^2}{2\sigma^2}} \tag{6-5-6}$$

其中，方差 σ 是一个常量，它的值将决定正态曲线的陡峭程度。由于不可能有权值 T_i 小于最小阻抗值 $T_{\min}$ 的路径，因此，只需要取正态分布曲线 $x \geqslant 0$ 的部分。可以通过实际乘客出行路径选择的交通调查结果分析拟合出参数 σ 的值。在一般情况下，σ 越小，表明乘客对阻抗的敏感度越高。路径的分配比例可用下式加以计算。

$$p_i = \frac{S_i}{\sum_{i=1}^{k} S_i} \tag{6-5-7}$$

二、实践练习

掌握多路径概率分配模型清分计算的基本思路，以某市轨道交通网络为背景，通过查找图论等相关资料，学习和理解 K 短路径搜索算法，并借助熟悉的编程工具，尝试完成票务清分问题的编程计算，通过假设 OD 客流量信息，求得一个具体的清分结果实例。

三、练习要求

提交的实践报告需包含以下内容：

（1）网络票务清分问题概述；

（2）选择的轨道交通网络简介；

（3）假设的 OD 客流量信息简介；

（4）K 短路径搜索算法的源程序代码；

（5）客流分配比例计算的源程序代码；

（6）票务清分计算的源程序代码；

（6）计算求得的票务清分结果信息；

（7）工作评价及后续展望。

第七章　网络应急处置与可靠性

第一节　网络应急处置流程

本实践旨在让学员熟悉网络化运营条件下城市轨道交通应急处置的指挥结构，以及在该结构下的应急处置基本工作流程，并通过对应急运营调整的工作内容介绍，使学员熟悉网络化运营条件下城市轨道交通应急处置工作的基本思路和方法。

一、知识简介

1. 城市轨道交通应急指挥组织结构

城市轨道交通网络化运营后，各线路之间存在着复杂的相互影响关系，突发事件对某条线路造成的负面影响将会直接或间接地影响到路网中的其他线路。因此，对突发事件的应急处置绝不能采用各条线路各自为政、分别处理的方法，必须建立全路网统一的综合应急处置指挥中心（COCC）。该中心对内负责协调各线路的列车调度方案，指挥大型换乘站的客流疏导工作，对外负责将事故情况上报至上级领导，并在需要时报请其他交通部门配合完成客流输送工作等。它与各线路调度指挥中心（OCC）、事故现场临时指挥部一起，构成了城市轨道交通的应急指挥组织结构，如图 7-1-1 所示。

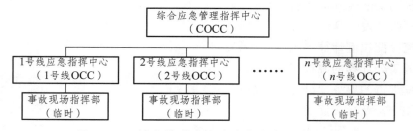

图 7-1-1　城市轨道交通应急指挥组织结构图

各部门的主要职责总结如下：

（1）综合应急管理指挥中心（COCC）

该中心位于应急指挥监控中心处，负责整个城市轨道交通网络的列车调度协调。在突发事件情况下，综合应急管理指挥中心代表政府行使指挥权，指挥各线路应急指挥中心，启动相应预案，指挥事故现场指挥部尽快恢复运营、避免突发事件扩散。

其具体职责包括：

① 在发生突发事件时通知可能受到影响的线路，同时上报各级领导；

②启动应急指挥，按照预案向各线路应急救援指挥中心发出协调指令；

③根据事态的变化、发展及上级领导的指示，变更协调指令，下达到各线路应急救援指挥中心；

④在有客流突增的情况下，协调相关线路进行城市轨道交通路网换乘站的客流疏导；

⑤负责被延误线路区段上的换乘站客流疏导方案的实施，使网络客流疏导方案与单线客流疏导方案的相互配合；

⑥需要其他交通方式配合时，负责与其他交通部门协调。

（2）各线路应急指挥中心（OCC）

OCC负责本线列车调度和车站的客流组织工作。

其具体职责有：

①将事故信息上报至应急管理指挥中心；

②根据应急管理指挥中心的协调调度方案，调整本线列车运行；

③严格执行应急管理指挥中心的应急指令；

④实时向应急管理指挥中心通报应急处置的现状；

⑤负责本线车站的客流疏导工作；

⑥协助应急管理指挥中心制定疏导方案，并配合应急管理指挥中心实施。

COCC与OCC是上下级的关系，突发事件时，OCC向COCC通报客流疏导的实时状态，而COCC则根据实际情况调整疏导方案并下达到各个OCC处。两者相互配合，共同构成了应急指挥组织结构的主体。

（3）事故现场指挥部

事故现场指挥部是在发生突发事件时，在事故现场临时建立的指挥中心，主要负责指挥现场事故处理中的具体相关事宜。它受OCC的直接领导，负责具体落实OCC下达的操作指令。

2. 应急处置指挥的工作流程

组织结构的建立为明确突发事件情况下应急处置的工作流程奠定了基础。在突发事件的处理过程中，工作流程主要是围绕着事故信息的上报和处理指令的下达来展开的，如：事故现场首先向所在线路的OCC报警，OCC再将事故特征信息上报至监控中心处，监控中心接警后启动相应的应急预案，指挥各线路OCC采取相应的措施，同时将乘客引导信息发布到车站设备终端引导乘客正确应对等，如图7-1-2所示。

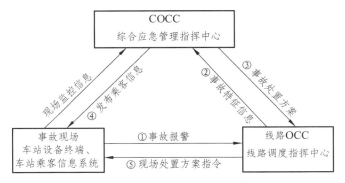

图7-1-2　应急处置的总体工作流程

以上述总体流程为基础，COCC 和 OCC 分别启动各自的工作步骤，各步骤间互相衔接，共同组成了规范化的突发事件应急处置操作步骤，如图 7-1-3 所示。

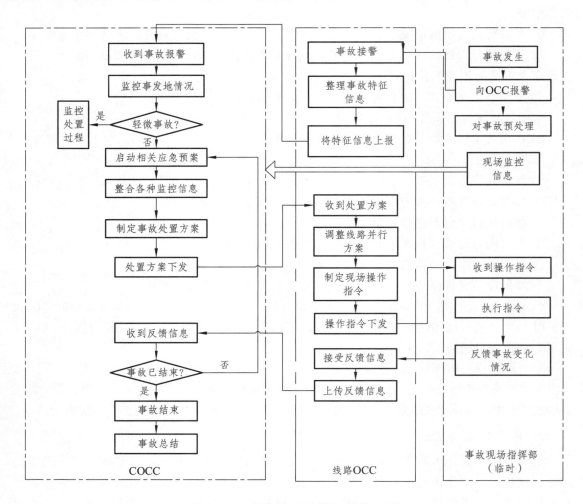

图 7-1-3　应急处置的详细操作步骤

根据突发事件严重程度、影响范围大小的不同，应急处置的工作流程也有所差异。若事故的影响不大、程度较轻微，则在处理时以事发地附近的工作人员自行处理为主，路网监控中心只对处理过程进行跟踪、备案，并不直接指挥事故的处理操作。而对于等级相对严重、会影响轨道交通正常运营、可能危及乘客生命财产安全的突发事件，则需要 COCC 在全路网范围内统一指挥，综合协调，其具体的事故处理流程描述如下：

（1）事故发生起始阶段，事发地工作人员将包括事故地点、事故类型、事故等级等在内的事故基本信息通过网络上报至本线 OCC 处，并开始采取适当的预处理措施。

（2）线路 OCC 收到事故报警信息后，根据报警信息整理出事故特征信息，将其上报至监控中心 COCC 处。

（3）监控中心接到事故特征信息后，将视频监控画面切换到事发地点处，查看事发地

240

的具体情况，判断事故的严重程度，若属轻微事故，则对处置过程进行跟踪、备案，并不直接指挥事故的处理操作。

（4）若属于严重事故，则监控中心立即启动相关的应急预案，以应急预案为基础，根据从各种监控信息处获得的信息，制定出事故的具体处置方案，将处置方案下发至各线路的 OCC 处。

在步骤③、④中，关于事故进一步发展的实时信息可能不断地上报至监控中心，监控中心必须根据这些最新信息调整处置方案，确保下发的方案符合事故的最新发展情况。

（5）线路 OCC 收到事故处置方案后，根据本线和事故现场的实际情况，制定出具体的现场操作指令，将其下发至事故现场指挥部处。若有必要，线路 OCC 还需调整本线的列车开行方案，以配合事故的处理。

（6）事故现场指挥部收到现场操作指令后，按要求严格执行，并将执行后事故的发展变化情况反馈至线路 OCC 处。

（7）线路 OCC 将反馈信息上传至监控中心 COCC。

（8）监控中心根据反馈信息重复步骤③、④，重新生成新的处置指令下发至相关线路 OCC，如此循环往复直至反馈信息表明事故处理已结束。

（9）事故处理完毕后，地铁运营安全部门通过召开总结会，对处置过程中发现的一些不足和隐患进行归纳，形成整改文件，责令有关部门针对问题限期进行改正。

3. 非正常情况下的应急运营调整

城市轨道交通的日常开行方案都是以预测的客流数据为基础来制定的，而对客流的预测又是基于各种已知和能够预见的情况。若路网内发生了某一突发事件，则突发事件后的客流分布情况必然会与预测结果不一致，严重时会使得既定开行方案脱离客流实际，从而极大地降低了全网的运输效率。因此，对突发事件的应急处置，一方面要对事故发生地采取及时有效的救援措施，减少事故损失、尽快恢复运营；另一方面也需要根据客流变化情况调整各线的运营方案，满足非正常情况下路网内的客流输送要求。

根据突发事件对线网造成的影响不同，非正常情况下的应急运营调整主要分为两种情况：区间中断情况的应急运营调整（如火灾、设备故障等）和非区间中断情况的应急运营调整（如大客流等）。

区间中断情况的路网开行方案制定需要满足路网可达性发生变化后的客流变化情况，其详细工作步骤如图 7-1-4 所示。

非区间中断情况主要是指突发大客流情况，与区间中断情况相比，其工作步骤略有不同，如图 7-1-5 所示。

从图 7-1-4 和图 7-1-5 所示的工作步骤可知，非正常情况下的运营调整工作首先需要对客流的分布变化情况进行分析，然后再以分析结果为基础，制定相应的运营方案和布置相关的客流引导工作，由此可见，对突发事件情况下的客流分布情况分析是应急运营调整的关键任务所在。

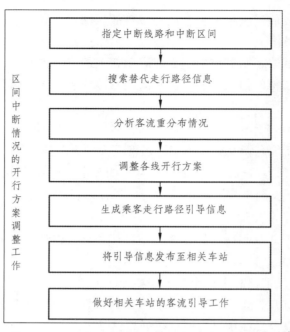

图 7-1-4　区间中断情况的开行方案调整工作

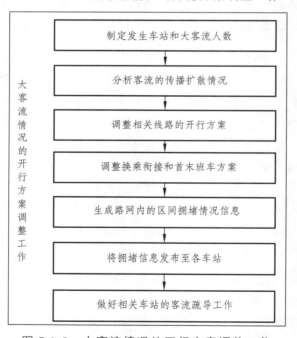

图 7-1-5　大客流情况的开行方案调整工作

二、学习实践

　　认真学习网络应急处置的基础知识，尝试口述应急处置的主要流程步骤，并解释其必要性。

242

三、学习要求

理解并掌握网络应急处置工作的指导思想、工作步骤和主要内容。

第二节 应急处置的辅助决策技术

本实践旨在让学员了解城市轨道交通应急处置辅助决策系统的框架结构和工作流程，并通过简要介绍基于应急预案的应急处置方案的辅助生成技术，使学员熟悉网络应急处置所面临的问题和解决方案的基本思路。

一、知识简介

1. 辅助决策系统的功能组成

为了提高综合应急处置指挥中心（COCC）的工作效率，增强城市轨道交通路网的安全可靠性，需要建立城市轨道交通应急处置辅助决策系统。该系统为 COCC 提供一个综合高效的辅助决策工具，提升其工作效率，其包含的主要功能如下：

（1）路网信息管理

路网信息包括静态的基础地理信息和动态的实时监控信息等，各种信息的来源、显示方式、内容格式等各不相同。为实现后续的各种智能化辅助决策功能，系统首先需将路网中数量巨大、种类各异的信息综合管理起来，通过在各种信息之间建立层次索引关系，使它们彼此相互融合、相互关联，最终达到整合信息资源、方便用户查看的目的。

（2）应急救援辅助决策

COCC 的重要工作内容之一就是在突发事件时制定事故处置方案并下发给路网各部门落实执行。为此，作为主要功能之一，系统必须能够辅助决策者制定事故处置方案，并根据事故处理流程全程监控方案的执行情况和执行效果，最终实现涵盖方案生成、过程监控、信息反馈、方案调整、事后总结等全过程的应急救援辅助决策功能。

（3）事件影响分析

在对事故发生地实施应急救援的同时，COCC 还需要考虑事故对线网的影响情况。根据突发事件对线网影响的不同，系统考虑突发大客流和突发区间中断两种情况，分析这两种情况下客流在线网中的分布变化情况，从而判断线网中各线的既有开行方案对突发事件的适应能力。通过给出事件对线网的影响分析报告，帮助决策人员调整线路开行方案，评估线网的能力。

（4）网络通信

应急处置涉及地域上分散的众多部门，而方便快捷的网络通信就成为保障处置工作顺利进行的重要前提。为此，系统需充分利用现代网络通讯技术，将地域上分散的车站、区间、各种设施设备等的实时状态信息传递给各级管理决策层，并将决策者的指令迅速下发给指定部门，实现信息通畅快捷的双向流通和大范围的信息共享。

2. 辅助决策系统的功能框架

城市轨道交通应急处置辅助决策系统可按照主要功能目标细分为五个子系统，分别是：线网信息综合管理子系统、应急救援辅助决策子系统、运营调整辅助决策子系统、应急信息发布子系统和综合信息传递子系统，每个子系统又根据其业务需要包含若干功能模块。

（1）线网信息综合管理子系统负责管理各种动态的实时监控信息和静态的基础地理信息，并通过在各信息之间引入关联规则，建立条理清晰、主次分明的线网信息综合管理系统。

（2）应急救援辅助决策子系统包含应急预案管理和应急救援指挥两大主要功能，而前一功能正是后一功能实现的前提和基础。

应急预案管理功能采用电子文档的方式将各种应急预案、事故案例和车辆排故手册等管理起来，并提供相关的编辑、搜索和学习功能。

应急救援指挥功能将应急过程中的各个工作步骤（如：生成处置方案、监控处置过程、反馈事故信息、调整处置方案、事件总结汇报等）采用信息化的方式实现，并利用已有的应急预案资料库实现一定的智能化辅助决策功能。

（3）运营调整辅助决策子系统负责帮助运营管理人员在突发事件情况下制定各线路的开行方案。它通过分析事件发生后线网中客流的重分布情况，判断既有开行方案对客流变化的适应能力，进而在用户的干预下，辅助生成各线路的最佳开行方案来满足已变化客流情况。

（4）综合信息传递子系统负责系统的所有对内对外通信需求，它为其他业务子系统的功能实现提供通信基础，保证 COCC 的对外联系。

（5）应急信息发布子系统负责将用户确认后相关信息发布到广播、显示屏等车站的终端设备，实现对客流的引导作用。

3. 辅助决策系统的工作流程

在应急处置过程中，各子系统分别按照各自的内部逻辑完成其所承担的功能，同时，各子系统之间也通过数据交换和信息调用结合成为一个整体，从而实现智能化的应急指挥辅助决策效果。具体工作流程如下：

线网信息综合管理子系统：

（1）突发事件发生后，事故特征信息通过"综合信息传递子系统"上传至 COCC。

（2）"线网信息综合管理子系统"在收到报警信息后，启动事故警报，并自动将系统由监控状态切换到应急状态。

（3）"线网信息综合管理子系统"根据事故特征信息，自动将监控画面切换至相关地点，强调显示主要信息，伴随显示其他相关信息。

（4）用户根据需要调整监控目标，查看其他相关信息，全面了解有关情况。

应急救援辅助决策子系统：

（5）略。

（6）根据事故特征信息，"应急救援辅助决策子系统"自动从应急预案库中找到适用的应急预案，并显示其文本内容。

（7）根据规定的应急预案格式，系统自动从找到的适用预案中提取关于事件处置步骤部分的信息。

（8）根据设计的应急预案数字化描述方法，系统自动识别处置步骤的语意内涵，找到其中相关的设备名称、操作要求等关键信息。

（9）根据找到的处置步骤关键信息，结合已有的事故特征信息等，"应急救援辅助决策子系统"在路网基础地理信息中搜索符合条件的设备详细属性信息，如编号、状态、数量等。

（10）将找到的设备具体属性信息与预案处置步骤文本中的抽象概要信息进行替换，从而生成突发事件的处置方案草案。

（11）"应急救援辅助决策子系统"将生成的处置方案草案文本传递给"应急信息发布系统"，用户在"应急信息发布系统"的信息编辑界面中对其进行修改确认，完成后调用信息下发功能将其下发到指定终端。

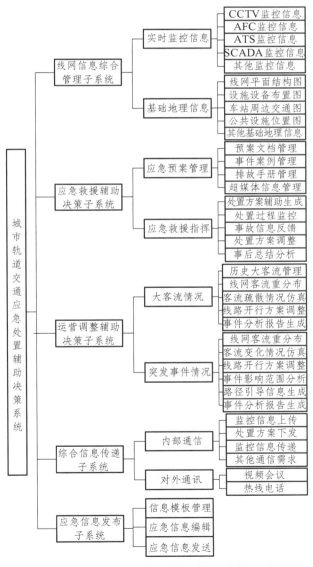

图 7-2-1　城市轨道交通应急处置辅助决策系统框架图

运营调整辅助决策子系统：

（12）根据接收到突发事件特征信息，重新设置线网状态。

（13）根据历史客流的 OD 数据，在重置的线网图上仿真分析客流的重分布情况。

（14）根据客流的重分布结果，自动生成各线路可行的列车开行方案，并通过与用户的交互进行优化调整。

（15）仿真显示突发情况下客流重分布情况和疏散过程，记录线网内各断面的分时段客流量数据。

（16）将仿真分析结果与正常情况下的客流数据进行对比，得出线网中事故的影响范围。

（17）根据分时段的各断面客流量数据和事故影响范围分析结果，自动生成乘客走行路径引导信息。

（18）将上述分析结果汇总，系统自动生成事件分析报告。

（19）将运营调整方案信息和乘客走行路径引导信息等分析结果传递给"应急信息发布系统"，经修改确认后下发到指定部门。

（20）~（22）略。

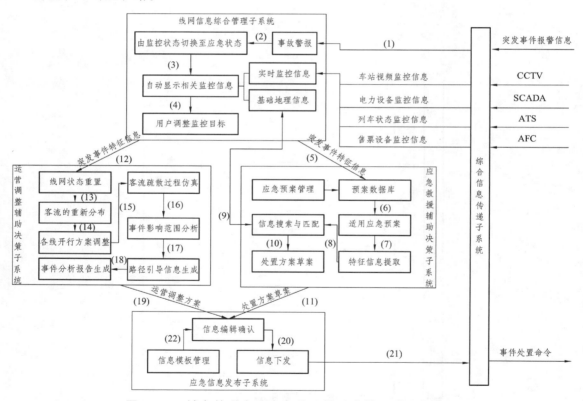

图 7-2-2　城市轨道交通应急处置辅助决策系统工作流程

4. 基于应急预案的处置方案辅助生成技术

应急处置方案草案的动态生成功能是应急辅助决策的重点和难点所在，其效果的好坏直接关系到系统的智能化水平。为此，提出如图 7-2-3 所示的流程方案，主要思路为：系统根据事故特征信息找到适用的应急预案，提取出其中的处置步骤文本并识别其语意内涵，根据识别结果在 GIS 中搜索得出符合条件应急资源的名称、编号、位置等属性信息，按照处置步骤文本中的语意将其组合成一条或多条具体的应急操作指令，从而最终形成应急处置方案的草案文本。

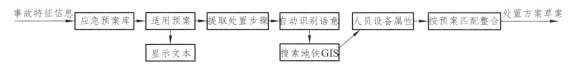

图 7-2-3　动态生成应急处置方案草案流程

（1）数据组织设计

除前述预案数据外，此项功能的实现还需要其他信息的支持，主要有：事件类型汇总信息、部门岗位汇总信息、应急资源汇总信息、操作方法汇总信息等，每一类信息都包含多个数据表，处置方案的动态生成过程就是将各类信息有效整合、综合利用的过程。

① 事件类型汇总信息：包括各种可能的突发事件的名称、现象描述、关键词等信息，将其归纳汇总，组织成便于系统检索利用的格式。

② 部门岗位汇总信息：包括地铁运营管理部门的组织结构、岗位信息、职责责任、现役员工等人力资源方面的各种信息。

③ 应急资源汇总信息：包括各种设施设备的分类、位置、属性、用途、状态等相关说明信息。

④ 操作方法汇总信息：包括每种设备可能的操作用途，操作前后设备的状态等信息。

该功能涉及的数据表及其相互关系如图 7-2-4 所示，通过各表格间的信息关联规则可以初步实现从已知事件类型和事发地点出发，自动生成事件处置方案草案的过程。

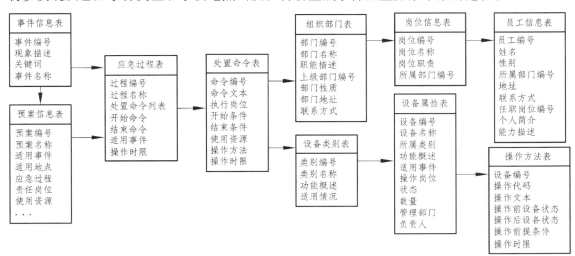

图 7-2-4　相关数据表结构及其相互关系

（2）生成处置方案流程

根据上述数据库结构，系统在接到事故特征信息后可按图 7-2-5 所示的步骤自动生成相应的处置方案草案。

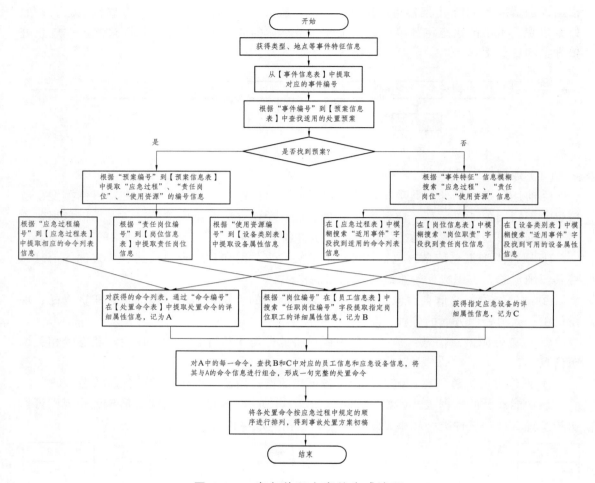

图 7-2-5 应急处置方案的生成流程

　　由于数据资源的有限性而事故情况却千变万化，系统所生成的处置方案草案只能作为初稿，最终的方案仍需要由工作人员修改确认后决定。虽然该系统距离事故处置的完全自动化尚有不小的距离，但相比于传统人工模式，其辅助功能可以极大地提高 COCC 的应急工作效率，因而对提高应急处置水平具有积极的意义。

二、学习实践

　　学习和了解应急处置辅助决策技术的复杂性和必要性，尝试口述辅助决策系统的主要工作流程，掌握应急处置方案辅助生成的主要技术思路。

三、学习要求

　　理解并掌握应急辅助决策工作的指导思想、工作步骤和主要内容。

第三节　网络拓扑结构可靠性分析

将复杂网络理论应用到城市轨道交通领域中，通过引入复杂网络理论中的网络平均距离、网络聚集系数、节点度分布和节点介数等概念，对城市轨道交通路网的映射网络模型进行分析，研究轨道交通路网的主要网络参数指标，以此为依据，对城市轨道交通路网的网络类型进行实证分析。本实践旨在让学员学习复杂网络的基本理论，并将其应用到城市轨道交通网络拓扑结构可靠性分析当中，使学员了解网络结构可靠性分析的理论、思路和方法。

一、知识简介

1. 复杂网络理论概述

（1）网络、复杂网络

从图论的角度来看，网络 $G(V, E)$ 就是一个由顶点集 V 和边集 E 构成的图，边集中的每一条边都有顶点集中的一对顶点与之对应，其中的顶点表示系统中的基本单元，边表示相互作用或关系。而所谓复杂网络，一般认为需要满足以下几个特征：

● 网络的大规模性和行为的统计性，网络节点数可以有成百上千万，甚至更多，大规模性的网络行为具有统计特性。

● 节点动力学行为的复杂性，各个节点本身可以是非线性系统。

● 连接结构的复杂性，网络连接结构既非完全规则也非完全随机，但却具有其内在的自组织规律。

● 网络的时空演化的复杂性，复杂网络具有空间和时间的演化复杂性，展示出丰富的复杂行为。

交通网络（公路、铁路、水路和航空）是典型的技术网络（人造网络），具有空间和地理的因素。

（2）度分布

节点 i 的度 K_i 为节点 i 连接的边的总数目，所有节点 i 的度 K_i 的平均值称为网络的平均度。网络中节点的度分布用分布函数 $P(K)$ 来表示，其含义为网络中度数为 K 的结点的个数占网络结点总个数的比值。顶点的度是一个局部的量，而度分布是一个全局量。度分布在某种程度上决定了复杂网络上的动力学行为。

（3）簇系数

簇系数 C 用来描述网络中节点的聚集情况，即网络有多紧密，其计算方法为：假设节点 i 通过 K_i 条边与其他 K_i 个节点相连接，如果这 K_i 个节点都相互连接，它们之间应该存在 $K_i(K_i-1)/2$ 条边，而这 K_i 个节点之间实际存在的边数只有 E_i 的话，则它与 $K_i(K_i-1)/2$ 之比就是节点 i 的簇系数。网络的簇系数就是整个网络中所有节点的簇系数的平均。

（4）直径与平均距离

网络的直径是指网络中所有顶点对之间的最短距离的最大值。通常网络中的两个结点可以通过一些首尾相连的边连接起来，把连接它们所需要的最少的边的数目称为节点间的距离。对所有节点对的距离求平均，就得到了网络的平均距离。

（5）介数

介数分为节点介数和边介数。节点（边）介数为网络中所有的最短路径中经过该节点（边）的数量比例。介数反映了相应节点（边）在整个网络中的作用和影响力，这对于在网络中发现和保护关键资源和技术具有重要意义。

（6）复杂网络的可靠性

复杂网络通常面临两种失效方式：随机性失效（failureinrandom）和选择性失效（failureinselect）。所谓随机性失效，是指失效以某种概率随机发生在网络中的各节点（边）；所谓选择性失效，就是网络节点（边）按一定的策略有选择地发生失效。一般来说，网络自身原因引起的损伤属于随机性失效，而蓄意的破坏则属于选择性失效。网络在这两种失效方式下的响应则分别称为网络的容错能力与抗攻击能力。

2．城市轨道交通网络分析模型

各种类型的突发事件所产生的不利影响，其最终结果往往是造成局部范围的路网失效，因此，分析突发事件对全网影响的问题就转化为分析路网在局部范围失效情况下路网性能的变化问题。为此，通过建立全网拓扑结构模型，对城市轨道交通路网的连通可靠性进行详细分析。

以现实网络的物理结构为基础，将轨道交通网络中的车站抽象为网络中的节点，车站之间的区间映射为节点间的连边，建立由整个网络车站和线路构成的全网络拓扑结构模型，用于对整个网络的性能进行全面分析。顶点是轨道交通车站如 A、B，如果有轨道交通线路通过 A 与 B 且这些线路在 A 与 B 之间都没有其他车站相连，则 A 与 B 之间有一条边连接。这样，城市轨道交通网络的基本框架可以抽象为由节点和连边组成的网络，如图 7-3-1 所示。在通常情况下，既能从站点 A 通过某一条线路到达站点 B，也能够从站点 B 沿同一条线路到达站点 A，因此城市轨道交通网络往往看作是无向的。一条轨道交通线路由若干站点组成，轨道交通网络包含停靠站点和线路两个基本要素。

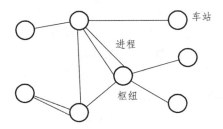

图 7-3-1　城市轨道交通全网模型示例图

全网络模型保留了轨道交通网络基本的拓扑特征，可以通过讨论它的基本几何量如度分布、平均最短路径、最短路径分布、介数等来研究轨道交通网络的性质。这个复杂网络的基本几何量也具有实际的含义：顶点的度代表一个车站与其他车站之间联系的多少，描述了一个车站在整个网络运输过程中所起到的作用，度分布则表示联系着通过各个车站的轨道交通线路的条数，平均最短路径反映交通系统中任意两个站点之间大致有多少个车站，最短路径分布给出了任意两个车站之间最少的车站数目。

3. 网络连通可靠性及其评价

网络连通可靠性是指网络节点间的连通状态，它描述了网络拓扑结构对网络可靠性的影响，是对轨道交通网络在受到外界干扰破坏后网络结构可靠性的度量。根据突发事件发生情况的不同，网络连通可靠性又分为网络适应性和网络稳定性两种。

（1）网络适应性及其评价

网络适应性是城市轨道交通网络在随机失效情况下，路网连通可靠性的度量，其评价指标主要有网络连通概率和网络连通效率。

① 网络连通概率可用节点对连通概率和全网连通概率两个指标来表示：

a. 节点对的连通概率。

节点对的连通概率衡量网络保持两个节点之间连通的能力，定义为网络中任意给定的两个正常工作状态下车站间的至少存在一条路径的概率。

假设节点 i 到 j 有 m 条不同的路径 $L_{ij}^1, L_{ij}^2, \cdots, L_{ij}^m$，则节点 i 到 j 的连通可靠度 R_{ij} 为：

$$R_{ij} = P\left(\bigcup_{k=1}^m L_{ij}^k\right)$$
$$= \sum_{k=1}^m P(L_{ij}^k) - \sum_{\forall k_1, k_2, k_1 \neq k_2} P(L_{ij}^{k_1} \cap L_{ij}^{k_2}) + \cdots + (-1)^{m-1} P(L_{ij}^1 \cap L_{ij}^2 \cap \ldots \cap L_{ij}^m)$$

式中　　$P\left(\bigcup_{k=1}^m L_{ij}^k\right)$ ——至少存在一条路径的概率；

$P(L_{ij}^k)$ ——路径 L_{ij}^k 存在的概率；

$P(L_{ij}^{k_1} \cap L_{ij}^{k_2})$ ——路径 $L_{ij}^{k_1}, L_{ij}^{k_2}$ 同时存在的概率。

b. 全网连通概率。

定义网络连通概率为，在遭受随机性破坏后幸存下来的网络中，选出一个最大的连通子网络，其节点数的平均值（对所有样本作平均）占原网络节点数的百分率。也可以采用在遭受破坏后幸存下来的网络中，任意选取一个节点，所有能与它相连通的节点数占原网络节点数的百分率来表征网络的连通概率。

② 网络连通效率主要反映站点间的相互连通性，可用网络全局连通效率和网络局部连通效率两个指标来表示：

a. 网络全局连通效率。

假设网络中每一节点都同时向邻接节点传递信息，距离越短传递的越快，说明节点间的连通性越强，则可以定义 i 点到 j 点的连通效率为：

$$E_{ij} = \frac{1}{d_{ij}}, \forall i, j$$

式中　　d_{ij} —— i 点到 j 点的最短距离，根据图论和网络的理论，网络的最短距离矩阵 $\{d_{ij}\}$ 由关联矩阵 $\{a_{ij}\}$ 和邻接距离矩阵 $\{l_{ij}\}$ 得到。

网络 G 的平均连通效率：

$$E(G) = [\frac{1}{N(N-1)}]\sum 1/d_{ij}$$

式中 N——网络的节点数，$0 \leq E^c(G) \leq 1$。

就城市轨道交通而言，$E(G)$ 表示整个网络中所有节点（车站）处于正常畅通状态下的连通效率，因此 $E(G)$ 也称为网络全局连通效率 E_{glob}，它是网络连通效率评估的基准。

b．网络局部连通效率。

在现实的城市轨道交通网络运行过程中，网络并不是时时都能保持畅通无阻的状态，由于各种突发事件，某条线路运行延误和某个车站的关闭都有可能发生。此时，可以通过网络局部效率来描述网络在部分线路失效后的运行状态。

局部连通效率是表示网络 G 中 i 节点去除后剩余子网络的全局连通效率：

$$E_{loc}^i = 1/N\sum E^i(G_i)$$

在评价非正常情况下的网络连通可靠性时，是以正常状态的连通效率为基准，定义相对连通效率为局部连通效率与网络全局连通效率的比值：

$$RE^i = E_{loc}^i / E_{glob}$$

相对连通效率值接近 1，则说明网络具有较好的容错性能，部分节点发生故障的情况下，剩余网络的运行仍然能够保持较为平稳的水平。

（2）网络稳定性及其评价

在轨道交通路网中，大型换乘枢纽站往往扮演着重要的客流集散节点角色，因此，若其发生失效，必然会使得网络性能受到严重影响。网络稳定性就是分析网络在一些重要集散节点发生失效的情况下，网络连通性能变化情况的指标。

城市轨道交通网络中的一些关键的换乘枢纽是破坏网络稳定性的薄弱环节。因此，研究城市轨道交通网络的稳定性，非常重要的工作就是要明确网络中的哪些节点是"核心节点"，以及分析这些节点对网络连通性的影响程度。

通过节点重要性的评估找出那些重要的核心节点，重点保护这些"核心节点"来提高整个网络的稳定性，以保障网络的连通可靠性。节点的重要性主要可以通过以下的方法来评估：

① 节点的度数、介数。

节点的度数是复杂网络研究中普遍采用的节点重要性的衡量标准，通常认为与节点相连的边越多则该节点越重要，这种评估方法能够找到网络中关键节点群，但是网络中存在度数相同的节点，无法一一对比单个节点的重要性。

节点的介数是描述顶点在网络连通中作用大小的重要几何量，体现了网络中能量传递的全局特征，可以相对精确地描述网络中节点的重要性。

在城市轨道交通网络中，某个车站在出现比较严重的事故故障时，至少会影响到邻接的车站，所以邻接节点在网络中作用也应该反映在该节点的重要性中。但是顶点的度数、介数两个参数只能反映节点自身在网络中的位置，而忽略了邻接节点的作用。

② 基于凝聚度的节点收缩方法。

为了将节点自身和邻近节点的作用同时反映出来，可以采用基于凝聚度的节点收缩方法来评估网络中的节点重要度。

节点 v_i 收缩（图 7-3-2）是指将与节点 v_i 相连接的 k_i 个节点都与节点 v_i 短接，即用一个新节点 v_i 代替这个 k_i+1 节点，原来与它们关联的边现在都与新节点关联。相当于节点 v_i 将它周围的 k_i 个节点凝聚成了"一个节点"。如果节点 v_i 是一个重要的"核心节点"，那么将它收缩后整个网络将更好地凝聚在一起。

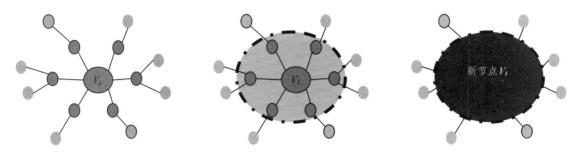

图 7-3-2　节点收缩方法示意

网络凝聚度定义为：节点数与平均最短路径乘积的倒数，即

$$\partial=\frac{1}{n\times L}=\frac{1}{n\times\dfrac{\sum_{i,j\in v} d_{ij}}{n(n-1)/2}}=\frac{n-1}{2\sum_{i,j\in v} d_{ij}}$$

式中　n——网络中的节点数目；

　　　L——节点之间的平均最短路径；

　　　d_{ij}——节点 i 和 j 之间的最短距离。

显然 $0<\partial<1$，当网络中只有一个节点时，取最大值 1。

节点收缩后得到的网络凝聚度取决于两个因素：

a. 节点的度数。相同条件下，如果节点的度数越大，则将该节点收缩以后网络中节点和边的数目就越少，网络的凝聚度就越大，该节点越重要。

b. 节点在网络中的位置。如果节点处于"要塞"位置，很多节点对之间的最短路径都要经过该节点或邻接节点，那么当把节点收缩以后将大大减少网络的平均最短距离，从而获得较大的网络凝聚度。

4. 分析计算实例

以上海市 2020 年轨道交通远景规划路网为例,利用前述各节中提到的相关理论和方法，对上海轨道交通的路网性能进行详细的仿真分析，主要内容包括轨道交通路网网络类型的标定和轨道交通路网可靠性分析。

按照规划，到 2020 年上海市将拥有包括 20 条线路、448 个车站、119 个换乘站（1 个五线换乘车站、3 个四线换乘车站、17 个三线换乘车站、98 个两线换乘车站）、近千公里长的庞大的城市轨道交通路网，如图 7-3-3 所示。

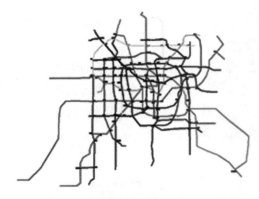

图 7-3-3　上海市 2020 年轨道交通路网远景规划示意图

　　为了对路网进行详细分析，首先需要将规划中的实体路网映射为反映路网拓扑关系的复杂网络，具体的映射规则为：忽略路网中除车站和区间外的其他基础设施，将连接多条线路的换乘站与非换乘站一样统一映射为网络中的单一节点，区间映射为节点间的连边，最终形成一张简化抽象了的轨道交通网络拓扑结构图，如图 7-3-4 所示。通过对该图的深入分析可以揭示出轨道交通路网的许多网络特性。

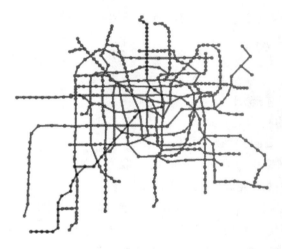

图 7-3-4　上海市 2020 年轨道交通路网映射复杂网络

（1）网络类型的标定

　　首先，对网络中各节点的度数、平均距离、簇系数和介数等指标进行计算。受篇幅限制，表 7-3-1 仅列出了一些主要车站的特性指标。根据统计结果，连接区间数在 1～2 之间的车站有 329 个，3～4 之间的有 99 个，大于 4 的车站仅有 20 个，绝大多数车站连接的区间数很少。其次，车站的路径长度 L 随着其连接区间数的降低呈增大趋势，连接区间数越多的其路径长度越短，反之亦成立。再次，大部分车站的簇系数为零，簇系数越大，说明其内部的通达性也越好，换句话说对短距离出行越有利。最后，路网中不存在介数很大的车站，大多数车站的介数要小于 0.1，说明路网中不存在对全网有绝对影响的核心车站，但总体来说，换乘站的介数普遍要大于非换乘车站的介数。

表 7-3-1　上海轨道交通路网部分车站特性指标

车站名称	连接区间数 m	路径长度 L	簇系数 C	节点介数
世纪大道	8	11.407	0	0.195
曹杨路	8	10.696	0.143	0.130
龙阳路	7	12.931	0	0.108
人民广场	6	10.291	0	0.170
上海火车站	6	10.758	0	0.108
徐家汇	6	10.320	0.067	0.240
陕西南路	6	10.382	0	0.070
汉中路	6	10.528	0	0.081
中山公园	6	10.635	0	0.074
虹桥枢纽	6	13.658	0	0.066
静安寺	6	10.069	0.067	0.179
南京西路	6	10.141	0.133	0.173
镇坪路	6	10.924	0	0.066
宜山路	6	10.866	0.067	0.092
虹桥路	6	10.810	0	0.020
金沙江路	6	10.870	0.133	0.044
上海西站	6	11.660	0.067	0.129
上海南站	5	11.915	0	0.171
虹口足球场	5	12.009	0	0.066
济阳路	5	11.986	0	0.137

根据各节点相关指标的计算结果，不难得到轨道交通全路网的整体拓扑特征值见表7-3-2，根据这些特征值，可以对轨道交通路网的网络类型进行标定。

表 7-3-2　上海 2020 年城市轨道交通路网拓扑特征值

连接区间数 M	路径长度 L	簇系数 C	平均介数	全网连通效率	网络凝聚度
2.536	15.144	0.0134	0.036	0.0944	0.00014739

从表 7-3-2 可知，上海城市轨道交通路网中各车站之间的平均距离（区间数）为 15.144，与路网 448 个节点和 569 个区间的规模相比，非常小；另外，路网簇系数 $C=0.0134 \gg C random$ $=1/448 \approx 0.002232$，这就表明，城市轨道交通路网属于小世界网络。

下面再来分析路网的无标度特征情况。图 7-3-5 是轨道交通路网节点度和对应节点度的累积概率之间的关系。图 7-3-6 表示路网节点度和对应的累积概率间的双对数关系，两者基本呈线性关系，这表明城市轨道交通路网是一个无标度网络，其分布指数为 1.798。综上所述，上海轨道交通规划路网既是一个小世界网络，也是一个无标度网络。

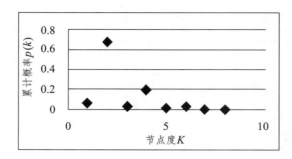

图 7-3-5　节点度与累计概率 $p(K)$-K 关系图

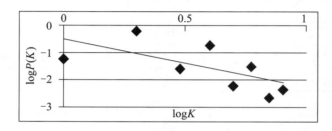

图 7-3-6　节点度与概率 $\log P(K)$-$\log K$ 双对数分布图

（2）网络可靠性仿真分析

按照路网失效地点的重要性以及失效顺序，轨道交通路网的失效形式可以分为如下两种：

① 选择性失效：按照路网中车站的重要性顺序，从高到底有选择的发生失效情况，如恐怖袭击、重要换乘节点堵塞等。

② 随机失效：失效随机发生在路网中的任一车站，如局部故障、自然灾害影响等情况。

对于城市轨道交通路网而言，车站的失效意味着与该车站直接相连的所有区间均同时失效，所有途径该车站的路径均为不连通状态。而发生失效情况后，出于正常通勤的需要，乘客往往更关心能否到达目的地，以及如何通过最短路径来到达目的地。因此，失效对路网影响较大的主要是网络平均距离和网络规模的变化情况。

下面分别对上述选择性失效情况和随机失效情况进行仿真分析。

① 选择性失效仿真分析。

选择性失效仿真的思路为：首先选择网络中节点度最大的节点进行失效，相应地与其直接相连的连边也同时失效，计算网络的相关指标值。然后重新计算各节点的度数，再次选择节点度最大的节点及其连边进行失效，计算网络的相关指标值。如此反复直到网络上所有的节点全部失效。其仿真算法的步骤如下：

a. 初始化路网节点数组和连边数组，置失效节点数 $DP=0$，路网规模 $S（0）=N$。

b. 根据节点数组和连边数组，构造路网邻接矩阵 D，其中

$$D(i,j) = \begin{cases} 1 & 节点 i,j 相连 \\ \infty & 节点 i,j 不相连 \end{cases}$$

c. 根据邻接矩阵 D，构造路径矩阵 $Path$，其中

$$Path(i,j) = \begin{cases} i & i = j \\ j & \text{节点} i, j \text{相连} \\ -1 & \text{节点} i, j \text{不相连} \end{cases}$$

d. 调用 Floyd 最短路算法，计算新网络最短路径，将结果保存在邻接矩阵 D 和路径矩阵 $Path$ 中。

e. 计算新路网规模，计算方法为：根据路径矩阵 $Path$，找到从某一节点出发能够到达的所有节点，将其保存到数组中；再从剩余的任一节点出发，找到其能到达的所有节点，将其保存到另一数组中；这样逐次迭代直到剩余节点数为零。则所得数组中的最大数组 G 所包含的元素数即为新路网的规模，记为 $S(t)$，各元素 $G(i)$ 即为对应的节点编号。

f. 计算新路网中最大规模路网所对应的网络平均距离 Lt；计算方法为：

$$Lt = \frac{\sum_{i=1}^{s(t)} \sum_{j=1}^{s(t)} r_{G(i)G(j)}^{D}}{s(t)(s(t)-1)}$$

其中，$r_{G(i)G(j)}^{D}$ 为邻接矩阵 D 中起点为 $G(i)$，终点为 $G(j)$ 的最短距离。

g. 计算网络局部连通效率，$E_{loc}^{i} = 1/N \sum E^{i}(G_i)$。

h. 重新计算各节点的度数。

i. 寻找节点度数最大的节点，将该节点及其连边从节点数组和连边数组中移除，失效节点数 $DP=DP+1$。

j. 回到步骤 b。

② 随机失效仿真分析。

首先随机选择网络中的某一节点及其相应的连边进行失效，计算网络的相关指标值。然后不断重复，直到网络上所有的节点全部失效。其仿真算法步骤只需去掉前述第（8）步，并将第（9）步改为随机选择失效节点即可。

为了更加直观地表示出随着失效节点数量的增大，网络规模和平均路径长度的变化趋势，图 7-3-7、图 7-3-8 中的坐标刻度均采用了相对值。横坐标均采用相对失效的网络节点数，即已经失效的节点数量占初始节点数量的比例；纵坐标则分别采用了对应于初始网络的最短路径长度和网络规模的相对值。

从图 7-3-7 可看到，在失效初始阶段，选择性失效同样数量的节点情况下，其网络平均距离要比随机失效情况增加的更快。其原因是由于选择性失效的初始失效节点往往是大型换乘枢纽站，从而造成众多 OD 对间的最短路径失效，使得乘客不得不选择相应的次短路径出行，最终造成网络平均距离的增加和路网运输效率的下降。而随着失效节点数的继续增加，网络平均距离在到达一个峰值后迅速降低，其原因在于网络分裂成多块碎片，网络本身规模缩小，使得网络平均距离持续减小，直至网络最后崩溃，平均距离等于零为止。

从图 7-3-8 可看到，选择性失效造成的路网规模下降要比随机失效迅速得多，在失效节点不足 10% 时，路网规模就已降为原路网的 25% 左右；而当失效节点达到 14% 左右时，整个路网几乎完全崩溃。相比之下，随机失效的情况要好很多，失效节点达到 63% 左右时，路网才最后崩溃。

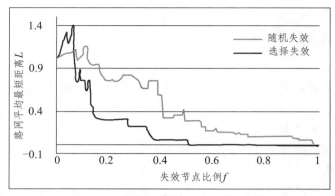

图 7-3-7 路网平均路径长度变化曲线

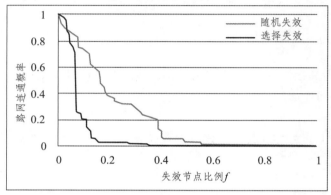

图 7-3-8 网络连通概率变化曲线

图 7-3-9 是网络凝聚度值随着失效节点比例的增加而变化的情况，从图中可见，随机失效情况的网络凝聚度值增加的要比选择性失效得快。其原因是由于初始阶段大型换乘枢纽站的失效不易造成网络分裂，路网规模变化不大；而随机选择的失效车站往往容易分裂路网，使得路网规模发生突变，造成网络凝聚度值的跳跃式增加。

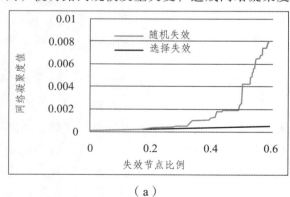

（a）

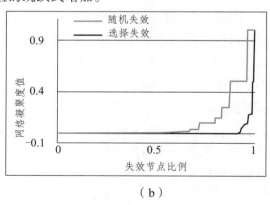

（b）

图 7-3-9 网络凝聚度值变化曲线

图 7-3-10 为相对连通效率值随失效节点比例的增加而变化的情况。同上面一样，相对连通效率值在两种失效情况下截然不同的表现同样是由于网络分裂，路网规模发生突变造成的。对于选择性失效，初始阶段由于路网没有分裂，但节点对间的最短距离增大，使得

局部连通效率值缓慢递增，后期由于网络迅速分裂，导致网络规模和节点对间的最短距离迅速减小，从而造成局部连通效率值的跳跃式增加。对于随机性失效，由于其路网分裂过程均匀分散在了失效的全过程中，因此其相对连通效率值的变化要缓和很多。

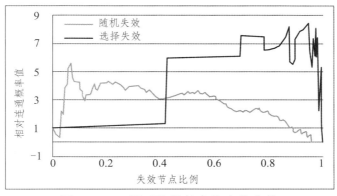

图 7-3-10　相对连通效率值变化曲线

综上所述，无标度网络对意外节点失效具有很强的网络弹性，这一特性本质上正是源于该类型网络的拓扑结构。主要原因是，随机选择的网络节点主要对应于路网中的非换乘车站或小型换乘车站，因为它们的数目远大于关键性的大型换乘枢纽。与那些联结多个区间的大型换乘枢纽相此，非换乘节点往往只连接了 1～2 个区间，因而去除它们不会对网络拓扑结构产生重大的影响。但是，对大型集散节点的依赖，也带来了一个严重问题：在专门针对大型集散节点的攻击面前，路网显得非常脆弱。由上面的仿真分析可知，只要去除少数主要集散节点，就可导致整个路网的完全崩溃。

二、实践训练

学习和掌握网络结构可靠性分析的理论、思路和方法，以某市轨道交通网络为例，建立拓扑结构模型，并借助熟悉的编程工具，尝试完成该网络在随机性失效和选择性失效情况下的可靠性指标计算。

三、实践要求

提交的实践报告需包含以下内容：
（1）网络结构可靠性问题概述；
（2）选择的轨道交通网络简介；
（3）建立的拓扑结构模型；
（4）随机性失效分析计算程序代码；
（5）随机性失效分析计算结果；
（6）选择性失效分析计算程序代码；
（7）选择性失效分析计算结果；
（8）总结评价及体会。

参考文献

[1] 毛保华, 刘海东, 王保山. 轨道交通综合实验指导书[M]. 北京：人民交通出版社，2010.

[2] 张国宝. 城市轨道交通运营组织 [M].（2版）上海：上海科学技术出版社，2012.

[3] 刘莉娜，于涛，高蓉. 城市轨道交通客运组织[M]. 北京：人民交通出版社，2010.

[4] 牛凯兰，牛红霞. 城市轨道交通行车组织[M]. 北京：机械工业出版社，2010.

[5] 毛保华，李夏苗，牛惠民. 列车运行计算与设计[M]. 北京：人民交通出版社，2008.

[6] 唐复兴，高伟君. 城市轨道交通系统概论[M]. 北京：中国水利水电出版社，2007.

[7] 毛保华，何天健，袁振洲，等. 通用列车运行仿真系统研究[J]. 铁道学报，2000（1）.

[8] 赵时旻. 轨道交通自动售检票系统[M]. 上海：同济大学出版社，2007.

[9] 上海畅赢智能科技有限公司. 轨道交通列车运行自动控制仿真系统操作手册[M]. 2014.

[10] 北京瑞讯通控科技有限公司. RailSys 使用手册[M]. 2010.

[11] 同济大学交通运输工程学院. 城市轨道交通列车运行图计算机编制系统（TPM）使用手册[M]. 2014.

[12] 黄维华，廖东升，卢洁辉. 浅谈城市轨道交通乘客满意度调研[J]. 现代城市轨道交通，2008（2），37-39.

[13] 张铭，吴彦颖. 城市轨道交通换乘枢纽运营协调效率评价[J]. 都市快轨交通，2009 年 10 月，22（5）：24-27.

[14] 张铭，徐瑞华. 轨道交通网络列车衔接组织的递阶协调优化[J]. 系统工程，2007 年 9 月，25（9）：33-37.

[15] 杨甲，罗钦，徐瑞华. 城市轨道交通网络清分方法研究[J]. 城市轨道交通研究，2009（5），22-25.

[16] 陈菁菁. 城市轨道交通网络运营可靠性研究[D]. 同济大学，2007.

[17] 王志强. 城市轨道交通应急处置辅助决策技术的若干问题研究[D]. 同济大学，2008.

[18] 王志强，徐瑞华. 基于复杂网络的轨道交通路网可靠性仿真分析[J]. 系统仿真学报，2009，21（20），6670-6674.